谨以此书纪念先师潘立勇先生
（1956—2022）

本书系2025年度浙江省哲学社会科学规划后期资助立项
"知行山水间：王阳明生活美学思想研究"（25HQZZ005YB）的最终成果

知行山水间

王阳明的生活美学智慧

邱 涵◎著

ZHEJIANG UNIVERSITY PRESS
浙江大学出版社
·杭州·

图书在版编目（CIP）数据

知行山水间：王阳明的生活美学智慧 / 邱涵著.
杭州：浙江大学出版社，2025. 6. -- ISBN 978-7-308
-26295-8

Ⅰ. B248.25

中国国家版本馆 CIP 数据核字第 202507QL13 号

知行山水间：王阳明的生活美学智慧

邱　涵　著

责任编辑	李海燕	
责任校对	朱梦琳	
封面设计	雷建军	
出版发行	浙江大学出版社	
	（杭州市天目山路 148 号　邮政编码 310007）	
	（网址：http://www.zjupress.com）	
排　　版	杭州好友排版工作室	
印　　刷	杭州高腾印务有限公司	
开　　本	710mm×1000mm　1/16	
印　　张	14.5	
字　　数	260 千	
版 印 次	2025 年 6 月第 1 版　2025 年 6 月第 1 次印刷	
书　　号	ISBN 978-7-308-26295-8	
定　　价	68.00 元	

序　言

一

在中华文明绵延数千年的精神长河中，王阳明无疑是其中的一颗璀璨明珠。无论是正史"终明之世，文臣用兵制胜，未有如守仁者也"的评价，还是学界所称道的他以"心即理""知行合一""致良知"为核心的心学体系与实践智慧，都表明他不仅突破了程朱理学的理论框架，更以独特的实践智慧重塑了儒家思想的现实品格。余姚阳明故居前"立德立功立言真三不朽，明理明知明教乃万人师"这一对联，非常直观地表达了王阳明在中国思想史上所具有的特殊地位。也正是因为如此，自晚明以来，无论是被赞扬抑或是贬斥，王阳明及其心学思想一直处于中国乃至东亚社会的中心。近年来，随着文化自信意识的觉醒与本土学术话语的建构，阳明心学的研究逐渐从哲学史书写的边缘走向中心，成为贯通传统与现代、东方与西方的重要思想资源。我们也可以明显感觉到阳明心学无论是在学界，还是在社会大众层面，都是一个非常热门的话题。

阳明热度不减，无论是从哪个意义来说，都是一件好事。然而，学界对阳明思想的研究多集中于其哲学体系的形而上思辨，或政治实践中的事功成就。当然，这并不是说这些研究不重要，而是说，对于中国古代士人来说，相较于形上的思辨，丰富多彩的生活世界才是他们关注的重点。生活是古人最为真实的一面，而对于生活中意趣的追求，则是其生活的重点。当陶渊明说"采菊东篱下，悠然见南山"的时候，显然不仅仅只是在描述一个生活的场景而已，那种生活背后的意境才是他所关注的重点所在。从这个角度来说，中国古代士人是以一种审美的方式来面对具体生活世界的。而王阳明自然也是如此。其所谓的"闲观物态皆生意,静悟天机入穹冥。道在险夷随地乐,心忘鱼鸟自流形"①,所呈现给我们的就是一个生机勃勃的充满着美学意味的世界。因此,一旦离开了对王阳明生活世界美学维度的把握,可能就很难真正进入王阳明的思想世界。

邱涵博士的专著《知行山水间:王阳明的生活美学智慧》,正是以此为切入点,深入剖析阳明心学在日常生活实践中的审美化呈现,恰似一柄精雕的玉尺,丈量出心学与日常的交融之境,为现代人重构诗意栖居的蓝图提供了灵犀之钥,更为当代人理解中国传统生活智慧、构建中国特色生活美学理论体系提供了重要启示。

二

本书以明代江南地域文化为时空背景,将王阳明的生命历程与思想生成置于"山水之间"的实践场域,揭示其生活美学思想的动态建构过程。作者敏锐地指出,阳明心学并非空中楼阁式的玄思,而是根植于具体的生命体验与生活实践。作者深谙"思想生于风土"之理,从绍兴老宅的书香、余姚山水的烟霭中,打捞被史料尘封的生活细节。江南地区独特的休闲文化、家族传统与士人风尚,构成了阳明思想形成的"微观土壤"。王阳明家族的《姚江秘图山王氏宗谱》,不仅记录血脉绵延,更暗藏"心物合一"的密码。书中通过分析王阳明家族的诗书传统与交游网络,展现了"集体记忆"对其心学观念的潜在影响。他与友人泛舟西湖时即兴挥毫的《南屏山记》,墨痕里跃动着"敬畏与洒落"的辩证哲思。书中又通过对明代文人"游于艺"风尚的考察,揭示了阳明以琴棋书画为"身心工夫"的独特路径——他并非以技艺炫世,而是通过艺术实践体悟"良知"的本体性,最终达到"敬畏与洒落合一"的闲适境界。

尤为可贵的是,本书并未将"生活美学"局限于静态的文化现象描述,而是以"忙闲辩证"为线索,动态重构了阳明思想的三重境界:从早期"心理合一"的实践自觉,到中年"致良知"的工夫锤炼,最终圆融于晚年"四句教"的洒落超然。作者以"知行山水间"为喻,巧妙地将王阳明的哲学命题转化为生活美学

① (明)王守仁:《口诀》,《王阳明全集补编(增补本)》,束景南、查明昊辑编,上海古籍出版社2021年版,第3页。对于此诗句的辅证考论详见于本书第60页考释。

的实践命题。如书中所述,阳明在龙场悟道后虽身陷繁忙政务,却始终以"心体"为锚点,在"庙堂与山水""入世与出世"的交错中保持心灵的闲适。这种"忙中之闲"并非消极避世,而是通过"本体—工夫"的互动,将道德实践与审美体验融为一体,实现了儒家"极高明而道中庸"的理想。

书中引阳明诗"山色湖光共一楼",恰可喻其境界——庙堂之高与山水之远,在"心体"的观照下竟无分别。这般解读,让哲学不再是高悬的孤月,而是映在寻常茶碗中的清辉。正如王阳明所言,"知是行之始,行是知之成",这本书带着读者了解王阳明的思想点滴,沿着王阳明的生命足迹,在忙碌的生活中寻找心灵的宁静,在知行合一的实践中追求美好的人生境界。

三

更值得一提的是,邱涵博士著作的学术价值不仅在于研究切口的独创性,更在于方法论的多维突破。一个好的研究选题,表明作者对于思想把握的准确程度,而要将这一恰当的选题具体落实,需要在研究方法上实现突破。对于王阳明生活世界美学的把握,也是如此。作者以"文化还原"为研究旨趣,融通史学考据、哲学诠释与美学分析,构建了跨学科的研究框架。

其一,史料的多元整合。作者突破传统哲学研究依赖经典文本的局限,广泛搜集地方志、家谱、书画等非文字史料,重构了明代江南社会的"生活图景"。例如,通过分析阳明与友人书信中提及的园林雅集、山水游历,揭示了"休闲"是士人精神修养的重要维度;又通过考证阳明书画作品中的笔墨意趣,论证其艺术实践与心学思想的互文关系。这种"以图证史""以物观心"的研究路径,使历史叙事更具在场性与感染力。

其二,理论的跨文化对话。作者并未止步于中国哲学的内在诠释,而是将王阳明的生活美学置于中西比较的视野中。书中以"闲适境界"为核心,对比了儒家"敬畏洒落合一"与西方休闲理论中"自由与秩序平衡"的异同,指出阳明思想对现代人"诗意栖居"的独特启示。例如,王阳明"良知即山水"的命题,既不同于亚里士多德"闲暇是哲学之母"的理性主义传统,也区别于海德格尔"向死而生"的存在论焦虑,而是以"心物一元"的智慧,为现代人提供了在世俗生活中安顿身心的可能路径。

其三,体系的自觉建构。针对阳明生活美学思想缺乏系统性的历史现实,作者以"本体—工夫—境界"为纲，提炼出"闲观物态""山水知行""游艺工夫""闲乐之情""青山闲人"五大维度，形成逻辑自洽的理论框架。这一框架既尊重历史语境，又具有现代问题意识，尤其是对"敬畏与洒落合一"境界的阐释，是阳明学研究中的一大创新点。

本书的深层关怀在于回应"人民日益增长的美好生活需要"。作者认为，现代社会的物质丰裕并未消解精神困顿，工具理性膨胀与意义感缺失的矛盾日益凸显。阳明生活美学的核心启示在于：真正的"美好生活"并非依赖外在的物质积累或空间逃离，而是通过"心体"的澄明与"工夫"的践履，实现内在自由与外在约束的和谐。例如，书中对"忙闲辩证"的解析，直指现代人的生存困境。王阳明在政务缠身中仍能保持"超然之乐"，其关键在于以"致良知"为工夫，将日常事务转化为心性修炼的契机。这种"即事而真"的态度，为当代人如何在快节奏生活中保持心灵平衡提供了历史镜鉴。再如，阳明"游于艺"的实践智慧，提示艺术并非精英阶层的专属玩物，而是普通人修养身心、体悟生命意义的普遍路径。这一观点对当前"美育普及"与"休闲教育"具有重要启发意义。

更重要的是，本书通过中西休闲理论的比较，彰显了中国传统美学"即平凡而超越"的独特价值。作者强调，阳明思想中的"闲适"并非消极的"无所事事"，而是以"敬畏"为前提的积极境界——既要有"洒落"的超脱，又需存"戒慎恐惧"的庄严。这种辩证智慧，为构建具有中国特色的生活美学理论提供了思想根基。

可以说，现实关怀是全书的底色。当现代人在"内卷"旋涡中精疲力竭时，阳明"忙中取闲"的智慧恰似一剂温补的良药：政务缠身时以公文为"格物"功课，讲学间隙借品著作"致知"工夫。这种将生活炼成艺术的工夫论，比西方正念疗法早了五百年。书中更犀利指出：当代美育若只教人欣赏莫奈的睡莲，却忽视自家院落的苔痕，便是买椟还珠。这般论述，让数百年前的哲思化作照进地铁通勤路的晨光。

四

作为邱涵博士的导师，我深感欣慰地看到，这部著作不仅是她多年学术积累的结晶，更体现了年轻一代学者的问题意识与学术担当。

　　这部著作凝聚了她博士毕业论文的精华。回想那几年,我见证了她在读博期间不懈的努力。当时即使是疫情肆虐,也未能阻挡她多次前往绍兴、余姚等地进行实地调研和考证的脚步。我也目睹了邱涵在封控期间,隔着电脑屏幕与海外学者激辩"游艺工夫"的现代性。这份笔耕不辍的执着与热情是令人感动的。这也使得她的研究总带着体温——字里行间能听见江浙方言的尾音,能嗅到明代宣纸的沉香。书中对阳明书画笔墨的分析,令人想起顾恺之"迁想妙得"的画论;而对"青山闲人"意象的诠释,又暗合陶渊明"悠然见南山"的意境。这般古今对话,让学术不再冰冷,反倒像围炉夜话时煨着的黄酒,愈温愈香。

　　哲学应当是活泼泼的、好玩的。我曾经开玩笑说:或许世上有三种学习哲学的人,一是天赋异禀为哲学而生的人,二是因为录取调剂而无可奈何的人,三是不知道哲学是什么、觉得好玩才读的人——我自己便是属于第三类,而邱涵博士亦如是。书中对史料的细致爬梳、对理论的深刻思辨、对现实的敏锐洞察,展现了作者扎实的学术功底与活泼开阔的研究视野。尤为难得的是,作者在坚守中国哲学主体性的同时,始终保持着开放的国际视野,使传统思想在与现代对话中焕发新生。

　　当然,学问之道永无涯矣。本书在"阳明后学的生活美学传承""民间社会的接受史研究"等领域仍留有拓展空间。若能将研究触角伸向阳明后学的市井化实践,或从日本町人社会的《传习录》批注中寻找异域回响,必能开掘更丰沛的思想矿脉。期待作者未来能进一步深化史料挖掘,尤其是加强对海外散佚文献与艺术文物的整理,同时推动阳明思想与当代心理学、生态美学等学科的交叉研究,为传统智慧的现代转化开辟新径。

　　但在此刻,我们不妨先跟随这本《知行山水间:王阳明的生活美学智慧》,效仿阳明"不离日用常行内"①的智慧,在泡茶、散步、读书的日常中,遇见那个"闲适"的自我境界。《知行山水间:王阳明的生活美学智慧》是一部兼具历史深度与现实关怀的学术著作。它以"生活美学"为棱镜,折射出阳明心学的多维光彩,既为学术界提供了较新的研究范式,也为普通读者理解传统文化打开了亲切的窗口。在全球化与本土化交织的今天,重访王阳明的精神世界,不仅是对古典智慧的致敬,更是对现代人如何"诗意地栖居"这一永恒命题的深刻回应。

---

　　① (明)王守仁:《寄题玉芝庵》,《王阳明全集》卷二十,上海古籍出版社2011年版,第871页。

　　愿此书的面世,能如阳明所言——"此心光明,亦复何言",照亮更多探寻生活之美的灵魂。

　　是为序。

何善蒙

2025 年 2 月于杭州

前　言

在构筑文化自信的宏观背景下,关于王阳明其人其学的研究,已然成为当代显学之一,形成了跨学科的研究格局。这些研究涵盖他的哲学思想、人生经历、事业功绩等方方面面。而目前诸多围绕王阳明的美学研究,主要可归纳为"三大形式、两大议题"的学术版图。"三大形式"分别是指通论研究、专论研究以及散论研究。其中通论研究和专论研究多采取美学与哲学结合的研究方法。而"两大议题"一是关于王阳明心学与美学关系的讨论,二是围绕王阳明本人及其思想对美学和艺术、社会影响的研究。然而当下学界对王阳明的生活美学建构及其当代价值转化的研究,尚有待深入。

本书以本体—工夫论的逻辑贯穿始终,对王阳明的日常生活世界进行全景式生活美学考察,构建三维立体分析框架,主要从横面、纵面、截面三个维度展开。

第一,以横面剖析王阳明所生活的时间和空间背景,着眼还原阳明思想果实所诞生的土壤,基于空间社会学视角,重构阳明生活世界的文化地理图景。通过考察明代江南士绅阶层的审美惯习、家族文化资本的代际传承以及吴越文化圈的休闲传统,揭示心学体系生成的地域文化基因,进而更完整地贴近王阳明生活美学思想形成的微观生活世界。这部分对应本书第二章。

第二,纵向梳理王阳明的生命历程,从王阳明思想与休闲审美活动之间相互涵育、共同造就的关联角度,将他的人生分为"沉潜期—证悟期—圆融期"三阶演进模型。在忙与闲、入世与出世、庙堂与山水、儒圣与佛老的交错中,勾画王阳明生活世界的休闲审美底色与生命张力,提炼不同时段所倡"心理合一""致良知""四句教"的生活美学内涵。通过分析其仕隐转换中的审美调适机制,论证"心理合一"到"万物一体"的工夫进阶如何实现生命境界的美学跃升。这部分集中于本书第三章。

第三，聚焦"游艺证道"的实践维度，撷取王阳明在日常生活中"游于艺"的琴棋诗书画体验与"成于乐"的交友讲学经历，探究这些体验与经验的审美媒介如何成为"致良知"的工夫载体，在"技进乎道"的转化中达成身心秩序的审美化建构。这部分在本书第四、第五章集中呈现。

王阳明在日常生活中博涉琴棋书画诗，并非如普通文人般以游艺装点生活氛围，而是在其中践履身心合一工夫。王阳明博学群艺以把握规律，以圣人之道为志向，修德体仁，发展完善实践性人格，在忙中抽闲的生活审美体验里达到了一种闲适境界。而王阳明之闲适境界，比于明代大部分富贵闲人尤为卓尔不同。他通过"游于艺"与"成于乐"之工夫，使个体在忙与闲的平衡中达到"从心所欲不逾矩"的传统理想境界，凸显本体（以心为本、心物合一为要义；以良知为先验的知性本体）—工夫（以行为重、知行合一的审美修养论）—境界（敬畏与洒落合一、与山水天地浑然为一的闲适境界）的生活美学维度。

王阳明的生活世界中所呈现的生活美学智慧，是他对自身所处之历史境遇的审美化回应，他对"知行合一""心理合一""万物一体"的阐释，不仅引领了中晚明士人的生活方式以及江南地区的审美风尚，更启迪了当代生活美学理念的建构实践。

可以说，王阳明生活美学思想呈现出一种独特的辩证结构：在时间维度上，通过忙与闲的辩证法，实现世俗责任与本体精神超越的平衡；在空间维度上，构建"山水即道场"的知行美学；在主体维度上，形成"敬畏与洒落合一"的人格审美范式。这种"不离日用常行内，直造先天未画前"的生活美学智慧，既是对宋明理学"存天理灭人欲"命题的审美救赎，也为现代性困境中的心灵安顿提供了东方智慧的解决方案。

在当代生存境遇中，王阳明的这种智慧所具有的穿透时空的启示价值，莫过于指导现代人如何忙时守得心不乱，而闲时修得心不空。王阳明对身心秩序的审美化建构，本质上是通过工夫论实现的生命境界跃升：在世俗事务中锻造"事上磨炼"的定力，于闲适体验中达成"心体澄明"的超越，最终在敬畏与洒落的辩证统一中，获得超越感官快适的深层生命愉悦。这种"即世超越"的生存智慧，不仅突破了宋代理学"存天理灭人欲"的伦理桎梏，更以一种全新的审美范式重构了儒家生活美学的实践路径。

将山水意象转化为心性修养的工夫载体，使自然审美成为"致良知"的实践场域。其"游于艺"的工夫论并非简单的技艺操演，而是通过书画琴棋等审美媒介，实现"技进乎道"的转化——在笔墨点染间证悟心体，于弦歌吟咏中体察天理。这种将日常生活审美化的实践智慧,为现代人提供了对抗异化的东方方案:不是通过逃离现实寻求解脱,而是以审美心胸转化生存困境,在"不离日用常行内"的实践中抵达诗意栖居。王阳明行于人生之山水,高扬心灵之明觉,以不同于宋儒的本体工夫论取向,超越了先秦以来的儒家生活美学方式。这种对生命的解放并非无视和虚化现实中的忧与苦,而是一种借助闲适境界、通过向内求得的工夫,以内化山水的审美基因,使生命臻至敬畏与洒落合一的生活美学智慧。

本书挖掘王阳明核心的哲学观念与现代生活美学的内在联系,将王阳明生活美学智慧中的休闲之维放置于西方传统休闲思想与现代生活美学理论中进行对比研究分析,在比较哲学的视野中融通古今中外,彰显真正的闲适境界不在逃离现世,而在以审美心胸转化现实,这是阳明心学智慧对"诗意栖居"的中国生活美学的诠释,凸显其之于当下人民对美好生活向往的理论价值,推动中国特色生活美学学术体系、学科体系、话语体系的理论建设与创新实践。

在研究转化成书的创作过程中,笔者致力于学术性与易读性的平衡,期待王阳明的哲学体认能够为我们现代人平衡生活中的困束与内心追求的自由,提供一种来自传统智慧的参照与启迪。为兼顾学术深度与传播效度,本书采用"三明治"结构设计:核心章(第二、三、四、五章)构成主体论述层,首章方法论与末二章比较研究形成理论闭环。

或许,对于广大阳明心学研习者、爱好者而言,若非带着学术考辨之任务,那么,从本书第二章或第三章开始跳跃式阅读,遇到问题时再回溯至第一章追寻答案,也不失为一种更加轻松的"休闲体验"。专业研究者可通过"问题意识(第一章)→延伸总结(第七章)"的章节路径顺序开展批判性阅读。这种模块化章节阅读设计,既确保了学术逻辑的严谨性,又赋予了读者更"知行合一"的阅读体验——在文本漫游中,跟随个人兴趣而复现王阳明工夫论的实践智慧。

目　录

第一章　格致幽微:问道明心与古镜今鉴

第一节　澄潭印月:研究缘起

　　明代中期以降,社会文化风习渐由唐宋之精英文化范式,嬗递为尚趣好乐、契入日用伦常之大众文化范式,由此沟通了精英与民间两个场域,将士大夫与老百姓、阳春白雪与下里巴人的分隔状态重新融汇。一种主体意识的觉醒开始萦绕传统意识形态的顽石而生长发芽,成就"中国哲学,包括审美哲学思想发展史上的又一个黄金时代"①。而其中之精神,正如赵汀阳所言,"中国的美学精神主要是弥散和渗透在生活的所有精细感觉和高远意境中"②。明代中期以来的社会美学便是这种直接面向生活敞开、在现世人间中获得个体感性体验的美学呈现,而并非某种特定的美学概念或抽象命题的辨析认知。

　　彼时的江南,作为最富饶之地,可谓风物闲美。明代中后期的江南士人普遍拥有较好的休闲条件,以及将生活日常与审美结合的思想实践倾向,出生在江南的王阳明也概莫能外。冈田武彦认为"阳明思想中最出彩的'体认',其实是一种情感"③,这种情感不是概念性判断,亦不是逻辑判断的思想话语,而是从鲜活生命经验中提纯的感性能力,即生活意义的发现能力。这亦是阳明的

---

① 潘立勇:《一体万化:阳明心学的美学智慧》,北京大学出版社 2010 年版,第 1 页。
② 赵汀阳:《第一哲学的理由和困难》,载《年度学术 2005:第一哲学》,中国人民大学出版社 2005 年版,第 281 页。
③ (日)冈田武彦:《王阳明大传:知行合一的心学智慧》,杨田等译,重庆出版社 2015 年版,前言第 3 页。

心学被称为"活泼泼"①的、有生命力的哲学之缘由：

> 饥来吃饭倦来眠，只此修行玄更玄。②
>
> ——王守仁《答人问道》

阳明心学以天地上下同流的当下性与生活性，指向一种关于人生境界的体验和实现。

倘若将王阳明本人安放回历史的现场，回归他所真实生活的时代，以一种介入性关怀走入他的生活世界，首先映入眼帘的绝非现代人加之于他的"哲学家""思想家""政治家"等称谓概念，而是在明代社会中"活泼泼"生活着、行动着的有血有肉的人。对于认识一个"活泼泼"的人，我们不应该带着冰冷的理论或概念去预设他，而是需要以一份平常心去理解他。王阳明的思想和主张之提出，并非如西方哲人般为直接完成某一种学说或者体系，而是首先提取于自身日常生活；在得到生活的印证后，其次运用于身边的亲人朋友；之后再用来践行解决民生社会问题；最后在生活的反馈与民众的呼声中逐渐形成一种联系生活当下、带有济世安民色彩的学说。既然王阳明的诸多重要思想都是通过生活、在日常生活中认知而得，那么他在生活中的病痛、失意、劳苦等经历，相比于功业胜绩也不应被忽视：

> 百战归来白发新，青山从此作闲人。③
>
> ——王守仁《归兴二首》

更重要的是王阳明在忙碌中抽出闲暇的自由思考与行动，因为这体现的是他对生命意义的追寻方向，是超越诸多高高在上的理论的、对生命本体和生活价值的引导。这也是缘何笔者认为王阳明之休闲比之一般以"富贵闲人"见称的无劳碌人士之休闲，更具有深度辩证的实践意义——在思想层面上，王阳

---

① （明）王守仁：《传习录下》，《王阳明全集》卷三，吴光、钱明编校，上海古籍出版社 2011 年版，第139 页。

② （明）王守仁：《答人问道》，《王阳明全集》卷二十，吴光、钱明编校，上海古籍出版社 2011 年版，第 811 页。

③ （明）王守仁：《归兴二首》，《王阳明全集》卷二十，吴光、钱明编校，上海古籍出版社 2011 年版，第 863 页。

明的生活实践本身就是境界的呈现，超越了一般的物质因素乃至生活形迹。

王阳明的哲学思想包含深刻的现实主义人文关怀，较之朱子学更加重视经验的生活世界。① 回望历史，王阳明的山水游历、讲学交友、琴棋诗书画，都是明代士人日常生活审美实践的缩影，而他本人作为晚明尚闲风潮滥觞的启蒙者，有着极为丰富的生活美学资源可供挖掘：

竹里藤床识懒人，脱巾山麓任吾真。病夫已久逃方外，不受人间礼数嗔。
扫石焚香任意眠，醒来时有客谈玄。松风不用蒲葵扇，坐对青崖百丈泉。
古洞幽深绝世人，石床风细不生尘。日长一觉羲皇睡，又见峰头上月轮。
人间白日醒犹睡，老子山中睡却醒。醒睡两非还两是，溪云漠漠水泠泠。②

——王守仁:《山中懒睡四首》

王阳明精神世界中的审美意蕴与闲适之境，是让世界显现出自身的本来面目；其把人安放在世界之中的方式，不是教导人以一种怎样的心境与世界和解，或以一种怡然自乐的方式屏蔽外界以执于内心生活；而是要自己化身为人的精神力量，其把人（心）和世界相结合的方式，是在改造人的同时又对世界进行改造，将世间颠倒的东西以心之力量复归还原：

青山随地佳，岂必故园好？但得此身闲，尘寰亦蓬岛。③

——王守仁:《通天岩》

《通天岩》诗作于正德十三年（1518）平定南赣匪患期间，时值王阳明军事功业鼎盛期（45 岁）。此时其心学体系已完成"龙场悟道"的本体论突破，冲出理学"性即理"的普遍预设，以"意之所在便是物"（《传习录》）消解客体绝对性，于理论层面打通中国传统生活美学从"以物观物"到"以心观物"的范式转型。这种诗与思的互文性创造，使阳明心学在五百年后的今天，依然焕发着解释现代性困境的理论活力。

没有一个先验的本质来规定人应该成为什么，人需要自己塑造自己的本质；哲学本是自由的，但它又无法独立于自然实现这种自由，需要经由人在生

---

① 何善蒙:《心学的精神价值:活泼泼的生活世界》,《浙江社会科学》2017 年第 3 期,第 98 页。
② （明）王守仁:《山中懒睡四首》,《王阳明全集》卷二十,上海古籍出版社 2011 年版,第 811 页。
③ （明）王守仁:《通天岩》,《王阳明全集》卷二十,上海古籍出版社 2011 年版,第 824 页。

活的实践,真实地将自身生成。尽管百年来围绕王阳明做研究的学人踵武相接,各种维度的探究赓续不断,王阳明的生活美学向度始终是一个相对被忽视的角落。是故,笔者期待完成一种不脱实际的发现与重构研究,挖掘王阳明在功业以外的另一面。那意味着,不仅需在场于那个时代王阳明与哲人之间的对话,更需从生活美学的角度观照着王阳明怎么在日常生活中回应时代的生活节奏,并将其追问到现实人生的尽头——人如何在被限制的环境中生活并实现生命意义的终极关怀。王阳明主张"心即理""致良知""日用即道""万物一体",并致力于探讨在生活中实现乐之境界,达到圣人之境的可能性,这些思想都集中在生活美学领域和境界范畴,那么关于他如何融会自己的思想与前人的生活智慧,而对人生问题结合时代问题进行建构与解决,则可延伸出中国生活美学话语体系,乃至存在主义焦虑弥漫的后现代语境中的一系列重要问题。

第二节　探赜索隐:相关研究

一、明代中后期的生活世界与社会文化思潮研究

近年,学界的阳明学研究开始注意王阳明所生活的明代中期,并以一种思想产生背后的宏观结构视角提及明代中期社会经济与文化思潮的关系,譬如,陈来在《宋明理学》的第十八章讲到王守仁提及"明中期政治极度腐败,程朱学逐渐僵化的事实"[①];杨国荣在《王学通论:从王阳明到熊十力》开篇第一节便论述王学形成的历史前提,强调明代中叶社会变迁的因素[②]。

明代历史转型变化剧烈,这种变化有来自政治方面、经济方面的,也有来自社会思潮方面的。其间,明代中期尤其是一个"以极具变化为特征的"[③]转型期社会。美国学者卜正民在《纵乐的困惑:明代的商业与文化》以冬、春、夏、秋四季对应描述正在发生巨大商业变化的明代,关注商业对明代社会文化的影响,尤其是用白描的手法呈现其中明代中晚期纵乐时代的历史氛围,以及

---

① 陈来:《宋明理学》,北京大学出版社 2020 年版,第 298 页。
② 杨国荣:《王学通论:从王阳明到熊十力》,华东师范大学出版社 2021 年版,第 7—15 页。
③ 陈宝良:《明代社会转型与文化变迁》,重庆大学出版社 2014 年版,第 8 页。

由此所触发的忧虑。①

诚然，明代作为中国近世性的开端，商品经济逐渐兴盛，文化繁荣逐渐触及下层，社会价值趋向多元化，其一大特点便是明代在中期之后生活世界下沉发展，这使明代的生活史成为近年研究热点。明史研究趋势已从政治和哲思层面转向生活世界、生活中的审美文化与休闲思想层面，研究主要关注不同社会阶层的生活状态以及群体之间的互动关系，其中对中晚明士人的研究成果颇丰。

在生活世界层面，陈宝良《明代社会生活史》从法国"年鉴学派"理论角度出发，对明代各社会阶层的生活面貌、观念与生活的变迁做了具体的研究，总结明代生活艺术审美化、商业化的趋势②；自《明代儒学生员与地方社会》专章研究了士人的衣食住行与社会生活以来③，宏观社会群体生活研究《狂欢时代：生活在明朝》专注于明代中后期的社会生活世界，尤其是士大夫的日常生活与精神生活和群众的民间休闲文化，并将明代中后期定义为"狂欢时代"④。陈宝良对明代上层士人更详细的研究是在《明代士大夫的精神世界》中提出明代士大夫以"闲"为基调的生活模式，认为士大夫精神在明代中叶实现近代转型。⑤ 陈宝良十余年的相关著作几乎拼出了明代社会各阶层的生活全景。在基本建构出一个明代生活史的图景后，他紧接着推阐其形成逻辑，开始了有意义的思考，正如他后期的研究揭橥休闲作为明代生活的重要部分，不仅是明代中叶社会生活渐次展开、生活世界下沉的必然结果，更是明人生活的最高追求。

日本学者绪方贤一在《中国近世士大夫的日常伦理》中从日常生活空间视角出发，继承了美国学界兴盛的地方精英论及地域社会论而着眼于思想与道德伦理，以家训、劝善书、《孝经》等生活中的日用文本为对象进行考察，提出道德向审美之嬗蜕，隐伏于宋明理学形上道德之践履与德性信仰间，而对此的解

---

① （美）卜正民：《纵乐的困惑：明代的商业与文化》，生活·读书·新知三联书店 2004 年版，引言，第 1-17 页。
② 陈宝良：《明代社会生活史》，中国社会科学出版社 2004 年版，第 649-657 页。
③ 陈宝良：《明代儒学生员与地方社会》，中国社会科学出版社 2005 年版，第 432-449 页。近年新版改名为《明代秀才的生活世界》，北京师范大学出版社 2020 年版。
④ 陈宝良：《狂欢时代：生活在明朝》，人民出版社 2020 年版。
⑤ 陈宝良：《明代士大夫的精神世界》，北京师范大学出版社 2017 年版。

答正为宋明理学美学得以立基之枢要。① 值得一提的是,《中国近世士大夫的日常伦理》与日本学者岛田虔次的《中国近代思维的挫折》颇具传承、发展意义。后者的研究,通过哲学与社会史、思想史、生活史的内在互动研究方法,跟踪心学的核心——人的概念的形成与发展,去回顾明代中后期心学哲人的具体实践。岛田虔次认为,从王阳明在生活中存理去欲的道德主义,到泰州学派人欲即天理的自然主义,再到李贽将欲望才能置于道德根基上的功利主义的展开,几乎都可以看到欧洲的近代精神,但不幸的是它由于个人生活与宏观体制的冲突而遭受挫折。岛田在重视生活史研究的同时,通过不同文化观念的比较,阐发了阳明学的近代意义,同时表达了反对以西方或日本的立场来评判中国明代思想的态度。②

随着越来越多的学者对明代生活世界进行研究,细分化、专题化成为一种趋势,突出表现为从闲赏、诗词、山水、养生等角度切入的休闲思想与审美文化思潮研究,并展开对明代社会生活思潮的总结。

台湾学者王鸿泰通过明代士人的"闲隐"理念切入研究,考察其"闲情雅致"的生活形式,进而探究文人生活的美感空间以及文人文化的内涵。③ 王鸿泰还进一步分析了明代士人习诗经历与生活发展轨迹之间的关联,认为"作诗"在明代士人生活中具有极强的社交属性,乃至足以发展出一个平行于现实生活的"文艺社会"④。作为总结,王鸿泰针对明代社会风气变迁,提出商品化的市场作为个人生活领域与公众生活的中介,与明人的感官欲望相呼应,以致推动社会生活层面出现种种具体变化。⑤

从山水居游角度切入研究的代表是吴智和的《明人山水休闲生活》。吴智和从居、山、水、人四个不同的侧重点,将明人的山水生活分别归类为山居、揽胜、舟游、恬适四类样式,认为明代士人将休闲理念融入日常生活中,已然成为

---

① （日）绪方贤一:《中国近世士大夫的日常伦理》,中国文库株式会社 2014 年版。

② （日）岛田虔次:《中国近代思维的挫折》,甘万萍译,江苏人民出版社 2005 年版。

③ 王鸿泰:《美感空间的经营——明、清间的城市园林与文人文化》,《东亚近代思想与社会》,台北月旦出版社 1999 年版;王鸿泰:《闲情雅致——明清间文人的生活经营与品赏文化》,《故宫学术季刊》2004 年第 22 卷第 1 期;王鸿泰:《明清士人的闲隐理念与生活情境的经营》,《故宫学术季刊》2007 年第 24 卷第 3 期。

④ 王鸿泰:《迷路的诗——明代士人的习诗情缘与人生选择》,《"中央研究院"近代史研究所集刊》2005 年第 50 期。

⑤ 王鸿泰:《明清感官世界的开发与欲望的商品化》,《明代研究》2012 年第 18 期。

一种时代性的山水生活文化。① 准确把握"休闲"这个文化与政治、经济、社会相互连接的重要接点后,吴智和于《明人休闲生活文化》中将明代中后期文人的休闲生活展开为日课、书斋、居家、山水、习静五个层面,通过中晚时期休闲文化的璀璨成就,提出休闲生活趋向是探究一个时代社会生活的指标,而休闲文化的具体内容则可衡量一个时代社会文化的面貌。②

从养生角度进行研究的有台湾学者陈秀芬的《养生与修身——晚明文人的身体书写与摄生技术》,通过分析晚明士人在生活中的养生活动,以及其与晚明的养生书籍的关系,从侧面探讨晚明养生文化的文人画及其商业化与通俗化的过程。③

李玉芝《明代中晚期的休闲审美思想》则将明代整体政治、经济、文化都放在休闲美学的视角下分析,从包括生活史在内的历史变革中证明：明代中晚期是整个中国古代休闲文化与审美意识发展史上的重要转变期,并提出明代中晚期休闲文化及其审美意识的流变是当时社会时代精神的体现。④

综上,在明代中后期的生活史领域,近年来中、美、日学者以丰富多元的角度切入,方法也各具前沿性,研究社会经济与思想文化的关系,揭示整体社会政治经济与思想文化的联动性,以及日常生活在其中的桥梁性作用;也有不少学者敏锐地指出生活中的"休闲"是文化与政治、经济、社会相互连接的重要结点,并殊途同归地将中晚明的时代思潮概括至休闲与美学的范畴。

另一个共同结论是,在论及中晚明文化思潮时,学者们都不约而同地强调王阳明的思想作为一个重要变量,在与时代的互动中对政治、经济、文化、日常生活等方面都产生了显著影响,但是,目前研究只提出王阳明的思想在本质上与时代的社会思潮共振,却并未阐明这种共振的复杂机制。换言之,与阳明思想相关的宏观与微观、思想与实践、结构与能动之间的关系是如何体现的? 阳明思想从何而来,又在与社会的互动中向何处去? 这些问题亟待通过进一步的学术研究来解答。

① 吴智和:《明人山水休闲生活》,《汉学研究》2002 年第 20 卷第 2 期,第 101-130 页。
② 吴智和:《明人休闲生活文化》,台湾明史研究小组出版社 2009 年版。
③ 陈秀芬:《养生与修身——晚明文人的身体书写与摄生技术》,台湾稻乡出版社 2009 年版。
④ 李玉芝:《明代中晚期的休闲审美思想》,中国社会科学出版社 2021 年版。

二、王阳明的生命历程及其向度研究

（一）王阳明的生命历程研究

意大利学者贝奈戴托·克罗齐认为，历史是一种活的思想活动与生命历程①，而基于愈发完善的明代"生活世界"研究，"活的历史"之鲜活性和在场性呈现愈趋可能。这也启发了极其重视生活实践性的阳明学研究：历史人物作为当时的存在者，是特定年代"一切社会关系的总和"，如若将其以"当代"的形式具体还原为生动的"此在"的存在，不再纠结于概念或逻辑的符号推演，而是将王阳明的生活与学问相交融的生命历程鲜活地还原呈现出来，无疑对于当代深化理解王阳明及其思想具有重大意义。

董平在《王阳明的生活世界》中着重阐述王阳明的生平行履，将王阳明生活世界的开展与其思想世界的演进融为一体，借以反观其学问与生命交融、思想与生活之统一的全人格。②

接下来，学界对于王阳明生平文献资料的收集汇编有了井喷式的发展，最主要的成果有浙江古籍出版社、上海古籍出版社出版的《王阳明全集（新编本）》，以及束景南的《王阳明年谱长编》和《阳明佚文辑考编年》，它们实乃深研阳明学之津筏。

其中，束景南首汇最新史学材料，以文化心态的研究方法（即文化还原的研究方法），在《阳明大传：心的救赎之路》中，把"历史世界"的研究同"思想世界"（包括"哲学世界"）的研究结合起来，着力还原阳明的"心态世界"，多层面探讨了王阳明的一生与思想发展历程，在以人本学还原真实的王阳明的过程中，多有独到的新发现，具有很高的独创性与学术性。③

李庆的《王阳明传：十五、十六世纪中国政治史、思想史的聚焦点》在对国内外王阳明生平资料搜集、研究的基础之上，洗涤历代给王阳明添加的传奇光环，重现一个十五、十六世纪中国土地上的现实人物的生命形象，重现他作为士人、官员、思想家、诗人的本来生活面貌，在对王阳明活动时空、社会关系、真实生活尤其是人生关键节点的考证与还原中，找出他思想发展的基本脉络，为

---

① 克罗齐曾说："历史是活的编年史，编年史是死的历史；历史是当前的历史，编年史是过去史；历史主要是思想活动，编年史主要是意志活动。"参见（意）贝奈戴托·克罗齐《历史学的理论和实际》，傅任敢译，商务印书馆 1982 年版，第 8 页。

② 董平：《王阳明的生活世界》，中国人民大学出版社 2009 年版。

③ 束景南：《阳明大传：心的救赎之路》，复旦大学出版社 2020 年版。

分析他的思想提供确实的根据,勾画了比较真实、完善的王阳明生命历程脉络。①

周志文在《阳明学十讲》里力求将阳明学还原于生活实践,着重研究以往学界易忽视的"私"领域的资料,如王阳明在生活上的偏好、饮食起居习惯以及人际关系或与人相处的细节等,以挖掘王阳明作为普通人的复杂性;在论及后学时,不仅在学术层面探讨,更注重王阳明对学生于整体的人生层面之影响与感格;在对王阳明整体生命历程的细节追问中,还原其生命人格的"纵深"。②

综上,近年王阳明的生命历程研究通过文、史、哲等多学科相融合的方法而不断深入王阳明的生平,呈现将王阳明由"圣"还原为"人"的发展趋势,立足现实生活,解决现实问题。正因阳明学并不是一个仅仅存在于历史的纯粹理论,而是与不同时代与生活都息息相关的、活的思想源泉,在近年的研究发展过程中,学者们不约而同地凸显对阳明学日常生活层面的特别关注。

(二)基于王阳明生命历程的多维向度研究

王阳明的生命历程研究一直备受学界关注,目前的学术成果亦汗牛充栋,不仅呈现了阳明学的全貌,甚至对于其多维向度与细节脉络都有详细的研究和论说。

朱承在《治心与治世:王阳明哲学的政治向度》中探究阳明思想里的政治向度,一是以王阳明之政治军事事功为中心的政治史考察;二是以阳明学所蕴含的理论品格、精神气质为中心的思想史考察;三是以阳明学之核心概念、命题以及生活中社会教化活动为中心的政治哲学考察。阳明哲学中的政治向度所呈现治世的问题,本质上是治心的问题,是对心性的超越。③ 在此基础上,朱承的系列期刊论文如《王阳明哲学中的"公共性"思想》④、《阳明学研究的政治之维》⑤、《阳明后学的道德信念与伦理实践》⑥等,不仅拓展了王阳明研究的新领域,而且也体现了阳明学本身的丰富性与复杂性。

台湾学者吕妙芬的《阳明学士人社群:历史、思想与实践》取径社会文化史的研究角度,同时极力避免传统研究如精英—庶民、国家—社会的二分法,从

① 李庆:《王阳明传:十五、十六世纪中国政治史、思想史的聚焦点》,上海古籍出版社 2021 年版。

② 周志文:《阳明学十讲》,中华书局 2022 年版。

③ 朱承:《治心与治世:王阳明哲学的政治向度》,上海人民出版社 2008 年版。

④ 朱承:《浙江社会科学》2018 年第 8 期,第 129-136 页。

⑤ 朱承:《贵阳学院学报(社会科学版)》2019 年第 4 期,第 1-3 页。

⑥ 朱承:《伦理学术》2019 年第 1 期,第 169-181 页。

时代背景探究阳明的生命历程,研究王阳明个人的人生经历如何影响阳明学派的建构与阳明学之兴衰乃至相关学术思想演变等社会性问题。对于作为一种社会实践的阳明学,该著试图将阳明学置放于明代文化脉络中进行研讨,是一部将哲学与社会文化史全面结合、原创性地解构阳明生命历程的著述。①

何善蒙在《传习录十讲》中以传统哲学进路展开,注意到王阳明在一个生活方式被禁锢、固定的时代中,实现生存方式的超越,故将重心切至阳明的思想理论与实践对现实生活世界的重构意义上②;其系列期刊论文《从心学到心态学:阳明心学的当代转换》③《心学的精神价值:活泼泼的生活世界》④《现实批判与价值重建:阳明的知行合一及现代意义》⑤《生活儒学:儒家哲学面向时代的系统建构》⑥,围绕着阳明思想与社会现实生活之间的关联与现代性转换逐步深化,尤其是在当下心态学意义上的实现。

李衍柱于《文艺复兴时代的王阳明》中,从文艺学理论视角,对王阳明生命中的文艺创作进行整体研究,创造性地提出"王阳明是开启中国文艺复兴大门的思想家"。他在书中以年份为单位,逐年整理和研究王阳明的诗词、书法艺术成就,结合世界文明史,探讨阳明艺术人生与文艺思想的民族性、世界性特点,同样拓宽了王阳明研究的视界。⑦

综上,近年学者们从不同的向度去理解王阳明的生命历程与学说思想,对于更具体地理解和把握阳明学,无疑具有非常积极的意义。

三、王阳明的美学智慧研究

对王阳明的美学视角研究起于 20 世纪 90 年代,陈来在《有无之境:王阳明哲学的精神》中,将哲学史、比较哲学、文献史和美学的研究融为一体,对阳明哲学"有"之境界和"无"之智慧的联系进行研究,引入并提炼出了"境界"、"有"与"无"、"敬畏"与"洒落"等哲学(美学)范畴,为接下来学界对阳明心学美

① 吕妙芬:《阳明学士人社群:历史、思想与实践》,北京师范大学出版社 2017 年版。
② 何善蒙:《传习录十讲》,孔学堂书局 2016 年版。
③ 何善蒙:《从心学到心态学:阳明心学的当代转换》,《孔学堂》2016 年第 2 期,第 238-245 页。
④ 何善蒙:《心学的精神价值:活泼泼的生活世界》,《浙江社会科学》2017 年第 3 期,第 89-98 页。
⑤ 何善蒙:《现实批判与价值重建:阳明的知行合一及现代意义》,《社会科学辑刊》2019 年第 2 期,第 27-37 页。
⑥ 何善蒙:《生活儒学:儒家哲学面向时代的系统建构》,《当代儒学》2019 年第 2 期,第 46-50 页。
⑦ 李衍柱:《文艺复兴时代的王阳明》,人民出版社 2021 年版,第 10-15 页。

学研究与境界解释进路奠定基石。^① 赵士林《心学与美学》^②、安民《王阳明的心学与美学合论》^③与陈望衡《中国古典美学史》^④将阳明心学与美学直接关联,展开了心学的美学问题研究,为更加系统的阳明美学维度研究提供了明确的问题意识导向。

左东岭于《王学与中晚明士人心态》中的第二章第三节着重分析了阳明心学的境界、王阳明的求乐自适意识及其审美情趣,认为王阳明的审美情感是一种超功利的心灵境界,王阳明是中国传统美学从感物说向性灵说转变的关键人物之一,重塑了其后明代士人的价值取向与心态。^⑤

日本学者冈田武彦在其代表作《王阳明与明末儒学》中运用"内在性研究方法",分析了从宋代到明代展开的由二元论到一元论、由理性主义到抒情主义的思想嬗变,与之同步地在儒学方面由理学(性学)向心学嬗变,在文学方面由模拟向性灵嬗变,在艺术方面由技巧向感兴嬗变,进而凸显为敬转向乐、道德人性转向自然人性、伦理转向美学,这种内在的矛盾张力使得阳明心学的美学影响后世成为必然。^⑥

陈立胜的《王阳明"万物一体"论:从"身—体"的立场看》从身体哲学、现象学的视角,承接牟宗三《王阳明致良知教》与陈来《有无之境:王阳明哲学的精神》而进一步去探讨"万物一体"的"仁"与"乐"这个焦点论题,并引入西方宗教现象学理论,领先开展对儒家"为己之学"生命世界中的现象性与身体性研究。陈立胜创新性地在儒家"乐"的思想传统中析论心体之乐、生机之乐与体知之乐交织而成的"乐"之思想图谱,并进一步探讨王阳明"乐"的本质(乐体)与"乐"的形态(乐态)。在"乐态"部分,从阳明生命历程中概括提取出"悟道之乐""生机之乐""为善之乐""隐逸之乐""闲适之乐"与"讲习之乐"六种类型。陈立胜采取"心身互渗"的立场,探究王阳明精神境界中的"有"(价值关怀)与"无"(超越追求)、"忧"与"乐"如何统摄于生活体验之中^⑦,对身体美学与境界美学的阳明学研究颇具创发性意义。

---

① 陈来:《有无之境:王阳明哲学的精神》,北京大学出版社 2013 年版。

② 赵士林:《心学与美学》,中国社会科学出版社 1992 年版。

③ 安民:《王阳明的心学与美学合论》,《西北第二民族学院学报(哲学社会科学版)》1996 年第 4 期,第 57-62 页。

④ 陈望衡:《中国古典美学史》,湖南教育出版社 1998 年版。

⑤ 左东岭:《王学与中晚明士人心态》,人民文学出版社 2000 年版。

⑥ (日)冈田武彦:《王阳明与明末儒学》,吴光等译,上海古籍出版社 2000 年版,第 1-12 页。

⑦ 陈立胜:《王阳明"万物一体"论:从"身—体"的立场看》,北京燕山出版社 2018 版。

潘立勇首创性地尝试以"本体—工夫—境界"来建构中国思想传统在世性与体验性的成熟理论模式和话语体系①，并将其运用到对王阳明的美学智慧研究中。他在《一体万化：阳明心学的美学智慧》一书中，通过本体美学、现象美学、体验美学、行动美学、境界美学（人生境界）所涉及的系列美学范畴，从阳明心学以"本体—工夫—境界"为特色的理论品格解析入手，论证了心学进入美学的可能，总结"心学美学以'良知'为本体境界，以'致良知'为本体境界澄明的工夫，最终指向是人生理想境界的落实与圆成之美学智慧。"②他的系列期刊论文③则进一步完善了他对王阳明美学智慧的整体思考，不仅分析了心学进入美学的理据和可能、当代心学与美学研究现状，更是分别探讨了阳明心学美学心物一体、良知为本的"本体美学"，意在为物、心物呈现的"现象美学"，缘机体认、直觉顿悟的"体验美学"，以行为重、知行合一的"行动美学"及洒落自得的人生境界。④ 可以说，潘立勇于美学之进路出发，形成一个较为完整的阳明心学美学的体系研究，由审美领域生命圆成之境界首揭王阳明之休闲研究的可能性。

综上，目前学界有关王阳明的美学智慧研究主要表现为"三大形式、两大议题"。所谓"三大形式"分别指通论研究、专论研究以及散论研究。其中，通论研究是将王阳明的美学智慧作为心学美学置于传统美学通史脉络中加以考察，略显简略，代表性著作如前文所提的陈望衡《中国古典美学史》与王振复

---

① 潘立勇：《休闲审美哲学的儒家话语及其体系》，《社会科学辑刊》2016 年第 4 期，第 169-175 页。

② 潘立勇：《一体万化：阳明心学的美学智慧》，北京大学出版社 2010 版（另贵州孔学堂书局 2020 年重印修订）。

③ 参见潘立勇：《阳明心学在美学上的意义与影响》，《文艺研究》1995 年第 1 期，第 66-72 页；《阳明心学美学及其研究》，《中共宁波市委党校学报》2003 年第 5 期，第 81-86 页，《人大复印资料·美学》2003 年第 12 期转载。潘立勇、傅建祥：《"知行合一"与阳明的"行动美学"》，《浙江学刊》2004 年第 1 期，第 216-218 页。潘立勇：《阳明心学的美学智慧》，《天津社会科学》2004 年第 6 期，第 105-110 页；《阳明心学美学与现象学意识》，《文艺研究》2004 年第 6 期，第 12-18 页；《"心上工夫"与王阳明的体验美学》，《浙江大学学报（人文社会科学版）》2005 年第 1 期，第 130-135 页；《"自得"与人生境界的超越——王阳明的人生境界论》，《文史哲》2005 年第 1 期，第 79-84 页；《本心灵觉：良知境界的美学意义》，《中国哲学史》2005 年第 2 期，第 122-127 页；《如何从本体功夫论切入阳明心学美学研究》，《吉林大学社会科学学报》2015 年第 6 期，第 76-81 页。

④ 潘立勇：《阳明心学美学的心本立场及其再评价》，《中原文化研究》2016 年第 2 期，第 33-39 页，《人大复印资料·美学》2016 年第 5 期转载；《阳明心学的当代意义——我们向阳明学什么》，《社会科学辑刊》2019 年第 1 期，第 17-26 页；《当代宋明理学美学研究》，《孔学堂》2021 年第 3 期，第 18-29 页。

《中国美学的文脉历程》、邹其昌《中国美学与艺术学探微》等；专论研究则将王阳明的美学智慧作为专门的研究对象而予以相对独立的阐释，代表研究者为赵士林与潘立勇；散论研究是指不以王阳明的美学智慧为其主要研究对象，在其论述当中附带提及，代表性著作有左东岭《王学与中晚明士人心态》、陈立胜《王阳明"万物一体"论：从"身一体"的立场看》等。

通论研究和专论研究往往采取美学与哲学结合的研究方法，"两大议题"主要聚焦王阳明的心学与美学的关系讨论，以及围绕王阳明本人及其思想对美学和艺术、社会的影响进行研究。但在丰硕的成果中，对王阳明的美学智慧的研究往往点到即止，缺乏深入、具体、系统的分析。毕竟王阳明本人并未真正建构系统性的美学理论，其初步体系轮廓也是在后世实践的不断丰富中，直至明末清初才成形的，所以王阳明的美学智慧研究常作为其他专项研究的补充或背景介绍出现，深入的独立专论研究则凤毛麟角。

尽管王阳明的美学智慧研究已有较为多样的体系框架，但若从研究前景来展望，原始理论基础薄弱是制约其进一步发展的瓶颈。

所以综合研究经验与研究方式分析，要进一步深入进行独立研究，需要对阳明心学、美学（自西方引入又约定俗成的观照、体验领域的精神哲学）、文论或艺术理论（具体的文学艺术形态见解）、文艺或审美形态（具象、形而下的文艺或自然、社会体验现象）与阳明及其后学的具体日常实践有深入而系统的把握：形上到形中到形下，突破研究维度本身的封闭性，吸收融合形而下的具体实践内容，以日常生活的面向去丰厚原始理论。

四、生活美学作为理论研究视域

（一）生活美学

1. 日常生活美学

"日常生活美学（Aesthetics of the Everyday）"作为"美学话语理论的一个新领域（a new frontier of aesthetics discourse）"[①]，兴起于东西方学界共同的

---

① Saito Yuriko. "Aesthetics of the Everyday", *The Stanford Encyclopedia of Philosophy* (*Spring* 2021 *Edition*), Edward N. Zalta（ed.）. https://plato.stanford.edu/archives/spr2021/entries/aesthetics-of-everyday/.

"生活论转向"①，而将美学回归生活的学术转向，则引起了西方美学理论延伸到"艺术美学"之外的"自然美学"与"环境美学"，而"环境美学"则是西方"日常生活美学"的先声，如日裔美籍学者齐藤百合子所定义的"日常生活美学"就是从环境美学出发，并结合东方文化意识来定位以审美经验为中心的"日常生活美学"②，即"平凡中的平凡"。

与齐藤百合子"平凡中的平凡"论不同的是，美国学者托马斯·莱迪认为，"日常生活美学"是"平凡中的非凡"，旨在艺术、自然、科学之外的领域。莱迪还通过列举一系列日常生活美学审美属性的清单（如简洁、凌乱、有序、有趣、美味等）来进一步限定这个领域。③

因为"日常生活美学"所包含的是整体的人类生活之美学，所以也包含审美介入自然（与环境）生活，即包含自然美学与环境美学在内的"更广阔的世界自身"，所以安德鲁·莱特（Andrew Light）与乔纳森·史密斯（Jonathan M. Smith）以"生活美学的理论化""欣赏日常的环境""发现日常的审美"④三个部分来探讨"日常生活美学"的本质。

欧陆学者则倾向于更广阔、更开放性的内涵，认为不仅是自然与环境，艺术生活也包含在"日常生活美学"之内——"日常生活美学"是以艺术为主要模式建立的美学的延续，实质上是将人的生活作为艺术，而整合了反思性的对话式感知模式，为日常经验提供了具体的审美特征。⑤ 日常审美体验与典型艺术体验的最大区别在于，对于基于人的感官知觉的审美来说，如果没有更积极的、创造性的和想象性的参与，单纯的感觉没有什么明显的审美意义。所以为

---

① 以现象学、存在主义哲学为代表，首先出现关注人的现实生活、面向生活世界回归的理论转向，进而影响到其他学科领域，如胡塞尔指出"科学的危机表现为科学丧失其对生活的意义"。参见（德）胡塞尔：《欧洲科学的危机与超越论的现象学》，商务印书馆 2011 年版，第 30 页。

② Yuriko Saito, *Everyday Aesthetics*, New York: Oxford University Press, 2007:3.

③ （美）托马斯·莱迪：《平凡中的非凡：日常生活美学》，周维山译，河南大学出版社 2019 年版，第 2-5 页。

④ Andrew Light and Jonathan M. Smith eds., *The Aesthetics of Everyday Life*, New York: Columbia University Press, 2005.

⑤ Nielsen, Henrik Kaare, "Totalizing Aesthetics? Aesthetic Theory and Aestheticization of Everyday Life", *The Nordic Journal of Aesthetics*, 2005, 17(32): 60-75. Matteucci, Giovanni, "Everyday Aesthetics and Aestheticization: Reflectivity in Perception", Studi di estetica, IV serie, 7. 2017: 207-227. Potgieter, Frederick J. 2017, "An Educational Perspective and a Poststructural Position on Everyday Aesthetics and the Creation of Meaning", *The Journal of Aesthetic Education*, 51(3): 72-90.

了解决传统审美经验概念与日常生活经验之间的矛盾，需要构建一个更普遍的审美感知理论，欧陆美学因此将审美体验描述为一个动态的、辩证的感官感知和反思的过程，它形成了一种与我们正在感知的对象的对话关系，并尽量减少体验艺术时通常需要的各种概念考虑、情感参与和想象性参与的中介，使术语的价值中立化。①

需要注意区别的是"日常生活审美化"这个范畴。"日常生活美学"是一门美学学科，而"日常生活审美化"是当今社会一种泛审美化的普遍现象。陈雪虎曾为此辨析道："不少学者把生活美学理解为'日常生活审美化'……其意涵着的是当代（中国）社会经济、政治与文化生活的市场化、资本化和消费化的维度。"②高建平认为，"日常生活审美化"于"日常生活美学"而言，突出的是其批判价值。③ 尽管近年"日常生活美学"的崛起与商业消费主义、大众文化等审美泛化的文化环境发展密切相关，其中的传统文化与民族认同因素也不容忽视。中国传统美学一直以来都有"生活性"的审美特色。

2. 生活美学：一种中国的生活美学传统

中国长久以来的生活性美学传统，一直注重在生活实践中提升身心的幸福感，尤其是古代上层阶级以及文人墨客重视对主体精神性审美的挖掘，构建了整体的生活世界与形而上世界，却鲜以一套框架性的理论系统去提升；而恰好美学"生活论转向"的风潮将理论衍生到生活美之中，"当代中国美学界在汲取西方的美学理论架构之后，重新回归自身的生活审美传统"。④ 正如学者刘悦笛所说："西方的'生活美学'乃是自我构建的新传统，而中国'生活美学'则本身就具有悠久历史传统，所以其所做的工作乃是一种'返本开新'的视野，也就是回归自身的'生活审美'的大传统里面去开出'以新融旧'的传统。"⑤

简而言之，"生活美学（living aesthetics）"是刘悦笛从"日常生活美学"这个学术基点之上，着眼于东西方思想文化的异质，提炼出中国特色的"本土化"

---

① Matteucci, Giovanni. "Everyday Aesthetics and Aestheticization: Reflectivity in Perception", *Studi di estetica*, Ⅳ serie, 7. 2017：227.

② 陈雪虎：《生活美学：当代意义与本土张力》，《文艺争鸣》2010 年第 7 期，第 34 页。

③ 高建平：《日常生活审美化与美学的复兴》，《天津师范大学学报（社会科学版）》2010 年第 6 期，第 34-44 页。

④ 刘悦笛：《今日西方"生活美学"的最新思潮——兼论中国美学如何融入全球对话》，《文艺争鸣》2013 年第 3 期，第 17 页。

⑤ 刘悦笛：《当代中国"生活美学"的发展历程——论当代中国美学的"生活论转向"》，《辽宁大学学报》2018 年第 5 期，第 151 页。

真美善合一之学，它所持的是一种回到生活世界的"审美观""生活观""艺术观""环境观"和"哲学观"。①

刘悦笛摒弃了"日常"一词以凸显中国的美学传统。在他看来，"生活美学"重在融合而非分立，否则一旦囿于"日常"与"非日常"（或"平凡"与"非凡"）这样的话语的时候，就已经陷入西方二元论的圈套之中了。②

中国的生活美学研究构建中的一项重要内容，是回溯传统思想文化。刘悦笛认为，自孔子与老子两位古典美学奠基者肇始，中国美学已有生活美学的底色，"儒家生活美学"与"道家生活美学"以及后发的"禅宗生活美学"共同构成中国美学的"三原色"。③ 同样，在寻找本土生活美学资源的道路上，仪平策认为，最契合生活美学的中国传统文化是《中庸》中所提出的"执两用中"的中和思维模型与"道不远人"的审美价值范式，以超越西方二元对立思维，将审美胜境与人生乐境统一，建设真正民族化的现代美学形态。④

薛富兴则在回溯传统美学的过程中秉持辩证批判的眼光，在呼唤回归古典生活美学中的自然审美、工艺审美、生活审美传统中，去寻找人生之艺、人生之情、人生之趣、人生之福的同时，要求批判性地摒弃其中的精英化倾向，以大众现实审美现象为自己的理论出发点，以造福大众的现实生活为最终目的。⑤王德胜也就此过程批判性地要求，生活美学"在持守传统审美对象和美学理想的同时，紧接当下日常生活之现实'地气'"，通过"其特有的现实介入性，也使其先天地带有对现实文化的批评与改造的功能"，以期获得"不仅是各种艺术鉴赏的理论或人生美育的知识，而且是包含了'精品生活指南'或生活品味塑造等内在的实际意见"。⑥ 从薛、王两位学者颇具远见性的批判中可以总结，一方面，传统美学是"生活美学"的重要源泉、学术富矿；另一方面，"生活美学"并不可以对传统"生活性"的美学现象照单全收，而是要客观地正视传统中的流弊，以其"日常生活性"对传统文化内容进行价值引导，强调"生活美学"对现

① 刘悦笛：《"生活美学"：是什么与不是什么？》，《艺术评论》2011年第4期，第24页。

② 刘悦笛：《中国"生活美学"翻身为全球美学——回应美国美学家托马斯·莱迪》，《文艺争鸣》2021年第1期，第76-81页。

③ 刘悦笛：《儒道生活美学——中国古典美学的原色与底色》，《文艺争鸣》2010年第7期，第6-10页。

④ 仪平策：《生活美学：21世纪的新美学形态》，《文史哲》2003年第2期，第128页。

⑤ 薛富兴：《生活美学——一种立足于大众文化立场的现实主义思考》，《文艺研究》2003年第3期，第22-30页。

⑥ 王德胜、李雷：《"日常生活审美化"在中国》，《文艺理论研究》2012年第1期，第253-267页。

实生活与古典生活的引领和批评作用。

综上,生活美学理论是由世界范围的日常生活美学浪潮与中国传统"生活性"的美学(生活艺术化的审美理想)合流而独擅胜场的中国本土式理论话语,是源于生活、关注生活、指导生活、融入生活的博大美学,是把生活世界与审美活动统一的视域新构。

(二)以生活美学为视域的明代士人研究

不同于西方的逻辑建构传统,中国的生活美学实际上源于历史上中国人闲情逸致的日常生活,更需要从生动鲜活的审美经验层面来提炼和辨析传统的生活美学之精华。而明代作为中国古典生活美学的高峰,已然因形成一套成熟的审美性生活模式与近世的前现代性而一直备受学界关注。其中,明代士人(文人)是明代生活美学的引领者,学者们往往以其思想、生活方式以及审美趣味作为切入口,用生活美学理论考察明代整体社会审美特征的群体性研究,或是做具体的个案性研究。

赵强在明代整体社会生活美学领域深耕多年,其专著《"物"的崛起:前现代晚期中国审美风尚的变迁》以晚明的物质奇观为线索,研究明朝人审美、欲望的纠缠与价值观的嬗变。他认为,晚明士民整体的日常生活水平之提高,其实质在于物质性在人的日常生存、情感、审美和精神生活领域的全面崛起,这种士人引导的"'物'的崛起"与"生活美学"之兴起,对前近代晚期中国社会的结构性变迁起到了不可忽视的推动作用。[①] 可以说,赵强对晚明社会生活、文艺活动和审美风尚的研究,为中国生活美学提供了具体的、世俗化的、形而下的生活美学之"物"范式。[②]

在相同的生活美学逻辑下,曾婷婷则是以生活美学视域深入观念史,在其专著《晚明文人日常生活美学观念研究》中总结"欲""闲""癖""奇""生"五大美学观念,从日常生活与审美活动的历史生成逻辑与历史发展逻辑联系晚明社会、文化背景和文人的日常生活,在小品文中发掘出每一个美学观念的内在审美价值,将晚明文人的生活美学实践和生活美学观念结合起来,指出晚明文人生活美学实际上就是一部"心史"。可以说,这部专著在生活美学观念史研究

---

① 如赵强的《物、生活与艺术——晚明生活美学的观念、趣味与表征》(《江汉学术》2014 年第 6 期,第 73-76 页)、《作为尺度的"物":明清文人生活美学的内在逻辑》(《江苏行政学院学报》2018 年第 4 期,第 36-42 页),赵强、王确的《说"清福":关于晚明士人生活美学的考察》(《清华大学学报(哲学社会科学版)》)2014 年第 4 期,第 124-134+172 页)。

② 赵强:《"物"的崛起:前现代晚期中国审美风尚的变迁》,商务印书馆 2016 年版,第 2-5 页。

方面是一个有示范意义的尝试。①

赵洪涛的专著《明末清初江南士人日常生活美学》则以生活美学的主旨——回归感性生活作为研究导向，选择江南地域、明末清初、士人阶层来限定研究范围，从居室、养生、饮食、娱乐和消遣五个方面勾勒了明末清初江南士人生活美学，并且深挖江南士人生活美学的审美态度、审美情感，最后总结"闲"为生活美学的本体，认为江南士人生活美学的缘起和最后的指向是"闲"，"闲"并非无聊，而是使生活在一种别样的审视中变得妙趣横生。②

在明代士人的个案生活美学研究中，与李渔相关的研究成果汗牛充栋。贺志朴在其专著《李渔的生活美学思想》中不仅详细分析了中国传统乐感文化和生命哲学对李渔的影响，还着手梳理晚明哲学的感性思潮与李渔生活美学观念之互通性，所谓生活美学并非审"生活"之"美"，而是使"生活本身"美，其旨归是"生"之在世的"活"，亦为"真我"之成就，不仅把李渔生活美学思想研究推向了一个新的高度，还扩充了当今生活美学的深度。③ 刘玉梅的专著《李渔生活审美思想研究》将李渔的生活美学观总结为"人人可以审美、时时处处可以审美，以及实用与审美结合、自然与创新统一、通俗与高雅共赏"④。期刊论文以马草的《李渔生活美学思想研究》为代表，概述了李渔生活美学思想的起点是面对死亡问题，因此他以及时行乐为自身生活美学的主观态度，以世俗闲情为审美对象，以雅致为生活美学的价值标准，而雅致中的新异是李渔生活美学思想的最高追求。⑤

对于阳明后学的生活美学研究也是近年的一个研究热点，如常康从对李贽的"自然人性论"审美意蕴的哲学解读出发，论述了整个泰州学派倡导"生活美学"的当代意义。常康认为，王夫之是实际上真正地将中国古典美学的儒、道、释的传统熔为一炉的思想家、实践家，他可以被视为中国古典美学思想的集大成者。⑥ 卢杰的学位论文《张岱散文中的日常生活美学思想》则对张岱散文著作中流露的生活美学思想作了较为深入全面的论述，展现了以张岱为代表的晚明文人的日常生活审美趣尚，同时挖掘其对当代理论建构的价值和审

① 曾婷婷：《晚明文人日常生活美学观念研究》，暨南大学出版社 2017 年版，第 1-10 页。

② 赵洪涛：《明末清初江南士人日常生活美学》，四川大学出版社 2018 年版。

③ 贺志朴：《李渔的生活美学思想》，人民出版社 2019 年版。

④ 刘玉梅：《李渔生活审美思想研究》，中国社会科学出版社 2017 年版。

⑤ 马草：《李渔生活美学思想研究》，《美育学刊》2015 年第 5 期，第 99-104 页。

⑥ 常康：《李贽"自然人性论"审美意蕴的哲学解读——兼论泰州学派倡导"生活美学"的当代意义》，《前沿》2010 年第 3 期，第 17-21 页。

美化生存的启示意义。[①]

在以生活美学为视域的明代士人研究中，几乎都有提及王阳明及其思想与实践对研究主体的重要影响，然而目前学界尚未出现以王阳明为对象的生活美学研究。

（三）休闲之境界：生活美学与休闲美学之关联

随着生活美学的发展，整个国际美学界逐步走出传统艺术中心论，于日常生活中探掘审美意蕴，其中以休闲审美活动为研究对象的休闲美学，在诸多新兴美学研究视域中脱颖而出，还因休闲美学与生活美学之间的紧密关联性而备受关注。

休闲在本性上是一种追求日常生活意义的美。[②] 叶朗对休闲的美学天然性作了生动的解释："休闲文化的核心是一个'玩'字。'玩'是自由的，是无功利、无目的的……玩很容易过渡到审美的状态。所以休闲文化往往包含有审美意象的创造和欣赏，而且休闲文化所展现的意象世界，往往是社会美、自然美、艺术美的交叉和融合。"[③] 赖勤芳对休闲美学的定义进行了简要概括："各种日常活动都有可能成为休闲活动，都可以从中寻找出审美方面的内涵，可以对它们进行美学的理论分析，而这就是'休闲美学'。"[④]

在美学界如火如荼地讨论生活美学与休闲美学时，一些学者看到了美学（休闲）境界研究连接两者的契机。"境界"一词初源于佛学，经流变在唐宋时期已广泛应用于美学、哲学、艺术等领域，近代王国维以之为中心构"境界说"，使"境界"成了中国传统美学的重要范畴。仪平策在《生活美学：21世纪的新美学形态》中提出，中国美学的美就是一种富有意趣充满福气享受快乐的生存形式，一种同"人怎样活着才更好"的考虑直接相关的人格理想和生命境界。将审美胜境与人生乐境统一起来的传统精神，与现代生活美学在学理上虽不尽相同却极为相通，必将为现代生活美学在21世纪中国的产生提供丰厚博深的本土文化资源，从而真正实现美学当代性和民族性的统一。[⑤]

潘立勇、刘强强在《从现代人生论美学到当代生活美学——生活美学的历史脉络与现代渊源》中提出，当代（生活）美学围绕生命、生活体验等核心，形成

---

① 卢杰：《张岱散文中的日常生活美学思想》，扬州大学硕士学位论文，2006年，第4-10页。

② 赖勤芳：《休闲美学的内在理路及其论域》，《甘肃社会科学》2011年第4期，第19页。

③ 叶朗：《美学原理》，北京大学出版社2009年版，第229页。

④ 赖勤芳：《休闲美学》，北京大学出版社2016年版，第5页。

⑤ 仪平策：《生活美学：21世纪的新美学形态》，《文史哲》2003年第2期，第123-128页。

了生命美学、休闲美学等诸种内在相关的新形态;生活美学是个可包容诸者相的大形态,而休闲美学研究的是其中生命、生活的体验状态及其理想(休闲)境界;因此在当代美学形态论的回归上,当代生活美学则不但要关注生活之"生",而且要关注生存之"境"。① 正因生活美学以人的自由幸福体验与美好生活追求为核心,而休闲生活占据日常生活的重要部分,休闲境界又是日常生活世界的一种主要境界,所以当代美学界需呼应这个内在逻辑,由此"全面地切入人的本真的生命形态、生活方式、存在体验和生存环境"②。

可以说,潘立勇引领了对休闲境界的研究,他提出,休闲美学研究的是一种生命、生活的体验状态及其理想境界。休闲美学在本质上是一种生存境界理论,着重研究审美与休闲的内在关系,休闲美学与(生活)美学的共同本质特征在于"自在、自由、自得"。潘立勇从传统美学学科中对人的审美的本质定义,过渡到对当下人们审美生存的关注,认定美学不应只是"观听之学",还应该是"身心之学",人生境界的追求和化育是中国传统生活美学的基本精神和旨趣,其中《中庸》推崇并为阳明激赏的"无入而不自得",既是中国古代的圣贤境界,也是今天我们所追求的休闲境界。③ 对于休闲美学与生活美学的关系,潘立勇认为,生活美学是生存境界的审美化,休闲美学是审美境界的生活化,二者在境界层面上是连通的。④ 张法对此也表示赞同,论道:"休闲就其本质来说……是一种心理体验(超越为生存劳作的爽快)和人性本质(超越为生存而工作的自由)紧密相关的一种境界。而这一境界与美学超越具体事物的现实关联和具体时空关联的物我两忘和物我同一的境界是相同的。在这一意义上可以说休闲的最高境界就是审美。"⑤

---

①② 潘立勇、刘强强:《从现代人生论美学到当代生活美学——生活美学的历史脉络与现代渊源》,《陕西师范大学学报(哲学社会科学版)》2020 年第 4 期,第 16-25 页。

③ 参见潘立勇:《当代中国休闲文化的美学研究与理论建构》,《社会科学辑刊》2015 年第 2 期,第 162-167 页;《休闲审美哲学的儒家话语及其体系》,《社会科学辑刊》2016 年第 4 期,第 169-175 页。潘立勇、朱璟:《审美与休闲研究的中国话语和理论体系》,《中国文学批评》2016 年第 4 期,第 90-40 页。潘立勇、刘强强:《从现代人生论美学到当代生活美学——生活美学的历史脉络与现代渊源》,《陕西师范大学学报(哲学社会科学版)》2020 年第 4 期,第 16-25 页。潘立勇:《休闲文化与美学建构》,南京大学出版社 2017 年版;《审美与休闲》,浙江大学出版社 1999 年版;《审美与文化创意》,南京大学出版社 2018 年版;《休闲与文化创意》,南京大学出版社 2019 年版;《休闲·审美·创意学术专题丛书》,南京大学出版社 2020 年版。

④ 潘立勇:《休闲与审美:自在生命的自由体验》,《浙江大学学报》(人文社会科学版)2005 年第 6 期,第 10 页。

⑤ 张法:《休闲与美学三题议》,《甘肃社会科学》2011 年第 4 期,第 11 页。

学位论文以肖显达的《敬畏与洒落:儒家休闲境界的本体工夫之辩》为代表,是在潘立勇指导下运用"本体—工夫—境界"理论框架,将儒家的人生境界与休闲美学相联结,对儒家的休闲美学思想进行了较为系统的发掘和梳理。①

可以说,以潘立勇为代表的当代学者开辟了以境界与自由连通休闲美学与生活美学的研究之路,为我们进一步探索与创建新时期中国美学话语体系奠定了重要的基础,生活美学与休闲美学的内在性联系被贯通,并形成与中国传统人文精神相互动的话语体系的可行性基础已经被三十年来的研究所逐步奠定,更是在近年的深化中初步形成。但审美与休闲的论品格层次也有不同之处,比如审美的另一面是审丑或理性等含义,而休闲的另一面是劳动或忙碌等内涵,尽管有区别之处,却又因审美和休闲都有生活的共同面向,而通过境界实现生活美学与休闲美学的内在关联呈现,这点在具体研究中务必厘清。

第三节　致知发微:研究运思

一、研究问题

王阳明毕生所讲求的个人体悟与生活实践,由解决时人生活存在问题出发,与整体社会发展亦息息相关,亦终因顺应时代需求而得到深广的回应。与此同时,王阳明的日常生活向度也对他有着重要的影响。其日常生活主要涵括政务生活、家务生活、休闲生活三大部分,其中休闲生活与他的学术思想联系尤为紧密。正因如此,凡是涉及明代及之后的生活美学或休闲研究,王阳明的上述思想与实践往往会被首先提出来予以分析,对阳明学进行生活美学与休闲研究的考察具有深刻的历史意义。

在目前诸多向度的王阳明生命历程与思想研究、王阳明历史研究中,尚未有研究深入涉足王阳明这一部分日常生活知行体认与人生境界面向,因而从新视角出发的研究必要性再次凸显。

所以,本书首先从王阳明生活的时代与空间背景出发,着眼还原王阳明思想果实所诞生的土壤,探究当时休闲与审美文化对其生活与思想所产生的影响,全面展示中晚明社会文人微观生活图景与生活世界,进而更完整地贴近王

---

① 肖显达:《敬畏与洒落:儒家休闲境界的本体工夫之辩》,浙江大学硕士学位论文,2017 年。

阳明生活美学思想形成的微观生活世界；同时对王阳明的生命历程以生活美学与休闲学的视域予以梳理，从王阳明日常生活的不同面向里阐明中国话语中的美学气象与闲适境界之意涵，旨在以一横面、一纵面、双截面的全景式考察展开王阳明的生活世界，开掘历史的生活细节中所蕴含的中国传统生活美学与休闲的真实形态，丰富中国传统生活美学和休闲美学的理论宽度。

二、研究方法

近年的相关研究呈现了文、史、哲等多学科相融合的研究方法，这是现代学科细分背景下开展相关研究的实然要求。尤其是对于本研究所涉及的业已散失的中国传统生活美学与休闲体系，若仅以哲学或历史方法论主导，鲜能涉及具象的审美意涵；而以往单一的美学研究方法常常不究其根基或本质，所以，在研究方法上最重要的是融会打通以下四点。

1. 运用史学方法论，贯通王阳明生活史相关的史料挖掘与实证考据。结合文献研究法与图像研究法，一方面以经义典籍贯穿叙述；另一方面通过地方志、文物藏品、家谱、乐谱等原始历史材料拼接历史之碎片，以呈现王阳明的生活与审美及休闲相交融的生命历程，乃至其发生的具体时空之维，予以"活的历史"[1]之在场性。

2. 运用哲学方法论，打通阳明心学思想与生命智慧的理论演绎。在方法论层面，既要把握中国哲学研究范式与思维方式的特殊性，如中国哲学的诠释学方法论、儒家哲学的本体工夫论与境界论；也要注意援西入中、融合中西休闲哲学相关理论，在双向互诠中实现中国哲学与休闲哲学的深度互动。

3. 运用美学方法论，建构王阳明生活审美与艺术表达之间的内涵阐释。立足中国传统美学本土理论话语，以王阳明的生命历程与生活美学作为研究视域，并使儒家本体工夫论与当代生活美学、休闲哲学形成双螺旋结构的理论对接。

4. 综合平衡以上三种方法论的关系。基本研究方法的选择意味着以何种进路来解读王阳明的生活与思想，哲学方法论、史学方法论与美学方法论在王阳明的生活及境界研究方面具有天然的互补性，即前文缘起部分所言的"还原活泼泼的人"。而在综合的平衡上，需重视梳理清楚历史脉络及背景土壤，注重考证哲学、美学论证所赖以建立的历史材料（尤其是注重第一手史料的优

---

① （意）贝奈戴托·克罗齐：《历史学的理论和实际》，傅任敢译，商务印书馆1982年版，第8页。

先使用,甄选辨别第二手史料),以文化还原的研究方法将史学研究范式与哲学、美学相结合。并在此基础上从哲学体系的建构处切入,整合儒家本体工夫论与生活美学的研究方法理论,以避免纯粹概念化抽象所导致的碎片化或教条化。

三、概念界定

（一）生活美学

从近代人生论的美学、现代生活艺术化理论,一路发展至当今生活美学转向,其中绵延的基础理论渊源都与王阳明及其深化的心性哲学内在相关。自王阳明提出主体性化育主旨和工夫以来,无论是在明清近世之际,还是如今中国生活美学理论的建构上,这种对体验的本体意义认同都在实际地发挥作用。整个世界,就是"我"这个主体对世界的感受,我通过体验改变或者塑造我在世界上的存在。

因为中国哲学有"体用不二"的传统,所以在本书的讨论中,为了更清晰地在研究框架内展开论述,有必要对研究中出现频次高的重要概念做一些语境内的界定与区分:"生存"一词重在指人的生理性、肉体性存在;而"生活"一词重在讨论王阳明所指的信仰(天理、良知等)贯注的过程。

进一步澄明,"生活美学"的理论研究视域,就是从生命的外在具体显现来看,包含着"生命"与"人生"的两个外延维度。需要界定的是,"生命美学"为从静态看生命存在的状态而言之,即立足于"万物一体之仁"的生命哲学;"人生美学"则更加倾向于从动态的整体生命过程而观之。

因"生活"内含所具有的外延,"生活美学"的视域不仅涵盖了动静结合的"生命美学"维度,也体现了具有时空之维的"人生美学"维度。广义上的"生活美学智慧"是对三者兼容并包的,即不仅包含了"生活美学",也蕴含"生命美学"与"人生美学"。

在中国思想传统中,"生活美学"的外显路径往往是"艺术生活化"和"生活艺术化"。前者主要将美学思想渗透到日常生活的点滴中,后者则将日常生活化为一种艺术、一种美学。

（二）休闲美学、休闲学

在本文的讨论中,"休闲美学"被置于"生活美学"的整体视域内部加以阐释;"休闲美学"着重研究"生活美学"中生命、生活的体验状态及其理想(休闲)境界。而"休闲学"则是以休闲为研究对象的现代交叉学科理论,即"休闲学

(leisure studies)，是关于休闲理论本身的研究，以及在此基础形成的理论体系或系统"[1]。休闲学中如"深度休闲"[2]"公共空间与私人空间"等理论概念在本书第二、四、五、六章皆有涉及。

（三）闲适境界

"休闲"，在其最本质的意义上，是追求心灵愉悦的行为或状态。王阳明之"乐是心之本体"指出乐是心的本然状态，正是属于"休闲"的范畴，琴棋书画、诗词歌赋之类的游艺不过是"休闲"的外在体现。如果以本体工夫论角度观之，则以心物合一为要义、以良知为先验的知行本体，游艺、教学、交往等皆是工夫。

"休闲"一词最早出现在西周鄂侯驭方鼎[3]的铭文上，之后在中国文化传统中"休"与"闲"时常分离使用，其中，"闲"往往作为中国古典美学的重要范畴，而与其他文字组合出新的美学概念，如"闲居"作为生活美学的一种方式，"闲情"作为审美意识之确立，"闲趣"作为生活审美情调，"闲赏"作为世俗审美生活之表现。"闲适"，在古代文化中一方面指示着儒道禅的最高人生境界，是士人的一种审美人格；同时又标示着闲暇自由的日常文化活动，是士人的一种审美生活。

可以说，"闲适境界"是一种中国传统生活美学境界。

本研究的主体对象王阳明，并非世俗普遍观点中的典型"闲人"，他为世人所熟知的特色是事功与政务繁忙的人生。王阳明生命中的休闲是点缀在政治生活与教学生活之间的，即在功业忙碌基调之上的忙中之闲，是王阳明生活世界中必不可少的调节，融合了儒、道、禅的因子，这也是王阳明之闲相对于其他文士闲人的特殊性。

热爱山水的王阳明，终其一生都对"闲"充满向往，并时常在诗文中流露出

---

[1]　庞学铨：《休闲学的学科解读》，《浙江学刊》2016年第2期，第69页。

[2]　深度休闲（serious leisure）由美国学者 Robert A. Stebbin 在2006年提出，指休闲活动主体深度投入且愿意承诺系统性学习的个人工作以外的专业性休闲生涯与专注的休闲状态，具有坚持不懈（persevere）、生涯性（career）、努力付出（significant personal effort）、收获持久（durable benefits）、形成团体中的独特文化（unique ethos）、认同感强烈（identify strongly）六项特质，是专注、奉献地对专业活动作出高度承诺，是一种内心觉醒、专注的精纯无杂的休闲状态。

[3]　西周中晚期铜器鄂侯驭方鼎，铭文载："王南征，伐角、僪（遹），唯还自征，才坏（在坏），噩（鄂侯驭）方内（纳）壶于王，乃（裸）之，（驭）方侑（侑）王，王休（偺），乃射，（驭）方佮（佮）王射，（驭）方休闲，王宴，咸酓（饮），王窺易（亲锡驭）方玉五瑴（瑴），马三（四）匹，矢五束，（驭）方（拜）手？（稽）首，（敢）对（扬）天子不（丕）显休（赉），用乍（作尊）鼎，迈（其万）年永宝用。"此鼎为陈介祺私人收藏，现展于浙江省宁波市中国港口博物馆。

来，如"但得此身闲，尘寰亦蓬岛""青山从此做闲人""闲心期与白鸥群""闲中气象甚适"等等。王阳明追求的"未妨适意山水间，浮名于我亦何有"，即孔子所谓"七十而从心所欲不逾矩"，《中庸》所谓"无入而不自得"之境界。儒家圣贤所言之"自得"莫过于得到生活之美与闲适境界，而阳明的本体工夫论本身也包含境界之呈现。

所以，本书所称"闲适境界"亦有取自阳明之言"闲中气象甚适"的意味。"闲适境界"在行文中等同当今生活美学与休闲学话语的"休闲境界"，即人的行为完全能够与心性合一（知行合一）而获得的从容、自得的人生愉悦状态，从而更加凸显中国古代的诗意浪漫传统。

四、逻辑框架

本书以本体—工夫论的逻辑贯穿始终：明代江南地区的时空孕育了王阳明的生命历程，他在生命历程的知与行中，在忙与闲中识得闲适之本体，又以敬畏与洒落的工夫臻至知行合一的闲适境界，于精神与实践的双重层面丰富了当代生活美学的理论体系建构，具体从五个部分展开。

第一部分，闲观物态皆生意：王阳明的生活世界。以横切面分析王阳明所生活的时间和空间背景，着眼还原阳明思想果实所诞生的土壤，探究当时江南地区的休闲与审美文化，以及家族生活乃至"集体记忆"对他产生的影响，探究王阳明生命体验与思想中的生活美学意蕴从何而来。

第二部分，但得此身闲：山水之间的知行历程。纵向梳理王阳明的生命历程，从王阳明思想与休闲审美活动之间相互涵育、共同造就的关联角度，将他的人生分为三大阶段。在忙与闲、入世与出世、庙堂与山水、儒圣与佛老的交错中，勾画王阳明生活世界的休闲审美底色与生命张力，提炼不同时段所倡"心理合一""致良知"与"四句教"的生活美学内涵。

第三部分，棋声竹里消闲昼：王阳明的游艺之道。王阳明在日常生活中博涉琴棋书画诗，并非如普通文人般以游艺装点生活氛围，而是在其中践履身心合一工夫。王阳明博学群艺以把握规律，以圣人之道为志向，修德体仁，发展完善实践性人格，在忙中抽闲的生活审美体验里达到了一种闲适境界。

第四部分，闲心期与白鸥群：王阳明的闲乐之情。王阳明之"闲乐"比之明代大部分富贵闲人犹然卓尔不同。他通过"游于艺"与"成于乐"之工夫，使个体在忙与闲的平衡中到达"从心所欲不逾矩"的传统理想境界，凸显本体（以心为本、心物合一为要义；以良知为先验的知性本体）—工夫（以行为重、知行合一的审美修养论）—境界（敬畏与洒落合一、与山水天地浑然为一的闲适境界）的生活美学维度。

第五部分，青山从此做闲人：历史影响与当代价值。一方面致力于回答王阳明生命中所体现的生活美学思想在与时代的共振互动中向何处去，以及影响深度的问题；另一方面挖掘王阳明核心的哲学观念与现代生活美学的内在联系，将王阳明生活美学智慧中的休闲之维放置于西方传统休闲思想与现代休闲理论中进行对比研究分析。在比较哲学的视野中，融通古今中外，凸显其之于当下人民对美好生活向往的理论价值，推动中国特色生活美学的学术体系、学科体系、话语体系的理论建设与创新实践。

五、研究创新

1. 研究视角：从生活美学与休闲哲学的创新性视域，探索王阳明的日常生活知行体认与人生境界。这比之单纯以哲学文本化研究更能深入剖析王阳明的内心世界，系统性梳理王阳明作为名臣硕儒的学术、政务之外的“活泼泼”的生活世界，增添阳明学研究主题的多样性。

2. 史料挖掘：基于明代生活世界的讨论，整合多元资料（各类文集、方志、艺术作品、文物建筑等），审视与批判历史史料、历史图像，深掘在文字和图像背后被遗漏了的未表达之话语，通过历史叙事与“未文之献”的结合，呈现地方社会与休闲文化的动态样貌。系统发掘阳明书画题跋、游记诗作等边缘文献中的美学密码。

3. 研究方法：以文化还原的研究方法将史学研究范式与哲学、美学相结合，并在此基础上从哲学体系之建构处切入，整合儒家本体工夫论与生活美学的研究方法理论，架构对王阳明生活美学及境界研究的全面解析。

此外，本研究的理论突破在于：其一，将王阳明心学的形上思辨还原为具体生活实践；其二，揭示“生活审美即修行”的心学特质，确立生活美学的本体论地位；其三，通过中西休闲理论比较，彰显王阳明“有为而游”的工夫美学对西方“闲暇异化”论的超越性。这些理论创新不仅为建构中国生活美学话语体系提供了历史依据，更为当代美好生活建设注入了“知行合一”的实践智慧。

第二章　闲观物态皆生意：王阳明的生活世界

阳明心学缘何产生在明代的中期阶段，是学术界一直以来所关注的问题。对此，学者陈来认为主要是"明中期政治极度腐败，程朱学逐渐僵化的事实"[①]这两个时代原因；学者杨国荣在此之外还注意到了"明代中叶的商品经济和雇佣劳动发展"[②]所带来的影响；学者左东岭另辟蹊径，从阳明心学发生的心理动机角度进行了"阳明时代士人群体的心态与其个人心态之间"[③]的研究。王阳明毕生讲求个人体悟与生活实践结合，是由解决时人生活存在问题出发，与整体社会发展亦息息相关。左东岭先生的研究思路启发了本章从阳明生活的时代与空间背景出发，着眼还原阳明思想果实所诞生的土壤，探究当时生活审美与休闲文化风尚对他产生的影响。

第一节　明代中期的生活审美与休闲文化

一、王阳明生活的时代

王阳明出生于公元 1472 年（成化八年），此时明朝已持续了近百年的和平安定。王阳明在世的 57 年都处于明代中期[④]，生活在一个"以极具变化为特

---

① 陈来：《宋明理学》，辽宁教育出版社 1995 年版，第 258 页。
② 杨国荣：《王学通论：从王阳明到熊十力》，华东师范大学出版社 2021 年版，第 12 页。
③ 左东岭：《王学与中晚明士人心态》，人民文学出版社 2000 年版，第 129 页。
④ 明朝于公元 1368 年建国，1644 年结束，关于明代中叶的历史分期标准学界众说纷纭，但没有异议的是学界目前公认王阳明是生活在明代中期的人物的说法。

征的"①转型期社会中，每一个人都面临着生存环境、生活方式、人生观念与社会价值的嬗变与蜕变。

在政治领域，明代前期严苛的中央集权政治制度和思想禁锢逐渐放宽，表面上强大的皇权在实质掌控力上走向衰弱，匹之朝政的腐败与宦官权力的扩大，越来越多的儒者士气低落、疏远政治，转去自寻安身立命之处。

在经济领域，多样化与货币化发展的潮流已不可阻挡。明代社会从最初单一的农业社会逐渐变得更加商业化，开始专门化种植、销售农作物，在农业生产技术、供给水平提高的基础上，大量的剩余劳动力从农村流入城市、市镇，从农业转向手工业和服务业，推动了区域商业和服务业的兴起，进而促进商品丰富的地区性贸易市场形成，城市也愈发繁荣。② 而在成化、弘治年间，白银从一种官方非法货币向事实上的合法货币过渡，从 1436 年"金花银"的征收、1492 年"开中法"货币化，白银货币化的商业力量席卷裹挟了各阶层人民，不仅改变了社会的生产方式，更是影响了官府的行政管理，前所未有地加快了社会经济发展速度。

经济基础的变化，又日濡月染着上层建筑的构造。在手工业相对发达的江南地区，租佃制与经济竞争关系的展开不仅保障了人口持续增长，加速了社会横向与纵向流动性，更是促成商人势力的崛起。商人以"义民"身份参与地方公共工程建设和公共物资供应，并对文化事业产生了越来越大的影响力，有些商人甚至跻身士绅圈子，动摇了传统的轻商观念。而城市与市镇聚集了新兴的社会阶层，带动娱乐业和文化产业的发展，尤其是明代中叶出版业的发展，可以说是书籍商品化的过程③，与彼时识字教育的普及一起催生了新兴有钱有闲市民的文化和休闲需求，"使得休闲实践的主体从文人士大夫延展到广大的市民阶层"④。

在思想文化领域，自明初明太祖提倡三教并用⑤以来，明代中期的儒者已

---

① 陈宝良：《明代社会转型与文化变迁》，重庆大学出版社 2014 年版，第 8 页。

② Mark Elvin. *The Pattern of the Chinese Past*. Stanford：Stanford University Press，1973：268-284.

③ （英）彼得·伯克：《知识社会史》，麦田出版社 2003 年版，第 289 页。

④ 李玉芝：《明代中晚期的休闲审美思想》，中国社会科学出版社 2021 年版，第 84 页。

⑤ 明太祖朱元璋曾论述自己并用儒释道的思想："若绝弃之而杳然，则世无神鬼，人无畏矣。王纲用焉。于斯三教，除仲尼之道，祖尧舜，率三王，删诗制典，万世永赖。其佛仙之幽灵，暗助王纲，益世无穷。"参见（明）朱元璋：《三教论》，《御制文集》卷十一，《洪武御制全书》，张德信、毛佩琦主编，黄山书社 1995 年版，第 156 页。

普遍接受佛家与道家的学说理念，多涉猎佛道书籍，"三教合一"开始成为"基本的论述辞语"①，在社会上遍及"低级的民间哲言到高深的哲理论著"②，儒者、僧人、道士也愈发频繁地参与世俗的市民生活，与商业互动频繁③；百姓也"将商业买卖视为一种'治生'合法的手段，甚至是致富的手段，于是在'生活'一词之外，在小说中出现了'生意'一词"④，明中叶人们的"生活"内涵已不局限于耕读，而扩至商业生意，不仅不耻言利，更有实用主义与追求闲适的自由思想取向萌芽。

此时的社会风俗较之"衣冠治国"⑤的明初亦大不同，生活于明代中叶的张翰对当时服饰潮流的评价足够以点见面：

> 国朝士女服饰，皆有定制。洪武时律令严明，人遵画一之法。代变风移，人皆志于尊崇富侈，不复知有明禁，群相蹈之……今男子服锦绮，女子饰金珠，是皆潜拟无涯，逾国家之禁者也。⑥

事实上，随着商业物质财富的日益丰富与等级制度的松动，民众不仅在衣着上，乃至饮食、居家、出行等日常生活消费的方方面面都有了追求时尚、奢靡的趋向。

着实，明代中期以来，中国社会出现了一系列多元的新变化，上述种种现象都可以被看成传统中国社会的显著变革。而在这些变动因素的缝隙间，一股主体意识的觉醒开始萦绕传统意识形态的顽石而生长发芽，它带着一股瓦解由封建等级制度与传统伦理规范形成的旧生活形态之力量，并于思想、文化、艺术、生活领域陆续发力，表现出明显不同于前代的休闲文化与审美思想，成就"中国哲学，包括审美哲学思想发展史上的又一个黄金时代"⑦。

---

① ② （美）浦安迪：《明代小说四大奇书》，沈亨寿译，中国和平出版社1993年版，第11页。

③ 明代中期士人何良俊论述当时的士人："宪孝两朝以前，士大夫尚未积聚……至正德间，诸公竞营产谋利。"参见（明）何良俊：《正俗一》，《四友斋丛说》卷三十四，中华书局2007年版，第312页。

④ 陈宝良：《明代社会转型与文化变迁》，重庆大学出版社2014年版，第383页。

⑤ 参见（明）孔贞运：《皇明诏制》，《续修四库全书》第457册，上海古籍出版社2002年版，第559-600页。

⑥ （明）张瀚：《风俗纪》，《松窗梦语》卷七，盛冬铃点校，中华书局2007年版，第140页。

⑦ 潘立勇：《一体万化：阳明心学的美学智慧》，北京大学出版社2010年版，第1页。

二、明代中期的休闲文化与生活审美特征

在这样的时代潮流中，原视科举为唯一出路的士人是最为受挫的。一方面，诡谲多变的政治使他们视仕途为险途，这直接导致士人群体社会地位的下滑与经济上的弱势；另一方面，人口流动、工商阶层的实力提升及社会上重商重利的价值风向，加重了士人的生活压力，蹿升的世俗物质诱惑更是加速了士人自尊心与身份认同的瓦解。由此，士人群体被迫重新审视以及质疑自己的生活，乃至整个社会文化与制度根基。越来越多已经在科举上获得成功的文人士大夫，也开始以居官而隐、半官半隐①为潮流，试图退守政治生活之外，以求逍遥自适的人生体验，从而成为实践与传播"生活美学"的重要力量。于是，"从明代中期之后，中国人在生活中追求'清福''快活'与'人生真乐'，文艺上聚焦于'性灵''童心'与'闲情逸致'，这种寻求'好日子'的美学例证，不胜枚举，俯拾皆是"②。

明代中期，在休闲文化与生活审美上，区别于前期的一大特征，就是休闲意识的生活化与本体化发展趋势。

这个时代的士人所追求的生命的意义已与前朝不同，在儒释道的综合影响下，越来越多的士人转而践行舍家国天下以尊自我生活的价值取向，科举成功或为达官显宦已不复作衡量人生价值的唯一标准。在以个人生活和兴趣为中心的人生道路上，诸多富贵士人如名士沈周"终身未仕，足不出吴越"③，闭门求闲于自家书斋园林之中：

> 阖户不复出，颇志与俗违……境静持独乐，虑澄遣诸非。书卷忽自展，浩风寒练帷。萧垒阒永昼，水木散清辉。酒杯在床头，兴到时一挥。吾庐吾亦爱，安能不来归。④

---

① 如李泽厚所概括评价："他们虽然标榜儒家教义，实际却沉浸在自己的各种生活爱好中：或享乐，或消闲，或沉溺于声色，或放纵于田园；更多的是相互交织配合在一起。"参见李泽厚：《美的历程》，文物出版社1981年版，第154页。

② 刘悦笛：《中国人的生活美学》，广西师范大学出版社2021年版，第128页。

③ （明）沈周：《沈周集》，汤志波点校，浙江人民美术出版社2019年版，第1页。

④ （明）沈周：《息役即兴》，收于《沈周集》，汤志波点校，浙江人民美术出版社2019年版，第52页。

　　沈周在自己的书斋静境中独享一人之乐，在自我的空间里与万物相融相洽，即使是社交也多为在家中举办雅集文会。这种退守私人空间的行为，在当时可谓极具进步的个人主义内涵意蕴。在长达几千年的中国封建社会中，传统宗法制与小农经济一直禁锢着个人主义（市民社会）的萌芽，使国家与社会、公共空间与私人空间、公共生活与私人生活缠夹不清，人的自主性受到长久性的压抑。西方学者托马斯·古德尔与杰弗瑞·戈比曾一同指出混淆公共空间与私人空间的危险：

　　　　"休闲包含了个人意志的发展和实现，而那些无法发现休闲价值的人……会沦入集体意志之中；他们将自我交付给群体活动……不再期盼自由，他宁愿由那个更大的集体权威来告诉他在自己的处境中都有什么意义。"①

　　用陆庆祥的话语进一步阐释，便是"那些将自己的命运寄托于外在的公共空间的人，是很容易失去自由，丧失本真自我的"②。以沈周为代表的明代中叶士人，为了获得自身真正的休闲，"老倒江南穷不死，也胜骑马踏京尘"③，与传统士人所关注的公共生活有意保持距离，而将私人生活完全融入休闲，体现了真正的休闲是"由被他人控制逐渐转向自我控制的一种过程"④，即"休闲是通过自我认识和完善而获得自由并发现意义的渐进的过程"⑤。

　　明代中期士人对私人生活的珍视以及此时私家园林、书斋等私人空间的兴盛，都是休闲意识生活化的直接产物，此时人们对精神享受的注重、对休闲的追求彰明较著。

　　自先秦以来休闲的境界意义在明代中叶被发展延伸至本体认同，人们开始追求休闲生活的本体意义，着眼于日常生活本身的美学意蕴而进行哲学本体上的构建。曾经那种将休闲视为超越性境界的哲学脉络一直在中国文化中延续，先秦儒家之休闲强调"以求其志"（《论语·季氏》）与"依仁游艺"⑥；同期道家之休闲则追求"心斋"（《庄子·人间世》）而与自然万物为一；而无论是东

---

　　①④⑤　（美）托马斯·古德尔，杰弗瑞·戈比：《人类思想史中的休闲》，云南人民出版社 2000 年版，第 304 页、300 页、304 页。
　　②　陆庆祥：《苏轼休闲审美思想研究》，浙江大学博士学位论文，2010 年，第 23 页。
　　③　（明）沈周：《题画》，收于《沈周集》，汤志波点校，浙江人民美术出版社 2019 年版，第 508 页。
　　⑥　朱立元：《美学大辞典》，上海辞书出版社 2014 年版，第 167 页。

晋陶渊明的闲隐，还是到了中唐白居易的"闲适诗"①，一种精神意义上超功利、境界化的休闲是历代文人的最高审美与生命追求。直到明代中期，文人开始就休闲之本身而谈"休闲"，即以休闲本身为起点，又以休闲为唯一目的，推诚不饰地以个人休闲生活为生命的中心，将休闲本体化。

这种本质性的哲学转向在明代小品文上得以反映。作为记叙当时文人休闲生活的小品文，其写作无须引经考证，无须长篇大论，无须固定格式，无须矫情自饰，无须故作高深，只为传达生活之真实乐趣，呈现人之自然本性，因而适合随时随地随性阅读。从明代中期开始，小品文一举超过旨在以文载道的传统诗文，成为当时最受欢迎的文学形式。

明代中期，在休闲文化与生活审美上，区别于前代的另一大特征是审美意识的多元化与包容化。

如前文所述，明代政治、经济、社会、思想文化的综合发展促使休闲主体从传统的文人士人扩大至市民阶层，身份多元的市井民众不仅是审美主体，同时也可以是审美客体；一边是审美的创造者，一边也可以是审美的消费者；这促使明代中期审美思想有了多元性的取向。而审美的多元化需要包容化的审美思想来保证呈现，诸多看似矛盾的审美思想在这一时期得到兼容并蓄的接纳。

养生化的审美思想与纵乐化的审美思想并行不悖。养生的审美文化在明代中期盛极一时，从九五之尊到平民百姓都汲汲追求身体康健长寿，养生书籍也是从此时开始风靡：有专业医者如李时珍的《本草纲目》、万密斋的《养生四要》，有道士真人如尹从龙的《性命圭旨》，更多的是文人们收集整理的历代养生美谈与名言，使养生人文与审美情趣在明人的生活中相与为一。

但随着审美趣味与形态的转向，声色犬马的感官审美文化亦为时人所求，审美纵乐化由此成为合理的存在。传统雅正美学规范遭遇前所未有的挑战，以苏州为中心的江南地区率先形成了"宁为玉碎，求现世之欢"的消费主义文化景观雏形。这种审美趣味的嬗变，本质上是商业资本与士绅文化合谋产生的意识形态重构，其突出表征便是艺术创作中感官愉悦机制的合法化与纵乐美学的范式确立。士人们积极调适身份，开始在另一番生活情趣中寻求自我存在。以唐寅为代表的失意士人，就通过主动降低艺术格调，完成文化资本向经济资本的转换，他自号"江南第一风流才子"，其自叙生平的《感怀》诗作堪称

---

① （唐）白居易："又或公退独处，或移病闲居，知足保和，吟玩情性者一百首，谓之闲适诗。"参见白居易：《与元九书》，《白居易集笺校》卷四十五，上海古籍出版社 2020 年版，第 2751 页。

这种价值转向的宣言：

> 不炼金丹不坐禅，饥来吃饭倦来眠。
> 生涯画笔兼诗笔，踪迹花边与柳边。
> 镜里形骸春共老，灯前夫妇月胴圆。
> 万场快乐千场醉，世上闲人地上仙。①

　　这首充满现世享乐主义意味的七律，解构了传统士人"修身齐家"的道德叙事，将生命价值锚定在感官体验与即时快感之中。诗中"花边柳边"的空间隐喻与"万场快乐"的数量修辞，共同构建起纵情声色的审美正当性。值得注意的是，这种宣言并非个别文人的矫饰，而是伴随着出版业繁荣形成的文化商品化趋势——当时书坊竞相刊刻此类闲适小品文，以为雅趣。

　　作为"明四家"之首的唐寅，其艺术实践更具范式意义。他突破宋代院体画"成教化，助人伦"的创作传统，将仕女画的表现对象从贵族女性转向市井妓女群体，一改仕女图作品绘制贵族女性、宫廷仕女等上层人士理想审美艺术形象的传统。唐寅在《王蜀宫妓图》中，以他熟稔的妓女为审美对象，创作身姿妩媚、半透纱衣，刻意强化视觉诱惑力的仕女画（见图 2.1）。这种媚俗化的创作策略恰恰暗合新兴市民阶层的审美需求，大受追捧。这也反映出当时人们的审美意识已然从形而上的道德思想层面下滑向纵乐的领域。

　　另一种回归自然的审美思想与理性实用的审美思想，在此时亦是齐足并驱的。明代中叶的人们尚游山水、回归自然，这种回归自然的山水审美文化既是追求形上的人之天然本性复归，也是形下的造化山水中居游。由此，大量品鉴、讴歌自然的山水诗、山水画、山水音乐②应运而生、蔚成风气。如"文雄"徐祯卿就摒弃古典功利的诗歌理念，提倡自然感发，诗文风格清丽秀逸，在弘治、正德年间的"前七子"各家诗作中独成一派，驰名当世。另一方面，在趋商尊闲的社会氛围下，提升生活中日常起居用品的感官细节使用体验与艺术审美性成为普遍的追求，其中最值得称道的是家具在明代中期发展至登峰造极，造型

---

① （明）唐寅：《感怀》，《唐伯虎全集》，周道振、张月尊辑校，中国美术学院出版社 2002 年版，第86 页。

② 宋代已有这类山水文艺作品，"但它只是到这时才占有更大比重和具备新的思想基础。该时期崇尚风雅消遣的物质条件恰好与审美理论及技巧上的精炼都巧合在一起了。"参见（美）浦安迪：《明代小说四大奇书》，中国和平出版社 1993 年版，第 16 页。

图 2.1　唐寅《王蜀宫妓图》①

流畅又舒适耐用的明式家具至今享誉世界。在明式家具的造型审美中可以看到士大夫与商人（工匠）思想密切交流②的痕迹。在审美设计上不仅追求奢侈美丽，更是追求人性化与实用性。此时广为流传的《鲁班经匠家镜》就记载了

① （明）唐寅：《王蜀宫妓图》轴，绢本，设色，纵124.7厘米，横63.6厘米，北京故宫博物院藏。
② （美）卜正民："在这个过程中，处于社会顶端的士大夫和地位低贱的商人不得不发生密切的交流。其中一个例子就是奢侈品买卖。高层文化通过拥有奢侈品对自身的社会地位进行识认，而工匠们则挖空心思生产廉价的替代品。由于市场上不久就充斥着各式各样以假乱真的赝品，为了避免市场上的危险，上层士大夫不自觉地就参与到商业运作的环节中。正如王佐在《格古要论》所说的，士大夫应该亲自监视工匠以保证商品的货真价实。"参见（美）卜正民：《纵乐的困惑：明代的商业与文化》，生活·读书·新知三联书店2004年版，第78页。

诸多依人体骨骼及各身体部位舒适度而设计的弧形家具工艺,个中奇思可谓别具匠心。

淡雅的审美思想与世俗的审美思想在这一时期也是相反相成。文人们将自身的休闲生活的艺术化于小品文的淡雅之中,他们细心地将生活中世俗平庸的部分一一剔出,只保留森罗万象中的随性雅趣,通过自由而短小明快的文体,营造出一种淡雅的审美情趣,以此作为文人的自我身份标识。

但也有文人热衷于打破雅与俗的畛域,如明代中叶的文艺领袖沈周不仅在诗作上抛开说教寓理的雅传统,而"自写天趣"①、热爱纪实叙事,在他的绘画上更是如此。沈周的文人花鸟画将题材深入到日常生活,不仅囊括餐桌上的蔬果等食材,还将邻人家的小狗、小鸡等身边随处可见的可爱小动物绘制其中,将原先追求淡雅的文人画扩展至充满烟火情味的人间之境,体现一种细腻化、日常化与人性化的审美意识,这是与宋代的生活审美思想最大的不同之处。随着审美价值领域中淡雅与世俗界限的暧昧,"面上追求'化'俗为雅,但实质上却是'纳'雅入俗"②,明代中叶的审美思想进一步旁及世俗生活的每一隅。

综括,明代中期的休闲意识在生活化与本体化的方向上发展,审美思想在继承中呈现了多元性与包容性。概括来说,其表现在养生化与纵乐化的审美思想并行不悖、回归自然的审美思想与实用人性化的审美思想齐足并驱、审美诉求的雅俗兼容等多方面。

第二节　明代中期江南的生活审美与休闲文化

一、阳明思想孕育的土壤:江南休闲文化与审美风尚

江南是孕育王阳明思想的摇篮,王阳明不仅大部分时间都生活在江南,更是把江南认同为心中的港湾,一旦离开江南就在诗文中思念缅怀故乡江南的风土人情,怀归诗在他的诗文中颇有一席之地。

尽管江南作为一个区域性文化概念,难以从历史的整体时空中贸然分割,

---

① 周道政:《文徵明传》,上海古籍出版社 2021 年版,第 117 页。
② 刘悦笛:《中国人的生活美学》,广西师范大学出版社 2021 年版,第 131 页。

但若在其中撷取切片查观，则足以窥知明代的江南在历史过程中已然形成导夫先路之气，以一种独特的思想精神取向，在江南区域文化的普遍心理结构、日用伦常乃至学术士风等方面渗透表达。

王阳明的出生地余姚位于江南的宁绍平原之腹，自古以来便是鱼米之乡。史上两次大规模的衣冠南渡，与从春秋时期流传下来的卧薪尝胆之典掺杂着东晋、南宋国破家亡的刻骨记忆，使这片水乡与江南的北部相比，平添些许坚韧气节，凡和平年代便"宁、绍盛科名缝掖"①，为人才渊薮。

而在彼时，江南之北部的太湖平原，正在经历一场前所未有的工商业变革，棉纺织业的蓬勃发展吞并乃至压垮传统的小农家庭手工业，由手工工场的蓬勃而萌生的雇佣关系不断冲击着由血缘与宗法维系的传统江南社会。

回观江南之南部的宁绍平原，宁静祥和的桑田稻浪无法掩饰时代脉搏中那联动的血液轰鸣声，这片土地上士族地主阶级们正在酝酿滚烫的思想变革——正如法兰西首发大革命却引爆了邻居德意志的思想变革，英格兰首发工业革命却由比邻苏格兰人总结开辟现代经济学，历史总是在意想不到的地方激起蝴蝶效应。这一次，没有产生资本主义生产关系的宁绍平原却将诞生支持工商业发展的思想形态——这既是孕育阳明思想的摇篮，也是后来阳明思想广为传播的土壤。

倘若谈起江南休闲文化与审美思想，许多人认为是江南的松风水月、浮岚暖翠造就了闲适绮靡的生活风尚，其实不容忽视的还有膏腴物丰的地产保证了江南人士在衣丰食足之余尽得山水之灵气。此外，明代独特的"二京府"政治格局使得明代中期在南京应天府就职的官员仅有虚职闲位，处在政治边缘的陪都仕人只好将心力投入闲暇生活，由此上行下效，孕育出的休闲文化与审美情趣在整个江南地区发荣滋长，并逐渐风靡全国。

江南独特的自然山水、经济政治与风土人情综合构成了独特的地域文化背景，其中最值得注意的是发展至明代形成的自然率性、但求休闲的江南文化。

与宋代江南文人忧己悲国的闲愁②不同，也有别于元代江南隐士的丧国

---

① （明）王士性：《江南诸省》，《广志绎》卷四，中华书局1981年版，第67页。
② 如南宋的江南诗人陆游《对酒》："闲愁如飞雪，入酒即消融。好花如故人，一笑杯自空。流莺有情亦念我，柳边尽日啼春风。长安不到十四载，酒徒往往成衰翁。九环宝带光照地，不如留君双颊红。"又如南宋的江南词人范成大《霜天晓角·梅》："晚晴风歇。一夜春威折。脉脉花疏天淡，云来去、数枝雪。胜绝。愁亦绝。此情谁共说。唯有两行低雁，知人倚、画楼月。"

避世之闲恨①，明中叶的江南士人在生活之闲时是纯粹的自适享受，即使是官场失意之士如陈霆、王献臣、顾璘，辞官回江南后不仅毫无愁怨之气，还喜筑"绿乡""拙政园""息园"等园林颐养晚年，颇有富贵闲人之意；也有终身不仕者如沈周，作为"古之抱用世之才不试而处"的"高尚其事者"②，在自家的有竹居中"耕读其间。佳时胜日，必具酒肴，合近局，从容谈笑。出所蓄古图书器物，相与抚玩品题以为乐。晚岁名益盛，客至亦益多，户屦常满"③，享受仅属于自我当下的快意人生。明代中期的江南士人往往"以'市隐'人文心态在亦出（世）亦入（世）、似出（世）似入（世）的夹缝中谋求自身的生存与发展"④。在政治之外的社会与文化领域，通过审美与休闲活动享受人生、创造价值，已在明代中叶逐渐成为江南名士共同的生命精神，形成一种自然率性、但求休闲的文化。

学者陈宝良将人文渊薮的江南审美思想与休闲文化概括为"风物闲美"⑤四个字，即以时尚之"风"引领全国，物产丰美、工艺卓绝，百姓生活富于闲情雅致，以及有生活艺术化的审美倾向，可谓非常精准的评价。

二、真情真趣与狂士风流：江南士人的日常休闲生活

弘治初年，朝鲜文官崔溥在记录中国国情时，曾比之北方而描绘江南的生活图景：

> 江南盖以瓦、铺以砖，阶砌皆用砾石，亦或有建石柱者，皆宏壮华丽。江北草屋，矮小者殆居其半。江南人和顺……江南人以读书为业，虽里闸童稚及津夫、水夫皆识文字。臣至其地写以问之，则凡山川古迹、土地沿革，皆晓解详告之。江北则不学者多……江南妇女皆

---

① 如元代的江南隐士李昱《独客》："竹里残僧寺，松边独客楼。溪声常认雨，山气只疑秋。地僻从交绝，身闲与道谋。如何苏季子，尘满黑貂裘。"又如元代的江南隐士翁森《东陈南园》："自昔贤哲士，遭运每多屯。世途自屈曲，难揉胸轮困。终夜起太息，所忧非贱贫。相望各努力，勗哉追古人。"

② （明）童轩：《石田诗稿序》，收于《沈周集》，张修龄、韩星婴点校，上海古籍出版社 2013 年版，第 826 页。

③ （明）钱谦益：《石田先生事略》，收于《沈周集》，汤志波点校，浙江人民美术出版社 2019 年版，第 1702 页。

④ 吴仁安：《明清时期中央朝廷与地方关系中的江南著姓望族》，《江南大学学报（人文社会科学版）》2013 年第 12 期，第 14 页。

⑤ 陈宝良：《狂欢时代：生活在明朝》，人民出版社 2020 年版，第 277 页。

不出门庭，或登朱楼卷珠帘以观望耳，无行路服役于外。江北则……皆自服劳……江南人号为官员者，或亲执役为卒徒者，或踞胡床，冠带无章，尊卑无位，似若殊无礼节。然在官衙则威仪整肃，在军中则号令严切，正伍循次，无敢喧嚣，一出令时，闻一铮声，远近云集，莫或有后……但山东以北，凡出令非鞭扑不能整之……江南好冶容，男女皆带镜奁、梳篦、刷牙等物。江北亦然，但不见带之者。江南市中使金银，江北用铜钱。江南市儿以锡约臂，江北以铅穿鼻。江南力农工商贾，江北多有游食之徒。江南陆路行用轿，江北或马或驴。①

崔溥的《漂海录》，以日记之形式力求秉笔直书。崔溥作为一位来自异邦且相对客观的"他者"，为了凸显江南的"繁华壮丽，言不可悉"②，还特意将首都北京与江南进行对比：

> （京城）其川污，其地沙土扬起，尘埃涨天，五谷不丰。期间人物之伙，楼台之盛，市肆之富，恐不及于苏杭。其城中之所需皆自南京及苏杭而来。③

崔溥用寥寥数语，便生动呈现了江南作为明朝经济、文化中心独擅其美的画面。比之首都北京，江南不仅物资丰饶、城市商业繁荣，而且整个社会都充满世俗化的自由开放风气。这种风气使得江南士人在科考求仕之外，有了更多的计然之策，如行贾、鬻画等；更是进一步地为江南士人从事艺术活动、文化交流创造了便利。"印刷业的扩展使江南的富户人家大量积聚私人藏书成为可能"④，随着观点与知识传播的加速，越来越多的江南士人在书香中找到美学以作为生活价值的寄托，并付诸实践。由此，一种注重生活的文化产业整体兴起，进一步赋予江南士人更多享受生活之美，并将这种对生活的热爱予以记录的机会。

除了江南遥遥领先的物质基础与自由风气，江南地区的士人普遍因（较之

① （李氏朝鲜）崔溥：《漂海录》，葛振家点注，社会科学文献出版社1992年版，第194页。
② （李氏朝鲜）崔溥：《漂海录》，葛振家点注，社会科学文献出版社1992年版，第193页。
③ （李氏朝鲜）崔溥：《漂海录》，葛振家点注，社会科学文献出版社1992年版，第163页。
④ （美）卜正民：《纵乐的困惑：明代的商业与文化》，方骏、王秀丽、罗天佑译，生活·读书·新知三联书店2004年版，第144页。

其他区域)科举登第困难，而延缓了出仕的时间，①这意味着在另一方面，江南士人也得以增加了游学、交友等纯粹的休闲时间。因自明初以来中央政府对江南的政治打压已延续百年，多数仕途失败的江南士人已能于此般不公之中释然。他们从不吝啬笔墨去描绘那些被进取事功人士视为蹉跎岁月的琐事，甚至自豪于自己在平淡生命中寻得真情真趣的能力，这或许亦是江南士人引领整个明代中期休闲风尚之原因。如唐寅著《爱菜词》，以表达自己不为物役、淡中得至闲的生活趣味：

> 菜之味兮不可轻，人无此味将何行？士知此味事业成，农知此味食廪盈。技知此味艺业精，商知此味货利增。但愿人人知此味，此味安能别苍生？我爱菜，人爱肉，肉多不入贤人腹。厨中有碗黄齑粥，三生自有清闲福。②

与唐寅同庚的好友、江南名士文徵明则好似专为回应唐寅的清闲趣味，在《解嘲诗》里大谈"天生我口惯食肉"③，两人一唱一和可爱至极。这亦从侧面展现了江南士人在日常生活场景中的真情真趣，及其对充满烟火气息的世俗化生活"清闲"之推崇。

文徵明与唐寅都比王阳明大两岁，同辈的三人在生活爱好上亦有颇多相似处，结合何良俊所记录的文徵明家居生活与《王阳明全集》《唐伯虎全集》来看，他们都常饮酒、爱品茗，独身的时候练习书法画画，游山玩水的时候喜与僧人道士对谈，傍晚常与友人或学生论道，并乐于在诗作中将自己的这些日常活动一一呈现。与他们同期的晚辈江南藏书家冯梦祯，还特意总结了当时士人日常生活中最时兴的十三项休闲活动：

> 焚香、瀹茗品泉、鸣琴、挥麈、习静、临摹法书、观图画、弄笔墨、看池中鱼戏或听鸟声、观卉木、识奇字、玩文石。④

---

① 吕妙芬：《阳明学士人社群：历史、思想与实践》，北京师范大学出版社 2017 年版，第 32 页。

② (明)唐寅：《爱菜词》，收于《唐伯虎全集》，周道振、张月尊辑校，中国美术学院出版社 2002 年版，第 354 页。

③ 周道政：《文徵明传》，上海古籍出版社 2021 年版，第 260 页。

④ (明)冯梦祯：《真实斋常课记》《快雪堂集》，收于《四库全书存目丛书》集部第一六四册，齐鲁书社 1997 年版，第 648 页。

　　王阳明早年时常"狂诞自居"①，学者秦家懿也认为"'狂'字与阳明性格、学问，似有不解之缘"②。其实这亦正是当时江南盛行的士气，如祝允明"玩世自放，惮近礼法之儒，故贵仕罕知其蕴"③，如张灵"挑达自恣，不为乡党所礼"④，江南士人纷纷以狂士自我标榜。纵观前史，江南所流行的这种任情适狂、率性而为有其显著的独特性。晋代狂士主要集中在社会上层的有闲阶级；唐代士人之狂主要来自当时文人作为皇权的紧密合作者而充盈的政治上的主体自信；而宋代士人则普遍恬于谈狂，他们更乐于谈"逸"，以"逸"这种精英式之节制去体悟天理、提升自我道德境界。

　　但明中狂士们所生活的江南的社会空间，已逐渐背离乃至独立于对前人影响深刻的传统伦理政治空间，江南狂士风流在一种疏远皇权的商业社会中带着物质丰裕的自信，唱响自我主体性的"狂"之解放前奏，也为晚明的"狂禅"埋下伏笔。

　　本节的目的并不完全在于考察王阳明同时期生活的江南士人或江南日常休闲生活的具体情况，而是基于他们相近的生活环境、教养，都在审美趣味和休闲体验上天然地带着江南文化打上的烙印，异曲同工地怀抱着士人实现自我生命价值的一种追求。本节旨在挖掘明代中期江南士人对生活中的美学及休闲观念怀有的一种普遍性的文化精神，即在一个具有稳定性的时间与空间内特定群体的同一性意识形态。

第三节　阳明的身世背景与生活审美

一、明代江南士人之阶层分化

　　尽管当时江南的士人普遍拥有较好的休闲条件与审美化的生活倾向，但随着明代中叶科考仕进之路愈发拥堵，考试科名带来的等级差异与消费社会的变迁与流动，直接导致士人阶层分化加速。其中，因为常有对江南选才的排

---

　　①　王阳明：《辞新任乞以旧职致仕疏》，《王阳明全集》卷九，上海古籍出版社 2011 年版，第329 页。

　　②　（加）秦家懿：《王阳明》，生活·读书·新知三联书店 2011 年版，第 26 页。

　　③　（明）钱谦益：《列朝诗集小传》丙集，上海古籍出版社 1983 年版，第 299 页。

　　④　（明）钱谦益：《列朝诗集小传》丙集，上海古籍出版社 1983 年版，第 298 页。

挤性政治操作①，江南秀才生员的贫困化日渐成为一种普遍现象。

曾九次应举、九次落榜的文徵明就曾直指这一问题，深感痛心：

> 略以吾苏一郡八州县言之，大约千有五百人。合三年所贡，不及二十；乡试所举，不及三十。以千五百人之众，历三年之久，合科贡两途，而所拔才五十人。夫以往时人材鲜少，隘额举之而有余，顾宽其额，祖宗之意，诚不欲以此塞进贤之路也。及今人材众多，宽额举之而不足，而又隘焉，几何而不至于沉滞也？故有食廪三十年不得充贡，增附二十年不得升补者。其人岂皆庸劣驽下，不堪教养者哉？顾使白首青衫，羁穷潦倒，退无营业，进靡阶梯，老死牖下，志业两负，岂不诚可痛念哉！②

面对科举越发艰难，而"生员日盛"③的情况，士人中家境不佳者，"退无营业，进靡阶梯"，为生计所迫，只好在举业之外参与社会流动，谋求一职，沦为所谓未出仕的中下层士人，他们的生活方式无非以下几种选择：

> 训蒙处馆，养家糊口；入幕，成为幕宾；儒而医，成为职业医士；弃儒就贾，甚而士商相混；包揽词讼，成为讼师；弃巾，成为山人或名士。④

士人们还主动发掘开拓以才华文笔交换生存资料的途径，如在王阳明生活的时代，所谓"润笔"已然成为一种普遍现象：

> 常熟桑思玄曾有人求文，托以亲昵，无润笔。思玄谓曰："平生未

---

① 如正德三年(1508)给事中赵铎为逢迎当权的宦官刘瑾(陕西人)、内阁大学士焦芳(河南人)，增加河南、陕西、山西、山东的乡试名额，徇私打压江南生员："惟正德三年，给事中赵铎承刘瑾指，请广河南、陕西、山东、西乡试之额。乃增陕西为百，河南为九十五，山东、西俱九十。而以会试分南、北、中卷为不均，乃增四川额十名，并入南卷，其馀并入北卷，南北均取一百五十名。盖瑾陕西人，而阁臣焦芳河南人，票旨相附和。"参见(清)张廷玉：《明史》卷七十，中华书局1984年版，第1698页。

② (明)文徵明：《三学上陆冢宰书》，《文徵明集》卷二十五，周道振辑校，上海古籍出版社1987年版，第583-585页。

③ 吕妙芬：《阳明学士人社群：历史、思想与实践》，北京师范大学出版社2017年版，第32页。

④ 陈宝良：《明代秀才的生活世界》，北京师范大学出版社2020年版，第271页。

尝白作文字,最败兴。你可暂将银一锭四五两置吾前发兴,后待作完,仍还汝可也。"唐子畏曾在孙思和家有一巨本,录记所作,簿面题二字曰:"利市。"都南濠(都穆)至不苟取,尝有疾,以帕里头强起,人请其休息者,答曰:"若不如此,则无人来求文字矣。"马怀德言,曾为人求文字于祝枝山,问曰:"是见精神否?(俗以取人钱为精神)"曰:"然。"又曰:"吾不与他计较,清物也好。"问:"何清物?"则曰:"青羊绒罢。"①

李诩所举例的桑悦、唐寅、祝允明等人,都是江南地区傲世轻物的彦士名流,却如商人般鬻文卖画收取润笔酬劳。这不仅仅是因为当时江南地区商品经济发展所推动的文化商品化以及价值观念的改变,更大程度上也源于仕途失败的中下层士人普遍家道消乏、生计维艰的生存境遇。

在王阳明幼年时期,身处秀才阶段(中下层士人)的父亲王伦,就曾四处辛苦处馆,甚至还需奔波外省教学,以勉强维持全家生计。

当然,正所谓学而优则仕,中下层士人有机会通过科举成功而晋升为上层士人,成为所谓的绅士阶层——他们不但拥有文化精英的身份,还兼具官职带来的政治精英身份以及随之而来的财富优势。王阳明的学生黄勉之(黄省曾)就曾描述过当时绅士阶层显赫的经济地位:

> 城衢之内,有门闾堂皇,穷极土木之丽者,必进士之家;郊遂之间,青畴万井,柳堤百里而肆其畎亩之辟者,必进士之家;役奴下走,文衣麂履,贱妾愚妇,翠髻琼冠,一珠千金,拱如后妃,出则象舆者,必进士之家。②

黄省曾对进士之家富丽堂皇的描述可谓穷形尽相,也足可见,王阳明的父亲在高中状元后,对家庭条件带来的改善跃升之大。

曾有学者猜想推测王阳明早逝的病根,在于其幼年中下层士人的清贫生活与营养匮乏。③ 但从另一面看,不可否认,正是有明代中叶这样士人阶级的

---

① (明)李诩:《戒庵老人漫笔》卷一,魏连科点校,中华书局1982年版,第16页。
② (明)黄省曾:《仕意篇下一首》,《五岳山人集》卷三四,见《四库全书存目丛书》影印本集部第94册,第812页。
③ 高丹:《阳明先生说"病"》,《国际儒学论丛》2020年第1期,第112-123页。

分化与变迁，才使得体验过下层生活的王阳明，更有包容而广阔的眼界以及比之传统官宦子弟更丰富的社会体验；而成年后家庭的绅士阶层背景，也为阳明大胆追求理想的生活提供了一个更充分、坚实的保障。

二、王氏家族之生活审美文化传承

近代学者梁启超言："欲治一家之学，必先审知其人身世之所经历。"①前文对王阳明的家世已略有提及，本节将进行更为详细的寻踪切脉。

对于王氏世系的背景，束景南②与钱明③都已有翔实的考证，本研究在此基础上着重寻踪切脉对王阳明有相对直接性影响的，即主要是进入明朝之后的江南王氏世系生活与文化传承。

王阳明的六世祖王纲生活在元末明初的余姚秘图山下，文武双才，年轻时爱好与友人"往来山水间"④。游山玩水的爱好在宋代之后的士人中已"出现两分的现象"⑤，一派是尊崇朱熹的理学家，他们将山水视为丧志之物，如《朱子语类》所载：

> 或问明道五十年犹不忘游猎之心。曰："人当以此自点检。须见得明道气质如此，至五十年犹不能忘。在我者当益加操守方是，不可以此自恕。"⑥

他们认为游山玩水、吟诗作赋等休闲活动都易流而生患，因此在生活中需时时怀有拘谨、戒备之心。王纲显然是属于另一派的，他喜欢云游山水，借行路经历激发才识，让自然瀛寰涤荡胸怀，而易筮道术之类也有助爽心豁目，亦不耻相学，这个特点似乎在日后的王阳明身上亦可看到踪迹。王纲本想终身隐居，但无奈于明初朱元璋的高压政策，在七十岁高龄被迫出仕，最终以身殉职，此番惨怛身世直接导致其子王彦达，即阳明五世祖洞彻明初官场之艰难，

① 参见(民国)余重耀《阳明先生弟子纂序》：转引梁氏语，中华书局(铅印本)1961年版，第1页。
② 束景南：《王阳明年谱长编》卷一，上海古籍出版社2017年版，第1-7页。
③ 钱明：《阳明学的形成与发展》，江苏古籍出版社2002年版，第1-15页。
④ (明)张壹民：《王性常先生传》，收于《王阳明全集》卷三十八，上海古籍出版社2011年版，第1525页。
⑤ 陈宝良：《狂欢时代：生活在明朝》，人民出版社2020年版，第531页。
⑥ (宋)黎靖德：《朱子语类》，王星贤点校，中华书局1986年版，第2360页。

后至阳明祖父王伦，整整四代子孙都极力避免出仕，以隐儒家风对抗朝廷苛政。

从王彦达、王与准、王杰、王伦四世的集体行动回应来看，王氏家族非常重视家世的传承，也很热爱、珍惜家庭生活。王阳明的祖辈与父辈都过着粗衣恶食、安贫守道的生活，但他们尽力给予了王阳明最好的教育，世代相传的秘图王氏礼学与浙中事功学、陆氏心学①奠定了阳明成才的基础。

祖父王伦自号"竹轩"，以竹为友，"雅善鼓琴"②，时常在月清风朗的日子里焚香弹琴，与家人子弟吟诗唱酬，洒脱快活，乐以忘贫。能在这样一位精通诗词音律、和蔼又可爱的祖父的陪伴下成长，阳明不仅从小耳濡目染名士的风流与洒落，也在祖父的家塾中熟读传统儒家经典。

对王阳明影响最为关键的人物，确乎是他的父亲王华。毕竟，正是因为王华，王氏家族再次实现了从中下层士人到上层绅士的阶级跃迁，家族成员的生活条件实现了跨越式的转变。

因为敏锐地察觉到明代中叶政治氛围的宽松化，王华在年轻之时便积极应举，谋求入仕。但在公元1462年至公元1480年（天顺六年至成化十六年）这漫长的十八年间，他屡屡失利落第，靠四处任塾师处馆熬过了生命中最艰苦的时段。公元1481年（成化十七年），王华终于一举金榜题名。踏入仕途后的第一件事就是将余姚旧居中的父亲王伦与儿子王守仁接至京城状元府邸，着力培养儿子，从此改变了王阳明的人生道路。

值得注意的是，现今资料无论《海日先生行状》还是《海日先生墓志铭》，或在与阳明书信中，几乎鲜有对王华生活习惯与爱好的描述，仅"人所以乐生于天地之间，以内有父母、昆弟、妻子宗族之亲，外有君臣、朋友、姻戚之懿，从游聚乐，无相离也"③一句见得其父对儒家五伦之乐的重视。另有明代书法家费瀛于《大书长语》中提及王阳明之父王华的书法成就：

> 状元坊唯成化辛丑科，王华建于绍兴府治之东，圆熟流丽，殆非泯泯众人之笔。杭城谢太傅祠前两坊对峙，左题苍生素望，为文靖公

---

① 束景南：《阳明大传：心的救赎之路》，复旦大学出版社2020年版，第40—46页。

② （明）魏瀚：《竹轩先生传》，收于《王阳明全集》卷三十八，上海古籍出版社2011年版，第1530页。

③ （明）陆深：《海日先生行庄》，收于《王阳明全集》卷三十八，上海古籍出版社2011年版，第1399页。

安,右题黄阁清风,为文正公迁,颜筋柳骨,不减前人风致,要之,有鉴
赏家,未尝乏能书家也。①

　　王华所作的绰楔属于大字书法,是书法艺术中难度最高的一类,可见其在
书法技能上是扎实的,其存世墨宝中雄浑遒劲的笔法更是印证了他书法的卓
绝造诣。值得注意的是,王华亦一向坚信自己的先祖是绍兴的王羲之②,从他
大动干戈移家迁至绍兴归宗之举,既可看出王华对魏晋书圣旷达洒脱风度的
审美追慕,亦暗含通过地理位移重塑家族文化基因的深层意图。这种文化选
择与其仕途中的谨慎作风形成微妙张力:作为成化十七年状元及第的典型儒
臣,王华始终恪守朱子学处世准则,政治作风小心谨慎。面对少年王阳明的冒
进任侠之气,他始终以深沉内敛的父爱予以暗中引导、保护,这种"守正"与"慕
逸"的双重性格特质,恰为心学思想的萌芽提供了独特的家族文化土壤。
　　在绍兴王氏家族的"诗礼传家"传统中,周孔之道的伦理浸润与六艺修养
的美学陶铸构成双重教化体系。诗礼人家的周情孔思滋养着王阳明的心性,
家族长辈以不言之教践行着一种身体记忆传承机制,其人日常起居中蕴含的
士族风范,远比经籍训诂更具塑造力。祖父王伦"竹轩先生"的琴书风雅、祖母
岑氏的心向佛门、父亲王华的庙堂器度与母亲郑氏的温良恭俭,共同构筑起具
身化的精神典范。
　　在这个尊崇祖先长辈的"后喻文化"式传统家族中,祖先的生平与行为成
就往往作为典范,以"集体记忆"影响后世族人的自我认同。③ 通过集体活动、
家训诵读等仪式化实践,王羲之的笔墨精神、王纲的忠烈气节等记忆,影响熏
陶了王阳明本人的人生志趣,转化为塑造王阳明主体性的文化艺术基因。而
家族世代往来山水、优游涵养博采众艺的生活方式,更在潜移默化中培育了其
"格竹穷理"的实证精神与"龙场悟道"的超越维度,使王阳明的生活美学智慧
最终在诗性智慧与理性思辨的张力中臻于成熟。

　① (明)费瀛:《大书长语》,北方文艺出版社 2021 年版,第 28 页。
　② 束景南:《阳明大传:心的救赎之路》,复旦大学出版社 2020 年版,第 90 页。
　③ 陈立胜:《王阳明"万物一体"论:从"身一体"的立场看》,北京燕山出版社 2018 年版,第 178-
180 页。

第四节　小　结

方志远先生曾阐述过这样一个观点："王阳明及其学说，是明代一百年前后社会多元化的产物，也推动了社会的多元化进程。"①阳明思想的发生确有颇多原因，然他所生活的时空之中形形色色之变化，亦可谓王阳明之所以成为王阳明的机缘。

在明代中期这样的社会结构与经济形态转型时期，生活氛围的转向一方面在经济上表现为明代商品经济发展带动市民与商人阶层迅速崛起，另一方面直接影响了士人阶层的生活方式与生命取向，并以江南为起点波及全国。如此急遽变化的生活环境促使社会群体心理加大了对个人利益与感性情感的需求，进而与传统程朱理学的生活理想之殊异愈发清晰。

以真情真趣与狂士风流为主要特点的休闲文化已在江南蔚然成风，故乡的休闲文化及审美思想滋养着王阳明萌生一种审美向的心理结构与生活、学术倾向。结合阳明的身世背景进一步言之，一方面是父辈的阶级跃升，使得阳明不仅在幼年便经历下层士人家庭生活的磨炼，具备广阔的眼界与丰富的社会经验，而且在青壮年成长过程中始终拥有追求理想生活的物质保障及后备力量。身世背景尤其是家庭在物质层面的保障，这一点在以往的研究中往往被忽视，但实际上是王阳明思想形成的重要因素之一。

另一方面，阳明家学对其生活及学术思想浸润甚深，可溯及六世祖王纲的陶情山水之好。其家族世代对山水自然之美的热爱深深地贯穿阳明的人生，使得王阳明的学术思想亦充盈山水自然之情。阳明家学向来不囿于科举出仕之学，亦不拘泥于门户之限，而是以广博的胸襟接纳吸收道学、佛学乃至早期心学等多元文化因素。此外，王阳明家族对琴棋书画等艺术具有世代的造诣和传承，加之热爱、珍惜家庭生活的传统，共同营造了一种温馨而充满艺术气息的家庭环境，对王阳明的自我认同和思维方式产生了积极的陶染作用。

仅从王阳明一句"盖不必尽合于先贤，聊写其胸臆之见，而因此娱情养性

---

① 方志远：《盖棺未必论定：王阳明评价中的庙堂和舆论》，《清华大学学报（哲学社会科学版）》2021年第2期，第17-26页。

焉耳"①,便可以感受到他与众不同的生活美学智慧,这不仅体现了他对传统思想的批判性继承,也反映了他对时代新需求的敏锐把握。王阳明大略阐释《五经》的要旨,命名为《五经臆说》,并认为即使这不一定符合先贤的本意,只是表达自己内心的一些想法,但也足以抒发情怀、愉悦身心,犹如专注于垂钓而不在意于是否有鱼,寄托兴致于酒曲之中而不在意它的味道。王阳明的这种思想智慧蕴含着一种新颖的生活意蕴和张力结构,正是当时社会所迫切需求的,也是本研究期望深入挖掘的内涵。通过深入分析王阳明的生活经历、家庭背景、学术思想以及与时代精神的契合,可以更全面地理解中国社会文化转型的复杂性和阳明心学的深远影响,为研究中国传统美学提供新的视角和思考路径。

---

① （明）王守仁:《五经臆说序》,收于《王阳明全集》卷二十二,上海古籍出版社 2011 年版,第 965 页。

第三章 但得此身闲:山水之间的知行历程

王阳明的生命历程是广博而充实多元的,正如钱穆先生评价,"阳明是一个有多方面趣味的人,在他的内心,充满着一种不可言喻的热烈的追求,一毫不放松地往前赶着"[①]。他的生命中似乎有一股不可遏止的好奇与激情,鼓舞他执着地追求性情所至的每一件事:他的政治历程因他蹇蹇匪躬、百折不挠而济世经邦,他的文学历程因他不系于物、自我超越而涵盖乾坤,他的学术历程因他上下求索、博采众家而自成一派。

在大部分理学家的生命历程中,寻道方为至乐,其他的雕虫末技不值一哂,反而时常担心会因玩乐而放浪沉溺,乃至妨碍求道之心。朱熹就曾记载程颐批判"子弟凡百玩好皆夺志。至于书札,于儒者事最近,然一向好著,亦自丧志。如王、虞、颜、柳辈,诚为好人则有之,曾见有善书者知道否? 平生精力一用于此,非惟徒废时日,于道便有妨处,足知丧志也。"[②]但王阳明从不讳言自己对休闲的喜好,他认为,理想的儒者既不能忘记仁爱天地万物的儒家责任,也要能保持自我心灵的怡然状态,生命闲适之乐与人伦亲情之乐、自我成就之乐、道德自慊之乐同样重要。

毋庸赘述,王阳明的思想包含深刻的现实主义人文关怀,较之朱子学更加重视经验的生活世界。[③] 因此,探寻王阳明的生命历程与休闲活动之间相互涵育、共同造就的深刻关联,这相对于纯粹哲学文本研究而言也许是对阳明的内心更精细深刻的洞察,还原一个"天地间活泼泼的"[④]心学世界。本文将关

---

① 钱穆:《王守仁》,台湾商务印书馆 1984 年版,第 36 页。

② (宋)朱熹:《教学篇》,《近思录》卷十一,《钦定四库全书》子部一,中华书局 1985 年版,第103 页。

③ 何善蒙:《心学的精神价值:活泼泼的生活世界》,《浙江社会科学》2017 年第 3 期,第 98 页。

④ (明)王守仁:《传习录下》,《王阳明全集》卷三,上海古籍出版社 2011 年版,第 139 页。

注王阳明忙碌的一生中几个相对闲暇的阶段,从中揭示"闲"对于王阳明精神生命所具有的独特意义。

第一节　高步云衢之前(成化八年至弘治十一年)

一、年少博游:"未妨适意山水间"

王阳明出生于公元 1472 年(成化八年)的浙东余姚,彼时父亲王华是乡里秀才,靠奔波在外做子弟师维持家庭生计,母亲郑氏"躬操井臼,勤纺织以奉姑舅"①,与祖父母一起在竹林环绕的祖屋生活。祖父王伦喜爱竹子,擅长古琴,饱读诗书但拒绝出仕,在余姚做了一辈子的教书先生。这个诗书世家在乡间备受尊敬②,即使家境平凡也给了守仁幼童成长所需的温暖与自由,良知的启蒙种子早已悄悄地在阳明心中扎根发芽,并在他以后的人生中逐渐绽放。

有些学者仅凭王阳明之父的状元身份便推测王阳明必定从小锦衣玉食,但事实并非如此,甚至就连父亲王华的科举生涯也并不是一帆风顺的。

王华屡败屡战的过程中还需养家谋生,便时常带着孩童王阳明在浙东一带四处讲学授徒。或许王华的本意是让小王阳明在此过程中对儒家经典耳濡目染,"随身教守仁读书作诗"③,但赶路期间不免夜宿寺庙道观,反而促成了年纪轻轻便游历江南群山环绕小村落的王阳明于八岁便"妄意神仙,嬉戏皆绝人"④。亦有后世学者以"王华携守仁往海盐任子弟师,守仁寓资圣寺,有诗咏怀"⑤为标志,认为王阳明在 1479 年(明宪宗成化十五年,己亥),即八岁时就"耽好佛、老,开始其三十年陷溺释、老、出入二氏之历程"⑥。然时间之细微争议并非本文研究之要义,明代中期本就崇道尚佛的思想氛围浓厚,加之江南地

---

① (明)陆深:《海日先生行状》,收于《王阳明全集》卷三十八,上海古籍出版社 2011 年版,第 1553 页。

② 王守仁作墓志铭曰:"吾宗江左以来,世不乏贤。自吾祖竹轩府君以上,凡积德累仁者数世,而始发于吾父龙山先生。"参见(明)王守仁:《易直先生墓志》,收于《王阳明全集》卷二十五,上海古籍出版社 2011 年版,第 1021 页。

③⑤⑥ 束景南:《王阳明年谱长编》卷一,上海古籍出版社 2017 年版,第 21 页、第 22 页、第 24 页。

④ 束景南:《阳明佚文辑考编年》,上海古籍出版社 2012 年版,第 5 页。

区民风尤其盛行神仙佛道，自小体弱"常经月卧病不出"①的王阳明，希望通过学习一些神仙术、养生术调养自己的身体，或将求"道"探"佛"视为一种有益身心健康的休闲活动。对于王阳明而言，此阶段的出入寺庙与游山玩水并无差别，是儿童眼中单纯身心的享受和无羁绊的放松。

公元1481年（成化十七年）的春风中，随着父亲王华高中状元的喜讯传至余姚，十一岁的王守仁迎来了人生首次重大转折。次年春，祖父王伦携幼孙沿大运河北上，舟楫摇荡间，江南水乡的灵秀之气与京华风物的壮阔图景，在少年心中激荡出璀璨的思想浪花。当航船停泊镇江金山寺时，金山在幢幢相衔的寺庙装裹下于滚滚长江水中突兀云天，景色惊绝，同行的诗人们还未开始作诗，年幼的王阳明当即吟出：

> 金山一点大如拳，打破维扬水底天。
> 醉倚妙高台上月，玉箫吹彻洞龙眠。②

这首《金山寺》以超验的时空想象，将实景金山虚化为月光下的神话图景，展现出超越年龄的审美直觉。或许是江天浩渺的奇景催生了王阳明的兴致，他又在同行众人的诧异中，即兴拈诗《蔽月山房》：

> 山近月远觉月小，便道此山大于月。
> 若人有眼大于天，还见山小月更阔。③

若说第一首诗展现了王阳明作为孩童所异于成人的瑰丽想象力与艺术天赋，那么第二首诗则不仅颇具禅机禅趣，更包含朴素的早期心学思想：从距离远近造成的相对视觉假象着手，犹如机锋语般点出人仅凭眼睛等感官认识的局限——如果视野足够宽阔，那么人心或许足以容得天下万物。面对月下山峦的视觉迷思，少年竟以《蔽月山房》道破认知本质，此诗暗含王阳明父亲王华在同年状元策论中"盖人之一心至虚至灵，所以具众理者在是，所以应万事者

---

① （明）王守仁：《答人问神仙》，收于《王阳明全集》卷二十一，上海古籍出版社2011年版，第887页。

② （明）王守仁：《金山寺》，收于《王阳明全集补编（增补本）》，束景南、查明昊辑编，上海古籍出版社2021年版，第2页。

③ （明）王守仁：《蔽月山房》，收于《王阳明全集补编（增补本）》，上海古籍出版社2021年版，第2页。

在是"①之语,可见后来阳明的心学思想亦有家学的影响。

　　这两首诗足以体现十一岁的王阳明对开阔视野、开放思想的渴望。王阳明在数月的跋涉后最终平安到达京城,从浙东乡村的孩子摇身一变成了首都高官子弟,居住在长安西街的官舍中。此间少年的心态转换百味交杂,而其中更多的必是好奇——与余姚质朴的乡间野市相比,长安西街的大坊是当时全国最为热闹繁盛之地,人声鼎沸,日夜流光溢彩,佛刹道观鳞次栉比,杂耍算命讲戏之类九流混杂。在明清时代,"城市生活对人的身体感官有特别的挑动"②,京城的生活睁眼便是繁华市景,竖耳便有奇闻轶事,而首都闹市汇集的全国特色美食小吃与手工趣玩更是无时不刺激着少年阳明的味觉、嗅觉与触觉。这种文化冲击既解构了乡村少年的认知框架,也重构着未来思想家的精神世界。于是乎,父亲越是重视管制王阳明的儒学教育,少年的心就越是流连于街坊中:那些关于神仙鬼怪、侠客英雄的传说,刺激阳明偷偷培养了佛道、任侠、骑射、相卜等休闲爱好,由此养成不羁性格的王阳明,十二岁便已值叛逆期——他在私塾窗棂外窥见的不仅是杂耍艺人的筋斗,更是突破礼教桎梏的可能性。于其少年时代的资料中,多有他在这一时期逆反父亲教导的记载。如:

　　　　成化十九年癸卯,龙山公命就塾师,督责过严,先生郁郁不欢,伺塾师出,率同学旷游。体甚轻捷,穷崖乔木攀援,如履平地。公知之,锁一室,令作经书义。一时随所授辄就窃启钥以嬉。公归,稽课无所缺。③

　　一个出生成长于浙东乡野间的孩子,性格多是不喜被约束的。而那四书五经的理义大道,对愣头少年来说更是苦涩难解。少年一旦经受过分督责,便易激发叛逆的逃课冲动(少年王阳明甚至曾就领导组织能力小试牛刀,叛逆地率领众子弟同学一齐逃学)。不知对于此时的守仁而言,书院外的穷崖乔木是否会让他想起在余姚出入寺庙与自然山野的日子,不知他是否自此学会了寄情山水,以体味在京城中难得的清净与自由。

　　①　《成化十七年进士登科录》,参见束景南:《阳明大传:心的救赎之路》,复旦大学出版社2020年版,第43页。
　　②　胡晓真:《明清叙事文学中的城市与生活》,译林出版社2019年版,第25页。
　　③　(明)邹守益:《王阳明先生图谱》,转引自李庆:《王阳明传:十五、十六世纪中国政治史、思想史的聚焦点》,上海古籍出版社2021年版,第37页。

相比于塾馆中的其他官宦少年，王阳明的叛逆是有资本的，他不仅身手矫健灵敏，更有基于乡间生活、游历的丰富经验以及前辈们的点拨，此时他已在京城广交师友，不仅结识了心学大儒陈白沙，亦常与心学先驱林俊兄弟往来讲学论道。① 而在他"登第恐未为第一等事，或读书学圣贤耳"②的豪言壮语中，已然透露些许希望超越父亲、不甘庸碌平凡、敢于质疑权威的叛逆张狂，昭示着不同于传统士大夫的求道之路。

这样气质独特的少年，很快被吏部郎中诸让一眼看中，当下便将爱女许配于王阳明。但不巧的是次年王阳明的生母郑氏去世，王阳明"居丧哭泣甚哀"③。他在遵礼制而延迟婚约的两年间，基本上都是为母郑氏守丧在家的状态，主要活动是读书，间或驰骋于山水之中，以持守骑射功夫的练习。

从金山寺的哲学冥想到京华街巷的生命狂欢，少年王守仁在认知边界的不断突破中，完成了心学萌芽期的精神淬炼。这种思想觉醒既植根于浙东学派的务实传统，又得益于京畿文化的多元滋养，最终在儒释道的思想激荡中，孕育出颠覆程朱理学的思想胚胎。当我们重读那些充满禅机的少年诗作，依稀可见"心外无物"说的最初灵光。而王阳明少年时的生命基调，可由其诗句"未妨适意山水间"为梗概。此诗作于王阳明三十而立之年，即公元 1502 年（弘治壬戌十五年），诗云：

> 中丞不解了公事，到处看山复寻寺。
> 尚为妻孥守俸钱，至今未得休官去。
> 三月开花两度来，寺僧倦客门未开。
> 山灵似嫌俗士驾，溪风拦路吹人回。
> 君不见富贵中人如中酒，折腰解醒须五斗？
> 未妨适意山水间，浮名于我亦何有！④

在明代中叶的名利场中，众多绅士阶层汲汲于功名利禄，而王阳明自少年起便与众不同，他将自我内心的自由与爽快视作生命中最为珍贵的珍宝。他

---

① 束景南：《阳明大传：心的救赎之路》，复旦大学出版社 2020 年版，第 51 页。
②③ （明）钱德洪：《王阳明年谱》，收于《王阳明全集》卷三十三，上海古籍出版社 2011 年版，第1347 页。
④ （明）王守仁：《重游开先寺戏题壁》，《王阳明全集》卷二十，上海古籍出版社 2011 年版，第855 页。

不为世俗的名利所羁绊，不为功名的光环所迷惑，始终坚守着内心的那份纯粹与真挚。这样一位真挚自由的人，注定会与自然山水结下不解之缘。

二、早年心路转折："人生山水须认真"

公元1486年（成化二十二年），王守仁到了束发之龄，十五岁亦被称作"志学之年"①，此年发生的三件大事，的确对王阳明的志向与人生走向产生了巨大的影响，亦可理解为十五岁王阳明的精神突围。

这一年的基调始于居庸三关之行。十五岁的王守仁策马穿越居庸关的烽燧烟尘，这场历时月余的边疆考察，恰如南宋陈亮"推倒一世之智勇，开拓万古之心胸"的豪情再现。少年腰间悬着的不仅是雕弓羽箭，更承载着江浙经世致用的思想基因。王阳明对于此次出游是抱着青春期少年对侠客的所有浪漫幻想与保护边疆的家国情怀，他的状态是全程极度亢奋的。毕竟这是他第一次真正离京远游边塞，也是他第一次得以将兴趣爱好真正施展。

王阳明自孩童时便爱好研究兵法方志，终于在此行付诸运用。他上考山川之势，下访胡民群落，一路结合昔日所学的兵书图志认真思考、勘察，俨然在为上书边防方略做准备，也为之后这一兴趣发展成"用兵如神"②的特长埋下了伏笔。

骑射武术是王阳明当时的另一大爱好。他为了估量自己的能力水平，用了最直观的评估方法，直接去和关外能骑善射的少数民族比试一番，阳明"逐胡儿骑射，胡人不敢犯"③，足以体现他的技能完全不输成长在马背上的胡人，不仅证明了他骑射的休闲爱好达到专业水准，而且足证其智勇兼备、胆略过人。

居庸三关的城堞间，王阳明实践着独特的"田野调查"：白昼策马丈量燕山余脉的褶皱，暮色中与戍卒围炉探讨布防要略。可以说，居庸关之游坚定了王阳明的"经略四方之志"④。

恰逢此时大明边境寇患严重，关注天下兵事的王阳明已按捺不住渴望征讨边寇、建功立业之豪情。正所谓日有所思、夜有所梦，王阳明多次梦到自己率兵南征至广西马伏波庙，并在梦中题词赋诗。王阳明从梦中的偶像处获得鼓励，慷慨激昂地准备上书请缨，结果被父亲力止严饬。当上书请缨的奏疏被

---

① 《论语·为政》："子曰：吾十有五而志于学，三十而立，四十而不惑，五十而知天命，六十而耳顺，七十而从心所欲不逾矩。"

② （明）湛若水：《阳明先生墓志铭》，收于《王阳明全集》卷三十八，上海古籍出版社2021年版，第1532页。

③④ 束景南：《王阳明年谱长编》卷一，上海古籍出版社2017年版，第55页。

父亲王华付之一炬，焚毁的不只是军事方略，更是传统士大夫父子间的价值矛盾。至此，王阳明转向"遍求朱熹遗书读之，思格天下之物"①。

第二件大事是格竹：少年②王阳明意气轩昂地与京塾馆中的同学钱友同一起，遵循朱子理学试图格物穷理。王阳明将格竹看作参透理学的第一步，之后还要一步步格万物以求得天理、成为圣人。可事与愿违，阳明"取竹格之，深思其理不得，遂遇疾；先生自委圣贤有分，乃随世就辞章之学"③，王阳明不仅没有从中"格"到"理"，反而积劳乃至旧病复发。这使他不仅对自己的天分产生怀疑，还对程朱理学产生了怀疑，质疑这竹子与自我生命究竟有何种关联，质疑一味依赖外物去寻找所谓可以普遍运用的道理之可行性，但又"苦于众说之纷扰疲迩，茫无可入，因求诸老释"④，转而更多地去思考外物之理与自己身心之间的关系。以上种种，足以见得格竹失败对少年王阳明产生的心灵挫伤之大。

在从弓马铿锵转向朱子理学的过程中，王阳明完成着思想的惊人跳跃。他"遍求朱熹遗书"的细节，恰暴露青年士子对知识体系的饥渴状态。在格竹七日而病的著名事件前传里，居庸关的实地考察经验已埋下怀疑的种子：当现实的山川脉络与典籍记载产生裂隙，那种源自军事地理学的实证精神，终将突破理学框架的束缚。

这一年可以说是王阳明少年历程中的转折之年：游历居庸关令他信心倍增、志气满满，可还没得意多久，便连续遭遇上书失败与格竹失败的两次打击，意味着曾经期冀的梦想几乎悉数破灭了——驱除鞑虏、经略四方的道路行不通，收敛骑射、佛老的爱好转而专注程朱理学后又不得其解，王阳明开始反思自己之前是否过于狂狷，反思自己以成圣为理想是否不自量力，继而逐渐如塾师先生建议的那般从父习举业入仕之路。

---

① 束景南：《王阳明年谱长编》卷一，上海古籍出版社 2017 年版，第 57 页。

② 陈荣捷、邓国元考证认为阳明格竹事件发生在弘治五年壬子（1492 年，阳明 21 岁），参见陈荣捷：《传习录详注集评》，重庆出版社 2017 年版，第 353 页；邓国元：《王阳明"格竹"考辨》，《阳明学刊》2015 年第 1 期，第 97-106 页。束景南考证阳明格竹乃成化二十二年丙午（1486 年，15 岁），参见束景南：《王阳明年谱长编》一，上海古籍出版社 2017 年版，第 57-59 页。陈来亦认为格竹发生在弘治二年己酉（1489）即王阳明 18 岁以前，参见《有无之境——王阳明哲学的精神》，北京大学出版社 2013 年版，第 382-384 页。董平亦认同陈来的观点，参见董平：《王阳明的精神世界》，中国人民大学出版社 2009 年版，第 9 页注(1)。此外还有学者如张学智认为阳明有先后两次格竹经历；笔者在此采取第二种即束说阳明 15 岁格竹的观点。

③ （明）钱德洪：《王阳明年谱》，收于《王阳明全集》卷三十三，上海古籍出版社 2011 年版，第 1348 页。

④ （明）王守仁：《朱子晚年定论》，《王阳明全集》卷三，上海古籍出版社 2011 年版，第 144 页。

　　公元 1487 年（成化二十三年），明宪宗去世，新帝朱祐樘登基。政局变动并没有影响王华的平步青云，弘治元年他便被提拔为"经筵官"①，即皇帝之师。王华本打算依职位荫子入监，但宪宗的驾崩使王守仁入太学的计划暂时搁置，只能让守仁通过科举入仕。所以王华命王守仁回乡入余姚县学，备考下一届浙江乡试。

　　此时王守仁为母服阕，在江西做参议的诸让得知后立马写信招王阳明前去南昌成婚，于是王阳明在余姚稍作停顿便只身赴南昌同诸氏完婚。

　　明朝江西一带盛行炼丹养气的神仙术，自明朝初年明太祖尊封江西的龙虎山天师以世代掌领天下道教后，江西便一直是道教中心。此行，因格竹导致旧病复发的王阳明无疑会充分把握此番机会学习道教养生术。但坊间流传所谓王阳明在新婚之夜抛妻上山与道士谈养生之道的轶事并非属实，乃弟子钱德洪与董汉阳的夸饰虚妄之说。② 其实从王阳明后来为诸氏家人写的祭文与诗词中，亦可侧面看出他们之间的关系是相当亲密有爱的，否则，倘若在极其重视新婚礼制的明代发生此等无礼之事，两家的关系早已倾毁于此。

　　新婚后的王阳明在南昌居住了大概一年半时间，这段时间他的生活非常悠闲。新婚燕尔的日子里，妻子的悉心照料使他有充足的时间在官署中读书习字，乃至在书法上颇有小成。这是王阳明第一次感受到来自血亲以外的爱，女人的爱细腻、柔软，使他的内外心境发生了前所未有的变化，再加上平日书法修炼与养生术调理，王阳明的内心越发平和稳定。

　　如果说在北京的生活磨砺了王阳明，让他于北风与旷野中坚定志向，在他胸怀中充盈了对政治、对国家、对人民的热血，那么闲居江西山水间的生活，则让他在宗教和文化的熏染下受到了温润的洗礼，使整个人放松下来、柔软下来，逐渐收敛了放逸不羁的气禀。

　　倘若不是祖父王伦病危的消息传来，王阳明在南昌的闲居或许会更久一点，或许那样王阳明就将以书法家的身份闻名于世，或许还会流传下充满闲情雅致的诗篇——但命运显然不希望让王阳明止步于此，公元 1489 年（弘治二年）十二月，王阳明为祖父归余姚，归途乘水路经广信（今江西上饶市）拜访了知名学者娄谅。娄一斋作为尊崇程朱理学的大儒，秉持主敬穷理格物致知，同时在吴与弼影响下重视"心"的修养，其学问远超此前阳明所学的一般儒家经

　　① （明）杨一清：《海日先生墓志铭》，收于《王阳明全集》卷三十八，上海古籍出版社 2011 年版，第1531 页。

　　② 详见束景南：《王阳明年谱长编》卷一，上海古籍出版社 2011 年版，第 63 页。

典,以格物之学稍加点拨便直指阳明此前因格竹遗落下的心病,纠正了阳明自认做圣贤无天分的观念,树立起"圣人必可学而至"的信念,这也是阳明心学思想开始走向成形的开端。

回到余姚,王阳明与妻子在祖父生命的最后时分,一直悉心守护在病榻边,直至弘治三年冬祖父谢世。祖父是王阳明最亲近的家人之一,童年的朝夕相处使王阳明早已在潜移默化中感染祖父的习性爱好,这种悲痛亦唤起王阳明母亲过早去世的悲痛记忆,故园之山水依旧,那个狂妄不羁的少年已随亲人的离去而成长。在余姚为祖父守丧的三年间,王阳明的大部分时间都是和父亲王华一起度过的,他变得更加珍惜与父亲的相处时间,不再像以前一般时时叛逆地挑战父亲或时常开玩笑,变得安静沉稳了。

经过三年准备,21岁的王阳明于公元1492年(弘治五年)八月参加了浙江乡试,成功中乡举第六。

当时的乡试以儒家经义为基础,以《四书》文句为题,要求行文仿古,即所谓的代圣人言,考生只能按题目的义理进行内涵阐释,发挥空间有限,但也有一些优秀的考生,譬如王阳明,能在八股文中体现自己独立而深刻的思考。

王阳明的"心体光明""心有定主"之论,就出自他在乡试中《论语》"志士仁人"一节的答卷:

> 圣人于心之有主者,而决其心德之能全焉。夫志士仁人皆有心定主,而不惑于私者也。以是人而当死生之际,吾惟见其求无惭于心焉耳,而于吾身何恤乎?此夫子为天下之无志而不仁者慨也……夫所谓志士者,以身负纲常之重,而志虑之高洁,每思有以植天下之大闲;所谓仁人者,以身会天德之全,而心体之光明,必欲有以贞天下之大节……是其以吾心为重,而以吾身为轻,其慷慨激烈以为成仁之计者,固志士之勇为,而亦仁人之优为也。视诸逡巡畏缩,而苟全于一时者,诚何如哉?以存心为生,而以存身为累,其从容就义以明分义之公者,固仁人之所安,而亦志士之所决也,视诸回护隐伏,而觊觎于不死者,又何如哉?是知观志士之所为,而天下之无志者可以愧矣;观仁人之所为,而天下之不仁者可以思矣。[①]

---

① 《钦定四书文·化治四书文》卷三,转引自,束景南:《阳明大传:心的救赎之路》,复旦大学出版社2020年版,第67页。

王阳明以"心"论仁，认为志士仁人之所以可以行仁仗义，是因为"心有定主""心体光明"，而达到此境需"存心""安心"的修养工夫，这与父亲王华在殿试中的"心学"论述并无二致，体现出了与传统宋儒向外寻找"人性复归"所不同的倾向，提出向内追寻"人心复明"，这种心学思想的初论尽管与他后来提出的"心即理"与"致良知"还颇有差距，但已然是心学论述的萌芽，也是王阳明人生道路上的一个新起点。

同年十二月，王阳明以举人身份离开余姚，入京以备来年会试，可会试结果却是南宫落第，王华便将他送入国子监，一方面给予王阳明结识京城贤士大夫的机会，另一方面给王阳明以太学生的资历，以方便他参加下届会试，进一步完成科举出仕之路。

这一小节的标题取自王阳明诗作《解读送邵文实方伯致仕》，这是一首作于正德十年（1515）的赠别诗。诗中"人生山水须认真"并非传统隐逸文学的陈词，将传统隐逸文学的审美范式劈裂为两重天地——前半句的"山水"尚属自然意象，后半句的"认真"却已跃入本体论疆域，完成从"格竹七日"中痛彻的转变。全诗以"君不见"的史诗性诘问开篇，却终结于"为予先扫峰头石"的私语化表达，这种从宏大叙事向个体体验的转向，与对"利禄缠身"的批判及"烟霞伯"的礼赞形成张力结构。结合诗中"万里翱翔"与"拂衣便拟"的空间跳跃，巧合地呼应了王阳明少年时期的三个转折，即从少年《蔽月山房》的相对主义思维，经居庸关军事实践与格竹失败至科举出仕的思想轨迹。正是因为此诗在王阳明的创作谱系中具有转折意义：既延续了早年《蔽月山房》的相对主义思维，又将王阳明对朱子理学的哲学突破转化为诗学表达，用于此节标题，颇有人生与诗哲互渗之缘。

三、《上国游》时期："以不得第动心为耻"

在国子监做太学生的日子里，王阳明享有专门的住处与生活费等待遇，这为他提供了一个相对稳定的环境，使他能够心无旁骛地专注于自我探索与学业精进。王阳明把此阶段，也即弘治五年到正德元年的十五年间诗作汇总成《上国游》诗集，记录在太学受教以及与同班太学贤士大夫唱酬交游的生活片段。

许多学者将王阳明三年太学上舍生时期看作其沉溺举业与词章之学的阶段，然而，这一观点忽视了王阳明在这一时期对骑射技艺的精进。因为明代国子监承袭《周礼》的儒学"六艺"理念，每月安排两日组织太学生练习骑马射箭，太学中丰富多彩的休闲生活为王阳明后来的军旅生活打下了基础。①

骑射训练表面上是对《周礼》传统的机械复刻，实则成为王阳明实践哲学的实验场。当箭矢穿透靶心的瞬间，这种具身认知经验也在解构着书斋中的理学教条，在挽弓搭箭的肢体记忆中，"知"与"行"的时空界限被不断打破，为二十年后"未有知而不行者，知而不行只是未知"（《传习录》）的著名论断埋下伏笔。

此时王阳明已游心于举业之外②，其精神境界已然超越了单纯的举业追求。他对科举中进士的必然性已然胸有成竹，所以在公元 1496 年（弘治九年）再次会试落榜时，他亦不妄自菲薄，而是坦然道：

> 世以不得第为耻，吾以不得第动心为耻。③

与那些一次科举失利便动辄自耻自贱的同舍生相比，王阳明展现出了一种成熟的心态。王阳明理性地看待六年备考来的两次考试接连失败，并不是他在面对理想功亏一篑时毫无所动，而是王阳明自我要求的不"动心"。这意味着，于理解生命偶然性与必然性规律的前提下，保持情绪平衡以面对意外，实际上是把注意力从失败的挫折中转移出来，专注于正面情绪和当下现实中，从而不被负面情绪所困扰。王阳明的落榜宣言，实已触及心学核心命题：主体如何超越外在境遇的束缚？这种"不动心"并非斯多葛式的情绪克制，而是基于对"心体"的本体论认知——正如其后期所言"心外无事，心外无理"（《传习录》），将价值判断的尺度从外在功名收摄回内在心性。

科举的落榜并未使王阳明陷入伤感，反而给了王阳明走出太学的机会。他以善作诗赋词章的名士身份活跃在京师的文坛，自比唐代醉僧怀素，"西游上国，谒见当代名公，错综其事"④，这不仅是他给此时段的诗文集提名为《上国游》的原因，更是他以一种豁达的心态面对人生挫折的体现。诗集的命名本身即构成隐喻——"游"字既指向地理空间的位移，更暗含精神世界的漫游，暗

---

① 李庆：《王阳明传：十五、十六世纪中国政治史、思想史的聚焦点》，上海古籍出版社 2021 年版，第 77 页。

② 束景南：《阳明大传：心的救赎之路》，复旦大学出版社 2011 年版，第 82 页。

③ 束景南：《王阳明年谱长编》卷一，上海古籍出版社 2017 年版，第 96 页。

④ 束景南：《王阳明年谱长编》卷一，上海古籍出版社 2017 年版，第 65 页。

示着青年士子对制度化教育的双重态度：既在体制内接受规训，又试图突破知识生产的边界。这也意味着王阳明经历着他思想史上的重要潜伏期，将承载着程朱理学正统的帝国最高学府，意外转变成为心学胚胎孕育的温床。当王阳明以怀素醉僧自况，实则在程朱理学的话语体系中开辟出另类空间：诗酒唱酬既是士大夫的身份表演，又是对科举规训的审美逃逸。这种"游"的生存状态，恰似海德格尔所谓"诗意地栖居"，在体制缝隙中守护着思想的自由。

公元 1496 年（弘治九年），王阳明的父亲王华决心迁家至绍兴，以随先祖王羲之故居，便安排王阳明负责迁居事宜。是年九月，王阳明暂时中断了"上国游"，起身沿大运河乘舟归余姚。

这一阶段的经历，构成了王阳明"龙场悟道"的前理解结构：骑射训练孕育着实践哲学，科举挫败催生着心性工夫，诗酒唱酬培育着审美主体，运河归舟预示着存在转向。这不仅为王阳明日后的思想发展奠定了基础，也展现了他在面对人生转折时的哲学智慧与豁达胸怀。

四、归居绍兴："心忘鱼鸟自流行"

时至弘治中期，佛道之说又再次兴盛，不复弘治初年般收敛——孝宗朱祐樘在即位初期曾试图对佛道信仰拨乱反正，可初见成效反而又步先帝后尘，陷入对佛道的痴迷中。民间一时邹缨齐紫，无论是强身健体还是驱病祈福，都非常依赖道教。

当时的这种社会风尚也影响了王阳明，毕竟他此次回乡，在迁居事宜之外，亦有养病的原因，所以在归途路过南都时，他特意拜访了著名的朝天宫全真道士尹真人（尹从龙），学习养生修炼之术。尹真人以内丹修炼术闻名，时人相信通过他的心法修炼可以实现由凡入圣。尹真人对王阳明的影响不仅体现在传授静坐等具体养生修炼方法，更在于其对"心"的深刻体悟。他强调炼心、修心、复心，以知为心体，认为"心地湛然，良知自在"[1]，本质上是在道教内丹术的语境中重构了心性本体论。这种将"炼心"置于"炼气"之上的修行次第，为困于"物理吾心终若判而为二"的王守仁提供了关键的方法论启示。此般心学思想对王守仁往后日渐成熟的心学理论无疑有潜濡默化之用。王守仁在跟

---

① 　（明）尹从龙：《性命圭旨》亨集《卧禅图》，转引自束景南：《阳明大传：心的救赎之路》，复旦大学出版社 2020 年版，第 103 页。

随尹真人修道过程中，还总结了《口诀》诗：

> 闲观物态皆生意，静悟天机入穿冥。
> 道在险夷随地乐，心忘鱼鸟自流行。[①]

这首诗也被收入尹真人的著作《性命圭旨》中，可见尹真人对王阳明所体悟的认同。诗中所蕴含的哲学思辨，展现了王阳明在佛道思想影响下，通过静悟万物，体悟生命的生机与宇宙的奥秘，进而领悟到儒家鸢飞鱼跃的心灵自由与洒脱。诗句"闲观物态皆生意，静悟天机入穿冥"的体证，既是对道家观物方式的诗性转化，亦暗藏突破主客二分思维模式的玄机——当主体以湛然之心观照世界时，鸢飞鱼跃的自然意象便成为心体发用的生动注脚。

自弘治九年秋回到余姚，王阳明便每年往返于京师、南都、绍兴、余姚之间[②]，直至弘治十一年。又因其中大部分时间是在绍兴，亦有学者称之为三年归居绍兴阶段。这是王阳明诗赋词章创作的高峰期，一方面是因为他在故乡与名士结社龙泉寺，时常雅集交游、更唱迭和；另一方面是他在游山访道、寻寺问僧的过程中，通过诗词记录感悟，在远离京城烦嚣的山水氛围中，王阳明逐渐产生了遗世入山的念头。

在绍兴新居落成后，王阳明开始专心寻找道家洞天，修炼尹真人传授的道家导引术法。他甚至在《来雨山雪图赋》中描述了自己多次孤身冒雪上会稽山寻访阳明洞的场景，颇有对庄子"独与天地精神往来"致敬之感。在最终成功找到阳明洞后，他便自号"阳明山人"，完成了个人符号的身份建构，这也是后来学者称他为王阳明的原因。

"山人"本指栖居山水之中的隐士，明初隐居不仕的士人常以"山人"自称[③]，发展到王阳明的弘治年间，"山人"已成名士文人间的一种风尚——如修

---

① （明）王守仁：《口诀》，收于《王阳明全集补编（增补本）》，束景南、查明昊辑编，上海古籍出版社2021年版，第3页。王阳明亦有诗《睡起写怀》中四句与此诗大致相同，云："闲观物态皆生意，静悟天机入窅冥。道在险夷随地乐，心忘鱼鸟自流形。"参见（明）王守仁：《睡起写怀》，《王阳明全集》卷十九，上海古籍出版社2011年版，第793页。可见王阳明于中年时将早年所作口诀七绝改为七律诗，并将"穿冥"改为"窅冥"、"行"改为"形"。经此精微笔触，诗中风骨悄然褪去三分黄老之韵，使玄门气息不再跃于楮墨之间，更显王阳明之美学境界。

② 束景南：《阳明佚文辑考编年》，上海古籍出版社2012年版，第41页。

③ 张德建：《明代山人群体的生成演变及其文化意义》，《中国文化研究》2003年第2期，第81页。

行者般深入山中，将山水的自然性与寺庙道观的神圣性转化为提升个人修养情操的法门，通过诗文书画记录这种独特的山水体验，与人情世故保持着动态的距离，这是中晚明文人实现自适与休闲的一种生活美学。山人是处于僧道之类的完全出世者与社会人的中间状态，正如山水是莽荒与世俗社会的中间状态，所以在山水中做山人，似乎一边能够接近自然天道，一边能够把握世事动态。王阳明一度希冀借助山人的视角，从而在俗世变迁中保持健康的体魄、愉悦的心境与磊落的个体精神。王阳明在钻研宋儒学问时常苦于"物理吾心终若判而为二"①，而愈发质疑自己是否有圣贤的天分，当阳明山人开始通过山人的顺适己意生活实践来克服理学的二元分裂，以追求心与物理合一时，这已是青少年时期王守仁在阅历有限的条件下所能企及的生活思想巅峰。

随着弘治十二年的科举考试临近，科举征召使王阳明暂别阳明洞，于弘治十一年夏秋之际，踏上回京城的"上国游"之路。山水的精神庇护所终须直面庙堂的政治引力场，这种出与隐的永恒张力，恰为心学的成熟提供了必要的淬炼。

可以说，当朱祐樘从整顿宗教秩序转向沉溺长生之术时，这种自上而下的价值转向不仅折射出皇权政治的精神困境，更将整个知识阶层推向了存在论意义上的抉择场域——在儒释道三教的张力结构中，士人究竟该如何安顿身心？而归居绍兴时期的山人实践，本质上是王阳明精心设计的生存论实验。这种"中间状态"的选择，在空间维度上表现为会稽山与京城的往复移动，在精神维度上则构成对儒道边界的哲学勘测。考诸明代山人群体的精神谱系，"山人"称谓的流行实乃士阶层应对价值危机的策略：通过将山水自然神圣化为精神修炼的道场，士人在保持社会身份的同时获得形而上的超越可能。王守仁的独特之处在于，他将这种生存策略升华为心性论建构的重要环节。

第二节　早期官场之闲（弘治十二年至正德四年）

一、鸿渐于干：官闲养笔忙诗文

这一次王阳明在己未会试可谓马到成功，二月金榜题名，三月荣归越城故

---

① 束景南：《王阳明年谱长编》卷一，上海古籍出版社2017年版，第143页。

里，五月返京任观政工部，28 岁的他终于踏出了仕途的第一步。

是年父亲王华为八十大寿的岑太夫人举办寿宴，并一同庆祝阳明荣登金榜，王华家中双喜临门，一时琴瑟诗词祝福满堂，登门盛贺的名士如流；王阳明在与李东阳、李梦阳、徐祯卿等诗词名家的相唱酬和中释放了举业以来积压的感性与创意，以诗文相驰骋①，以洒逸的文笔续写充满文人雅趣的"上国游"的新篇章。

作为新科进士，王阳明充满济世的热忱，他在此阶段的诗赋中鲜有之前那种吟咏自然与佛道或是抒发自身情绪的篇幅，而更多的是对国家政事、苍生百姓的关怀与思考。尽管他于观政工部，于朝中算是处在官僚机构底层的小官，但他凭借一腔济世救民的热血认真地完成每一项工作。在为威宁伯王越修造坟墓时，他还利用民工闲暇之机，与工人一起操练学习王越生前作战的布阵之法，致力于将军事上的爱好提升至专业实战水准，以在将来需要之时驰骋边疆、保家卫国。

时值北境边患频频，南方少数民族叛乱四起，王阳明针对虏寇猖獗②进上《陈言边务疏》，献计八条以安边，期待自己的军事热情与文武兼济之才被圣上赏识。然而随着时间的流逝，王阳明人生中的第一次上书言事就这么有如石沉大海，渺无回音。他因此感到愤懑，这种情绪在同年七月出差回京坠马受伤后达到顶峰：

> 我昔北关初使归，匹马远随边檄飞。
> 涉危趋险日百里，了无尘土沾人衣。
> ……
> 词林意气薄云汉，高义谁云在曹佐？
> ……
> 独惭著作非门户，明时尚阻康庄步。
> 世事纷纷一刍狗，为乐及时君莫误。
> ……
> 幻泡区区何足惊，安得从之黄叔度。
> 佩撷馨香六尺躯，婉娩青阳坐来暮。③

---

① 束景南：《王阳明年谱长编》卷一，上海古籍出版社 2017 年版，第 157 页。

② （明）王守仁：《陈言边务疏》，《王阳明全集》卷九，上海古籍出版社 2011 年版，第 316 页。

③ （明）王守仁：《堕马行》，《王阳明全集补编（增补本）》，上海古籍出版社 2021 年版，第 5 页。其中"世事纷纷一刍狗，为乐及时君莫误"句在束景南《阳明大传：心的救赎之路》（复旦大学出版社 2020 年版，第 134 页）中作"世事纷纷一刍狗，为药及时君莫误"。笔者经考辨采用前者。

尽管王阳明在养病期间得到了李东阳等诸多前辈官员的关照与体恤，他亦非常感激，但一方面"独惭著作非门户，明时尚阻康庄步"，愧感自己文辞工夫不够出色，对将来在京城诗坛的偕同发展缺乏自信；另一方面叹息身为底层官员而不被朝廷重视，遂萌生了"世事纷纷一刍狗，为乐及时君莫误"的想法，不如干脆自寻休闲心境，尾句用佛教术语"泡影"代指王阳明当时身处官场的诸多烦心事，抒发对东汉隐士黄宪的仰慕，几年前那个求道问佛寻休闲隐逸的阳明山人又回来了。

此后好友李梦阳的老师李源升迁，他还在贺诗《奉和宗一高韵》中感慨"懒爱官闲不计升，解嘲还计昔人曾"①，可见王阳明公务清闲，也因不甚喜爱此时的岗位，所以并不在乎升职之类的官事，还为自己悠闲懒散的公务员生活美其名曰学习古人。当然，自嘲归自嘲，王阳明心中始终怀有济世行道的儒家精神，他只是暂时在当下的工作中找不到自己的价值所在，通过发牢骚来消解对命运产生的负面情绪，他将这段时间看作"龙渊且复三冬蛰"②的蓄势待发，依然期待着"鹏翼终当万里腾"③的一天。

两年时间一晃而过，时任云南司主事王阳明获得了暂离京城官场，前往江北淮安、南直隶等地审录的机会。复核在押犯是刑部独当一面的要务，王阳明对此十分重视，即使他的身体在坠马后一直在走下坡路，依然"冲冒风寒，恬无顾忌"④，蹈厉奋发地与各府巡抚、御史一同秉公执法、平反冤案。

弘治十四年八月至十五年五月的南畿决狱，构成了他生命中又一段忙中求闲的历程。一路上，他遇山便游山，登名胜便览古，见佛刹便会高僧，逢道观便访道人，周游所到之处每每吟诗歌赋：从凤阳的谯楼到当涂的谪仙楼，再到苏州的海天楼；从池州的化城寺到无相寺再到润州的金山寺；沿途登临九华山、齐山、茅山、金山、北固山等名山胜川，王阳明在寄情山水的同时，更多的是在思考探索自己的人生。

这几年来，他想实施自己的文经武略报效国家，却无所用之；想修身做圣人，却无可奈何，而健康状况又不甚如意，只得在繁忙公务之余游仙求索、寄情山水，并以诗文的方式将所见所思内化成自己生命中柔软感性的一部分。

---

① ② ③ （明）王守仁：《奉和宗一高韵》，《王阳明全集补编（增补本）》，上海古籍出版社 2021 年版，第 7 页。

④ （明）王守仁：《乞养病疏》，《王阳明全集》卷九，上海古籍出版社 2021 年版，第 325 页。

二、告归江南：溺道习禅以养疴

如果说"吟诗作文"是王阳明在青壮年时期最引人注目乃至首屈一指的审美休闲活动，那么自南畿决狱后，他的休闲生活重心逐渐转向"养生"转移。王阳明曾反思道：

吾焉能以有限精神为无用之虚文也！①

王阳明自而立之年后身体状况一直不佳，病痛折磨下时常精神乏力，而吟诗作赋对此显然是毫无帮助的：

林僧定久能知客，巢鹤年多亦解禅。
莫向病夫询出处，梦魂长绕碧溪烟。②

病痛使"病夫"王阳明再次萌发了依据佛道养生、出离生死苦海的念头，遂于公元1502年（弘治十五年）上书《乞养病疏》，恳求朝廷"放臣暂回田里，就医调治"③。

然天下名医尽在京城，王阳明却反其道而行之，其一是他当时坚信通过入山修炼可以不药自愈④；其二是他希望为家乡年事已高的祖母尽孝；其三则是他在公文中未表达的言外之意：此时王阳明对动荡的政治局势与复杂的社会交往已略感疲惫。得允后，王阳明于同年八月离京归乡，告别了京师及其所代表的政坛与文坛。

在归途中，王阳明似乎刻意延续南畿审囚时期的游山路线，故地重游，拜访了金山的野闲钦山人与蒲菊钰上人、焦山的雪航上人和北固山的性空上人，

---

① （明）钱德洪：《王阳明年谱》，收于《王阳明全集》卷三十三，吴光、钱明编校，上海古籍出版社2011年版，第1351页。

② （明）王守仁：《仰高亭》，《王阳明全集补编（增补本）》，束景南、查明昊辑编，上海古籍出版社2021年版，第14页。

③ （明）王守仁：《乞养病疏》，《王阳明全集》卷九，吴光、钱明编校，上海古籍出版社2011年版，第325页。

④ （明）王守仁：《与弟伯显札一》，《王阳明全集补编（增补本）》，束景南、查明昊辑编，上海古籍出版社2021年版，第143页。王阳明在与体弱多病的弟弟王守文的书信中多次建议弟弟随他一起入山静养治病。

一路谈经论禅；途经秀水城（嘉兴）赠诗三台寺芳上人；取道海宁时更是特意前往东南佛道胜境审山，参观道士葛洪当年炼丹的古井，却看到如今只有牛羊在使用它，便在长诗《审山诗》中感慨：

> 葛井虽依然，日暮饮牛羖。
> 长松非旧枝，子规啼正苦。
> 古人岂不立，身后窅难睹。
> 悲风振林薄，落木惊秋雨。
> 人生一无成，寂寞知向许？①

自古以来，儒者们书写的记游诗，常常亦是游仙诗，作者在诗中通过将经验的世界与想象的仙道世界合璧，抒发现实世界里无法排解的情绪。而此时的王阳明正是对比想象中古人的伟绩与自己现实在审山时所见，来表达自己在而立之年尚一无所成的焦虑与不被理解的寂寞。

一回到绍兴，王阳明便筑室阳明洞中②，开始导引术的养生修炼。彼时儒家学说着力于日常品行等修养提升，佛家学说偏重内在心性修炼，唯道家一学说涵盖诸多养生修行的方法，关注肉身，这无疑是最契合王阳明此时需求的。他对此阶段的养生体验颇有心得总结：

> 春嘘明目夏呵心，秋呬冬吹肺肾宁。
> 四季长呼脾化食，依此法行相火平。③

在四明山的洞中修炼，可以回避外界的喧嚣与诱惑，便于保持心体平静，在静坐中观照呼吸吐纳。王阳明在实践道家的养生方法论时，也没有停止对道家在宇宙、人生论上的思考探索，但他因始终无法放下对家人的思念，而开始对于道家提倡通过绝情去欲以实现与太虚同体的人生追求产生怀疑。当妻

① （明）王守仁：《与弟伯显札一》，《王阳明全集补编（增补本）》，束景昊、查明昊辑编，上海古籍出版社 2021 年版，第 15 页。
② （明）钱德洪：《王阳明年谱》，收于《王阳明全集》卷三十三，吴光、钱明编校，上海古籍出版社 2011 年版，第 1351 页。
③ （明）王守仁：《坐功》，《王阳明全集补编（增补本）》，束景昊、查明昊辑编，上海古籍出版社 2021 年版，第 15 页。

弟诸用明写信劝他入世时，他在回信中感慨：

> 书来劝吾仕，吾亦非洁身者，所以汲汲于是，非独以时当敛晦，亦以吾学未成。岁月不待，再过数年，精神益弊，虽欲勉进而有所不能，则将终于无成。皆吾所以势有不容已也。但老祖而下，意皆不悦，今亦岂能决然行之？徒付之浩叹而已！①

可见此时他不仅在"断情"与"念亲"之间矛盾，还在"出世"与"出仕"之间徘徊。可弘治十五年发生的两件事让他无法静心继续做"山人"。第一件事是十月初浙江发生了沈澂狱案，牵连一千余人，阳明的友人、"西翰林"文士陈辅也受到了牵连，作为政治牺牲品赎杖还职，这暴露了地方乃至朝廷司法的羁縻；第二件事是十一月琼州府黎族百姓不堪剥削而起义反叛，围攻儋州（今海南儋州市），这暴露了地方行政的腐败与社会矛盾的不断加剧。国家内忧外患激发了王阳明对儒释道与现实问题结合更为深刻的反思，尤其是觉悟到儒家常说的"念亲"与佛典中的"种姓"具有同一性，亲情是与生俱来的人类本性。然此时他的身体状况依旧不好，便于弘治十六年前往素有东南佛国之称的钱塘（今杭州）净慈寺调理疾病：

> 十年尘海劳魂梦，此日重来眼倍清。
> 好景恨无苏老笔，乞归徒有贺公情。
> 白凫飞处青林晚，翠壁明边返照晴。
> 烂醉湖云宿湖寺，不知山月堕江城。②

一个"清"字既是诗眼，也概括了王阳明养病闲居西湖的心境。王阳明在西湖边醉酒，于青林翠壁间兴起淡泊野逸的情怀，不由得想起当初在此修建苏堤的苏轼，感慨自己没有翰藻来书写西湖边的物我相契之乐，仅徒有"诗狂"贺知章般急着离京归乡（出家为道）的情怀。一首七言律诗，将道家心游物外的

---

① （明）王守仁：《寄诸用明》，《王阳明全集》卷四，吴光、钱明编校，上海古籍出版社 2011 年版，第 166 页。束景南修正此书题下"辛未"乃误作，参见束景南：《阳明大传：心的救赎之路》，复旦大学出版社 2020 年版，第 82 页，注释[2]。

② （明）王守仁：《西湖醉中漫书二首》，《王阳明全集》卷十九，吴光、钱明编校，上海古籍出版社 2011 年版，第 736 页。

畅神审美与儒家胸次悠然的狂者之乐融洽无间,在互通的内在精神中独生一份轻狂自由。

虽是山居养病,但此间王阳明时常以酒为伴,"两到浮峰兴转剧,醉眠三日不知还"①。他曾在秋夜徒步爬山,偶遇山中老翁,邀约一同喝酒,对酒高歌相唱酬,阳明却不胜酒力,再次喝醉,干脆随便找块岩石躺下,怡然入睡,酒醒相别而相忘却:

> 山空秋夜静,月明松桧凉。沿溪步月色,溪影摇空苍。
> 山翁隔水语,酒熟呼我尝。褰衣涉溪去,笑引开竹房。
> 谦言值暮夜,盘餐百无将。露华明橘柚,摘献冰盘香。
> 洗盏对酬酢,浩歌入苍茫。醉拂岩石卧,言归遂相忘。②

萍水相逢而举杯相酬,浩歌入苍茫而酒意阑珊,潇洒地拂岩而卧,相忘却,并非王阳明性情凉薄,而是狂者之浪漫在天地间的自然流淌。对于青年阳明来说,人生知己难求,不若与相逢者尽情相醉,短暂地跳脱世间固有法则,随缘得优游处且风流,转眼又相忘于江湖,只取三千弱水中轻快的那一瓢饮,比之伤痛地别离,这样洒脱的胸襟,最是物我两忘、自得其乐的逍遥生活。

王阳明在这一年中,游踪遍布钱塘名刹古寺,有诗记载的便有净慈寺、圣水寺、华严寺、宝界寺、胜果寺、灵隐寺等,他一度产生效仿北宋隐逸诗人林逋定居孤山的念头:

> 灵鹫高林暑气清,天竺石壁雨痕晴。
> 客来湖上逢云起,僧住峰头话月明。
> 世路久知难直道,此身那得尚虚名!
> 移家早定孤山计,种果支茅却易成。③

---

①　(明)王守仁:《又四绝句》,《王阳明全集》卷十九,吴光、钱明编校,上海古籍出版社 2011 年版,第 735 页。

②　(明)王守仁:《夜雨山翁家偶书》,《王阳明全集》卷十九,吴光、钱明编校,上海古籍出版社 2011 年版,第 736 页。

③　(明)王守仁:《西湖》,《王阳明全集》卷二十,吴光、钱明编校,上海古籍出版社 2011 年版,第 831 页。

　　诚如束景南先生所总结，"弘治十五年居阳明洞与十六年居杭，乃阳明陷溺佛、老之高峰期"①，也正是因为这份沉溺的投入，使得他后期对于佛、道的理解既入乎其内，又超乎其外。

　　次年，阳明身体渐复，奉命前往山东主考乡试。初访齐鲁古国、孔孟之乡，在主理完乡试后，王阳明随即拜谒孔子庙与周公庙，并沿着当年苏辙从济南到泰山的老路②登顶泰山。泰山之雄浑壮丽如笼天地之形，令王阳明不经发出"隐约蓬壶树，缥缈扶桑洲。浩歌落青冥，遗响入沧流。唐虞变楚汉，灭没如风沤。藐矣鹤山仙，秦皇岂堪求？"③之感慨，叩问古今风云，天下兴亡，"金砂费日月，颓颜竟难留。吾意在庞古，冷然驭凉飕。相期广成子，太虚显邀游。枯槁向岩谷，黄绮不足俦。"④伫立泰山之巅，在万千思绪冲涌下不禁对道家的归隐与修炼产生犹疑，并将上下求索的壮志转向儒家圣贤孔子，"鲁叟不可作，此意聊自快"，犹言复归孔孟儒学之志。

三、龙场之闲：以敬畏求洒落

　　弘治十七年，王阳明重回京都。已升任兵部主事的王阳明刚离开西翰林，又与李梦阳引领的汉唐诗文复古运动一拍即合，一时间各路名士齐聚京城，"前七子""弘治十才子"荟萃一堂，"吴中四子""湖南五隐""江东三才"群贤毕集，雅集文会纷至沓来，颇有效仿王羲之兰亭集会之风。王阳明颇爱参加这样的诗会结社，所作诗文俨然达到"上国游"的最高峰。然而京中名士多有政治身份背景，一吟一咏中难以仅关风月而全然不论国政，但诗酬结社一旦攀缠上政治就极易招风惹雨，果不其然，王阳明很快也被莫名卷进了朝中纷争。⑤

　　在友人李梦阳因上章下狱后，王阳明也因《乞宥言去权奸以章圣德疏》招来横祸，触怒刚登基的正德皇帝以及宦官势力，遭廷杖恤、囚监牢、谪蛮荒之贵州为龙场驿丞。

　　于贬谪龙场的险途中，王阳明曾数次有借机远循隐居的念头，但终都被家

　　① 束景南：《王阳明年谱长编》卷一叙，上海古籍出版社 2017 年版，第 4 页。
　　② 束景南：《阳明大传：心的救赎之路》，复旦大学出版社 2020 年版，第 223 页。
　　③④ （明）王守仁：《登泰山五首》，《王阳明全集》卷十九，吴光、钱明编校，上海古籍出版社 2011 年版，第 740 页。
　　⑤ 束景南：《阳明大传：心的救赎之路》，复旦大学出版社 2020 年版，第 248 页。

国伦理的责任感阻止，"努力从前哲"①而慷慨赴龙场就任。其实历史上有相当一部分失意儒者在受挫后会将与国家政治的消极合作、对家庭职场逃避作为价值选择，即使不直接遁入道家或佛家，也会改做奉行避世主义的儒者。王阳明在此前便已实现了从仙佛之学到孔孟之学的转变，从弘治十七年以"先自治而后治人也"②主张儒家先反思己弊，到弘治十八年因"缪矣三十年，于今吾始悔"③而支持李梦阳上奏攻讦佛老异端，他已在陈献章白沙心学的引导下与湛若水共倡圣学，悟到抛弃家庭和社会责任的出世行为看似不着相，实则囿于着相，是脆弱而虚无的。人的爱亲之心萌发于孩提时期，是人与生俱来的本性；人若舍弃了亲情，则近乎无以为人。所以王阳明渐悟佛老所追求的出世超凡，不仅无益于社会人心，更不是王阳明自己一心向往的理想境界。

他在《赴谪诗》中表达了以知难而进的豁达姿态重返凡俗世界的超然气度："险夷原不滞胸中，何异浮云过太空。"④诚然，在历史上有周敦颐、陶渊明一般著名的洒脱儒者，生活放旷自适，不受政事约束。然而后世模仿者往往过犹不及，"过度的洒落，是对道德的规范性的瓦解，淡化社会的责任感"⑤，后世诸多看似洒落的"投情于诗酒山水技艺之乐"⑥或"牵溺于嗜好"⑦只是"有待于物以相胜"⑧的自我麻痹，割裂了精神生活与社会责任，通过舍弃外物来换取短暂的内心平静。过度的洒落不仅使真正的对主体的自我认识乃至自我的内在超越难以实现，反而会扼杀人的主体性存在，导致完全弃外绝事，走向其休闲初衷的反面，无法实现生命的真正价值。

据《王阳明年谱》记载：

（明正德）三年戊辰，先生三十七岁，在贵阳。春，至龙场。先生

---

① （明）王守仁：《别友狱中》，《王阳明全集》卷十九，吴光、钱明编校，上海古籍出版社 2011 年版，第 748 页。

② （明）王守仁：《策五道》，《王阳明全集》卷二十二，吴光、钱明编校，上海古籍出版社 2011 年版，第 946 页。

③ （明）王守仁：《书扇赠扬伯》，《王阳明全集》卷十九，吴光、钱明编校，上海古籍出版社 2011 年版，第 745 页。"阳伯"为误作，参见束景南：《阳明大传：心的救赎之路》，复旦大学出版社 2020 年版，第 252 页。

④ （明）王守仁：《赴谪诗五十五首》，《王阳明全集》卷十九，吴光、钱明编校，上海古籍出版社 2011 年版，第 684 页。

⑤ 陈来：《有无之境——王阳明哲学的精神》，生活·读书·新知三联书店 2009 年版，第 276 页。

⑥⑦⑧ （明）王守仁：《答南元善》，《王阳明全集》卷六，吴光、钱明编校，上海古籍出版社 2011 年版，第 234 页。

始悟格物致知。龙场在贵州西北万山丛棘中，蛇虺魍魉，蛊毒瘴疠，与居夷人鴃舌难语，可通语者，皆中土亡命。①

关于龙场悟道，学界一直存在以见之于黄绾②、钱德洪③之记录的顿悟说，和徐爱④、王龙溪⑤之论述的渐悟说，前者强调"心体呈露"的神秘体验⑥，而后者更为强调从渐悟到顿悟的过程，更有逻辑性。试看王阳明自己的总结：

> 守仁早岁业举，溺志词章之习，既乃稍知从事正学，而苦于众说之纷扰疲茶，茫无可入，因求诸老、释，欣然有会于心，以为圣人之学在此矣。然于孔子之教，间相出入，而措之日用，往往缺漏无归；依违往返，且信且疑。其后谪官龙场，居夷处困，动心忍性之余，恍若有悟，体验探求，再更寒暑，证诸五经、四子，沛然若决江河而放诸海也。然后叹圣人之道坦如大路。⑦

王阳明的生命历程促成了他为学宗旨的确立，于中年在龙场悟出"心即理也""万事万物之理不外于吾心""圣人之道，吾性自足"。这是阳明心学成熟的标志，王阳明的人生休闲哲学也在此时达到前所未有的高度。

"圣人之道，吾性自足，向之求理于事物者误也"，成圣之道并无向外获求的门道，只是需要通过工夫将本体的心性显露出来，此点在王阳明的诗文上亦有所流露。在龙场悟道之前，他的诗作涉猎盛缛、情绪饱满丰富，乃至感情落差跌宕时有霄壤之别，或抒发怀才不遇感慨年华流逝，或意气轩昂爽朗豪迈，或求仙问佛低沉避世，往往情随事迁而稍显乖张支离。在龙场悟道之后，他的

---

① （明）钱德洪：《王阳明年谱》，《王阳明全集》卷三十三，吴光、钱明编校，上海古籍出版社 2011 年版，第 1354 页。

② （明）黄绾："一夕忽大悟，踊跃若狂者。"见《阳明先生行状》，收于《王阳明全集》卷三十八，吴光、钱明编校，上海古籍出版社 2011 年版，第 1557 页。

③ （明）钱德洪："痛痹中若有人语者，不觉呼跃、从者皆惊。"见《王阳明年谱》，《王阳明全集》卷三十七，吴光、钱明编校，上海古籍出版社 2011 年版，第 1500 页。

④ （明）徐爱："不知先生居夷三载，处困养静，精一之功固已超入圣域，粹然大中至正之归矣。"见《传习录》上，收于《王阳明全集》卷一，吴光、钱明编校，上海古籍出版社 2011 年版，第 1 页。

⑤ （明）王畿："及居夷三载，动忍增益，始超然有悟于良知之旨，无内外，无精粗，一体浑然，是即所谓未发之中也。"见《阳明先生年谱序》，《王畿集》，吴震编校，凤凰出版社 2007 年版，第 340 页。

⑥ 陈来：《有无之境——王阳明哲学的精神》，北京大学出版社 2013 年版，第 363-364 页。

⑦ （明）王守仁：《朱子晚年定论序》，《王阳明全集》卷三，上海古籍出版社 2011 年版，第 144 页。

诗作别出机杼忽有殊致，一是心态的从容与心境的平和使其写出了较之前期更为空灵悠闲的作品，二是良知超然物外的情怀形成了其诗歌创作的幽默戏谑风格，三是对心灵的重视使其山水咏物诗具有了比原先更突出的主观色彩。① 不难看出，王阳明于龙场悟道后，由内而外在整体上都充盈流露着"曾点之乐"②的闲适境界。

先秦儒家自孔子起普遍崇尚"曾点之乐"，宋明理学继承了这一传统。理学家们曾反复让自己的弟子体会其"乐在何处"以及如何达到这种"乐"的境界。由此，宋明理学中形成了各具代表性的两派人生境界：一派是如周敦颐的无欲故静、陈白沙的自然之乐、程颢的放开心胸，被视为追求"洒落"的境界；另一派是程伊川和朱熹式的庄整齐肃，被看作属于"敬畏"的境界。前者重本体自由呈现，后者重工夫规范落实。事实上，在儒家的生活美学意蕴中，生命的自由体验与生存的合理规范始终成为其内在的张力。孔子的"从心所欲不逾矩"③已蕴含着这种张力，到宋明时期则形成了"敬畏"与"洒落"两种并存乃至对立的闲适境界观。王阳明的心学以一体两面的本体工夫论精致地解决了"敬畏"与"洒落"的矛盾或内在张力，体现了独特的生活美学智慧和"无入而不自得"④的闲适境界。

生活美学观是以内在性反映一种形式的传承，而在这种形式的传承中，"敬畏"与"洒落"之争，实际上已超越政治的兴亡乃至社会思想的变迁而纵贯整个宋明理学的理论史。自宋朝以来，周敦颐的无欲故静、陈白沙的自然之乐、程颢的放开心胸，被视为追求"洒落"的境界；程颐和朱熹不仅以"敬畏"为工夫，更推崇"敬畏"的境界。而当这两个儒学范式发展至明朝时，"表面看来，明代理学的基本问题是'本体'与'工夫'，本体指心（或性）的本然之体，工夫指精神实践的具体方法；而在本质上，本体工夫之辩的境界含义是敬畏与洒落之争，这正是我们把握明代理学的内在线索"⑤。

所以，王守仁的悟道正是悟出朱学之非的心学本体工夫论之悟，在本体论上，王守仁把被朱熹释为"穷理"（理在物中）的"格物"重新阐释为"正心"（心在

---

① 左东岭：《龙场悟道与王阳明诗歌体貌的转变》，《文学评论》2013年第2期，第19页。
② 《论语先进》记载，孔子让弟子们各言其志，曾点对曰："莫（暮）春者，春服既成，冠者五六人，童子六七人，浴乎沂，风乎舞雩，咏而归。"夫子喟然叹曰："吾与点也！"
③ （宋）朱熹：《四书章句集注·论语集注》，商务印书馆1983年版，第91页。
④ （明）王守仁：《答舒国用》，《王阳明全集》卷五，上海古籍出版社2011年版，第211页。
⑤ 陈来：《有无之境——王阳明哲学的精神》，北京大学出版社2013年版，第11页。

物中),讲"心物合一"①;在工夫论上,王守仁反对程朱理学"涵养须用敬,进学则在致知"②的知行分离,提出"知行合一"③。如果在工夫论上,阳明对朱熹的始循终越是缘于对其析理心为二的不满,那么在本体工夫论上,阳明对"敬畏"的超越是缘于其对"乐为心之本体……悦则本体渐复矣"④的体认。王阳明自此以"敬畏"与"洒落"合一为中介点,将出世和入世的两端打通为一体,宣告一种易简直截的"心具万理,知行合一"心学本体工夫论体系的诞生。⑤

阳明在悟道后所作的《君子亭记》,通过赞美环亭以植的翠竹来抒发君子之道。在他看来,对竹子的喜爱既是审美之情,也是向善之情,即所谓的人格自然化与自然人格化的结合。虚而有节的竹子亦可以用来比拟"敬畏"与"洒落"合一的辩证关系:竹子"中虚而静"的"洒落"利于容纳新鲜事物和自由快速生长,同时也"外节而直",坚硬的外壳知道生长的边界在哪里,又是"敬畏"之道的践行,分寸知止而"出入无所不宜""遇屯而不慑,处困而能亨"⑥,由此"洒落"与"敬畏"的辩证统一即成为"从心所欲不逾矩"的人生之境。这是儒道兼综、孔庄并重的人生之境,是世人向往的洒落悠然又敬畏知止的自得境界。

在王阳明的心学视域里,"洒落"与"敬畏"并不是截然割裂或者互相否定排斥的,而是辩证的一体两面,两者相辅相成,有内在统一性,是谓"洒落为吾心之体,敬畏为洒落之功"⑦。"洒落"在一定程度上代表了审美生活的自由与愉悦,而"敬畏"在一定程度上代表了生活审美的道德要求和准则,洒落与敬畏的统一使主体兼具道德理性与情感自由,"以敬畏求洒落"是以"礼"达"乐"、以"敬"求"自然"的闲适境界的修炼过程。"我们可能无法绝对地左右物质世界,但我们可以通过对心灵的自由调节获得自由的心灵空间,进入理想的人生境界。"⑧因此,在圆成生命境界方面,即使困境也无法阻止主体休闲自在的精神体验与生活境界的实现。

---

① 束景南:《阳明大传:心的救赎之路》,复旦大学出版社 2020 年版,第 429 页。

② (宋)程颢:《二程遗书》卷十八,《二程集》,中华书局 1981 年版,第 11 页。

③ (明)钱德洪:《王阳明年谱》,收于《王阳明全集》卷三十三,上海古籍出版社 2011 年版,第 1354 页。

④⑦ (明)王守仁:《答舒国用》,《王阳明全集》卷五,上海古籍出版社 2011 年版,第 216 页、第 212 页。

⑤ 束景南:《阳明大传:心的救赎之路》,复旦大学出版社 2020 年版,第 429 页。

⑥ (明)王守仁:《君子亭记》,《王阳明全集》卷二十三,上海古籍出版社 2011 年版,第 982 页。

⑧ 潘立勇:《审美与休闲——自在生命的自由体验》,《浙江大学学报(人文社科版)》2005 年第 6 期,第 10 页。

王阳明命途偃蹇困顿，壮志未酬却削罚并加，罪谪龙场，投荒万里，当家仆随从皆因不适应贵州的恶劣环境而病倒，王阳明却能舒朗率性处之，不仅保持休闲与审美实践活动譬若写作、弹琴、下棋、旅游等一如往常，而且坦然地亲自析薪取水、作糜为饲①，照顾服侍起生病的仆人，还用诙谐的方式教导仆人用唱诗吟诗来愉悦休闲的心境，驱散郁结。王阳明甚至主动躬耕务农、向夷族推广华夏农耕法，又在农闲之余交友讲学，"讲习有真乐，谈笑无俗流"②，乃至"亦忘予之夷居也"③。在这种境界下，主体与当下的行为、环境融为一体，呈现出一种自然和乐的状态，这种对生命的解放并不是无视或虚化现实中的忧与苦，而是一种心境平衡的、通过向内求而得对人生困境的自由超越之体验，因而越是苦难越能坚定地拥抱生活、真实地面向自我生命，实现本体工夫境界的同一④，这堪称传统儒学独特休闲智慧的经典展示。

从心学的视域下观照，龙场悟道得出"圣人之道"是人之本性所完全具备的，而其中所言的"吾性"之"性"，亦可以作"本心"来解，尽管当时阳明还未将"性"或"本心"称为"良知"，但实际上就是阳明后来拈出的"良知"。阳明由此以其本体与工夫合一的理论智慧，很好地解决了先秦以来儒家生活审美哲学中二元对立的问题，并开始走向探索敬畏与洒落合一的闲适境界。

第三节　但得此身闲，尘寰亦蓬岛
（正德五年至嘉靖七年）

一、有为而游："闲云流水亦何心"

王阳明在龙场的悟道经历，已然表明王阳明之闲适境界的生成性，由此，王阳明的生活美学智慧随着其生存处境的变化而逐步圆熟，且充分展开与阳明思想其他方面的对照。

公元 1510 年（正德五年），京城政治陡变，王阳明由此结束三年边陲流放生活，前往庐陵出任县令。

---

① 钱穆：《阳明学述要》，九州出版社 2010 年版，第 44 页。
② （明）王守仁：《诸生夜坐》，《王阳明全集》卷十九，上海古籍出版社 2011 年版，第 773 页。
③ （明）王守仁：《何陋轩记》，《王阳明全集》卷二十三，上海古籍出版社 2011 年版，第 982 页。
④ 潘立勇：《宋明理学休闲审美哲学的内在张力》，《文艺研究》2022 年第 4 期，第 11 页。

此时的王阳明已几经辗转朝廷台阁、地方官场、京城文坛、各地梵刹洞天，足迹遍布从膏腴之地到穷山恶水的大半个中国，亲身体味社会各个阶层的不同生活。这些真切的经验与阅历，伴着他不断深化的思考与日渐欠安的身体，都在赴任的路上，赋予沿途美景名胜一种历经沧桑又恬淡闲适的意味：

> 江日熙熙春睡醒，江云飞尽楚山青。
> 闲观物态皆生意，静悟天机入窅冥。
> 道在险夷随地乐，心忘鱼鸟自流形。
> 未须更觅羲唐事，一曲沧浪击壤听。①

　　春日午睡乍醒，神清气爽，怡情悦性，观山玩水，不经畅怀以休闲之心观物养生、沉浸无我的审美境界。"闲观物态皆生意"之句化用程颢"万物静观皆自得"的理学观，但又注入了阳明心学新解。"生意"既是万物存在的本体状态，更是主体心灵投射的审美意象。王阳明所强调的"心外无物"之理，于此处通过"闲观"这一审美直观，实现了主体心性与宇宙生机的同构。

　　诗中"闲观"与"静悟"则构成一种动静辩证的审美观照方式，王阳明在龙场悟道后的哲学突破中，将"静悟"作为体认天理的核心方法。"窅冥"既是道家追求的玄远之境，更是心学"未发之中"的本体状态。这种对天机的把握，突破了朱熹"即物穷理"的认知模式，转向内在心体的澄明觉照。这种审美体验既不同于禅宗的空寂之境，也异于理学的格物致知，而是主体在良知朗照下的生命直观。

　　"道在险夷随地乐"句则结合了王阳明被贬谪龙场的生存体验，凸显"随处体认天理"的实践智慧。正如王阳明在《瘗旅文》中所言"险夷原不滞胸中"，将道从形而上的抽象理念转化为具体生存境遇中的生命体验。王阳明在此处竟然把"险"纳入了审美范畴，完全突破了传统儒家"乐山乐水"的雅正审美范式。王阳明此处将"险夷"转化为"随地乐"的生命闲适境界，标志着明代士人从"兼济天下"的外向追求转向"发明本心"的内在超越。事实上，这意味着明代士人主体的精神重构。

　　王阳明在诗句中将"窅冥"（道家）、"生意"（理学）、"流形"（易学）等意象熔铸整合于心学的诗性表达。在物态生意与天机窅冥的往复观照中，王阳明不

仅构建了心学美学的典范形态，更开辟了儒家精神新的审美向度——在日用伦常中证悟道体，在生命困境中成就圣境，这恰是阳明之生活美学超越性的诗意显现。面对程朱理学日趋僵化的思想危机，王阳明通过在诗中以"静悟"替代"格物"，以"心体"超越"天理"，于美学意义上尝试儒学内部的方法论迭代。

细读《睡起写怀》这鸢飞鱼跃般的洒脱诗句，其间竟又窥见一丝苦涩心语：言为心声。王阳明一连引用"沧浪"与"击壤"两个典故，流露了渴望世事太平以得致仕归隐的想法。王阳明在庐陵尽心治理，不久便囹圄日清①，风气一新，随即升调回京。彼时京城官场波谲云诡，尽管王阳明返京后仕途顺畅，一路于正德七年位升"九卿"，但昔日官场朋僚的离散②却已坚定了他的离京返乡之心。

王阳明在事功显赫的同时，也是一个非常关心家庭的人。他与家人书信往来繁多，对家族事无巨细地体恤入微。此间与家人通信中，他已多次感慨身体状况不佳，并着手安排家中置业。③ 于是趁着南行任职南京太仆寺少卿④的机会，他请假回乡省亲，回到了离开整整六年的故乡。

王阳明平生酷爱山水，方才归家，便立马计划与好友门人同游四明山水，在游玩中探讨学理⑤，也难怪学生都说他"风月为朋，山水成癖"⑥了。四明山之行因等候友人黄绾而延至初夏，最终与徐爱等人成行，其中《四明观白水二首》最能体现王阳明这一时期的生活观与审美观：

> 千丈飞流舞白鸾，碧潭倒影镜中看。
> 藤萝半壁云烟湿，殿角长年风雨寒。
> 野性从来山水癖，直躬更觉世途难。

---

① （明）钱德洪：《王阳明年谱》，收于《王阳明全集》卷三十三，吴光、钱明编校，上海古籍出版社2011年版，第1362页。

② 如林俊、李东阳于正德七年接连辞职致仕。

③ 参见（明）王守仁：《寓都下上大人书》，收于束景南：《阳明佚文辑考编年》，上海古籍出版社2012年版，第314页；王守仁：《上大人书》，收于束景南：《阳明佚文辑考编年》，上海古籍出版社2012年版，第346页。

④ 南京太仆寺，隶属兵部，管理马政，机构地址设在滁州。

⑤ 《年谱》正德八年："先生兹游虽为山水，实注念爱、绾二子，盖先生点化同志，多得之登游山水间也。"（明）钱德洪：《王阳明年谱》，收于《王阳明全集》卷三十三，吴光、钱明编校，上海古籍出版社2011年版，第1363页。

⑥ （明）栾惠等：《门人祭文》，收于《王阳明全集》卷三十八，吴光、钱明编校，上海古籍出版社2011年版，第1363页。

卜居断拟如周叔，高卧无劳比谢安。①

诗中飞瀑美景灵动而流露出淡淡忧思，"半壁云烟湿"与"长年风雨寒"尤寓自身坎坷经历；人生多艰，难免惆怅，"野性从来山水癖，直躬更觉世途难"的感慨亦仅是警示自己直面现实，更多地以自然宇宙的平常心来对待人生。尾联以周伯夷、叔齐隐居采薇而饿，与谢安屡辞辟命、赋闲绍兴的典故隐喻自己身为朝廷重臣，在乱世中不愿同流合污而进退两难的矛盾处境，亦有心怀隐居故乡山水之意，同时，也寄予了对门生的希冀。

在四明山白水瀑布向西北远眺，可望见秦望山，十二年前，也就是王阳明27岁（公元1498年，弘治十一年）春夏之际时，恰与友人同游秦望山，写有《登秦望用壁间韵》一诗：

秦望独出万山雄，萦纡鸟道盘苍空；
飞来百道泻碧玉，翠壁千仞削古铜。
久雨初晴真可喜，山灵于我岂无以；
初疑步入画图中，岂知身在青云里。
蓬岛茫茫几万重，此地犹传望祖龙；
仙舟一去竟不返，断碑千古原无踪。
北望稽山怀禹迹，却叹秦皇为渐色；
落日凄风结晚愁，归云半掩春湖碧。
便欲峰头拂石眠，吊古伤今益黯然；
未暇长卿哀二世，且续苏君观海篇。
长啸归来景渐促，山鸟山花吟不足；
夜深风雨过溪来，小榻寒灯卧僧屋。②

将两首山水诗对照欣赏，那位曾经指点江山、放意肆志的青年王阳明已经了无踪迹。曾经的青年王阳明时常吊古伤今，抒发匡扶贤君平治天下的普世情怀，还时在诗词中自比苏轼李白，充盈着自强乐观的审美基调与征服大自然

① （明）王守仁：《四明观白水二首》，《王阳明全集》卷二十，吴光、钱明编校，上海古籍出版社2011年版，第800页。

② （明）王守仁：《登秦望用壁间韵》，束景南、查明昊辑编，《王阳明全集（补编）》，上海古籍出版社2018年版，第4页。

的力度感。而如今,已经游遍大半江山,对军事边防、政治时局、诗词书画、九流三教均有涉猎的王阳明,将重心聚焦在心学的研究中,已融通老庄佛禅精义而追求纯儒心灵世界的澄明,观照山水自然中呈现的是"静"与"清"、"敬畏"与"洒落"的审美情趣,寻求心灵的平静与自适的人生,借洒脱飘逸的山水之情,抒自足适意的归隐之意。

岁月虽然抹去了王阳明的青涩,却将他的赤子之心磨砺得越发光亮,他已不再计较宦海沉浮的得失,而是希望将更多的精力用于探索心学的奥妙,把时间用于精神追求上。

在故乡借山水舒缓了他饱经现实洗礼的疲惫后,王阳明赴任滁州太仆寺少卿。用门生钱德洪的话来说:"滁山水佳胜,先生督马政,地僻官闲,日与门人遨游琅琊、瀼泉间。月夕则环龙潭而坐者数百人,歌声振山谷。诸生随地请正,踊跃歌舞。旧学之士皆日来臻。于是从游之众自滁始。"①王阳明在督马政工作之余有大量富余的时间交友论学,新旧学生在滁州汇聚一堂,"山水清远,胜事闲旷,诚有足乐者"②。

钱明曾敏锐地发现阳明在《传习录》上卷比较强调"心上工夫",而在《传习录》下卷却转而重视"事上工夫"③;这个思想转变与在滁阳期间王阳明"只把山游作课程"④的授学经历直接相关。

王阳明在龙场之后,已把静坐(默坐澄心以体认天理)视为自我践行知行合一的一种重要的实践工夫,所以在滁州讲学中时常教学生静坐之法,还多次亲自组织诸生去琅琊山水名胜间静坐体悟。然而学子们"渐有喜静厌动,流入枯槁之病。或务为玄解妙觉,动人听闻"⑤,多有南辕北辙流入空虚之弊,矫枉过正地仅从静处之中去体味,忽视动处之中的磨炼(日常生活)。这让阳明意识到陆学静坐工夫论框架的潜在问题,所以他立马改教"学问思辨而笃行之"⑥与静坐的结合,以克服枯玄空悟的静坐之弊,"良知"与"致良知"思想的发端从此时开启。

在滁州还未满半年,阳明又升任南京鸿胪寺卿,这亦是一个闲职。传道东

① (明)钱德洪:《王阳明年谱》,收于《王阳明全集》卷三十三,上海古籍出版社 2011 年版,第1363 页。

② (明)王守仁:《与黄宗贤》书三,《王阳明全集》卷四,上海古籍出版社 2011 年版,第 169 页。

③ 钱明:《阳明学的形成与发展》,上海古籍出版社 2002 年版,第 125-126 页。

④ (明)王守仁:《龙蟠山中用韵》,《王阳明全集》卷二十,上海古籍出版社 2011 年版,第 803 页。

⑤ (明)王守仁:《传习录下》,《王阳明全集》卷三,上海古籍出版社 2011 年版,第 119 页。

⑥ (明)王守仁:《赠郭善甫归省序》,《王阳明全集》卷七,上海古籍出版社 2011 年版,第 265 页。

南的这几年，是他的又一诗词创作高峰。在两地就任之时，他把淡泊休闲之诗写得格外清丽，可见其闲适自得的心境。如在滁州所作"鸣鸟游丝俱自得，闲云流水亦何心"①的《山中示诸生五首（其一）》，又如在南京所作"人间白日醒犹睡，老子山中睡却醒。醒睡两非还两是，溪云漠漠水泠泠"②的《山中懒睡四首》，他笔下的自然总是安静而不失灵韵，乍见犹有王维唐诗中的禅味，而其内容又饱富哲理，涵括现实人生与宇宙之思，足见王阳明对"心"与"物"以及"有"与"无"的审美把握。这一时期他终于过上了梦寐以求的休闲生活，在政务之余，他的生活一方面是与家人亲友交往、诗酒书画、游山玩水；另一方面是讲学收徒、探索儒学、逐步明确自己的儒学主张。这三年闲适安逸、家属团聚、友朋众多、门生云集③的生活促成了王阳明在学术思想上的诸多建树，他本已考虑就此致仕，却被任命驱往赣南平息叛乱，迎接更多现实的考验历练。

二、江西时期："每逢山水地，便有卜居心"

公元 1517 年（正德十二年），王阳明抵达赣州，用两个月时间平定寇乱，充分展现了其早年积累的军事才能。当时南赣人民因灾荒苛税而不得已反叛，王阳明对当地百姓的艰难生活与战争的风险，有着清醒认知与同理心，所以他的军事思想是速战速决与安抚民众并行，重视让百姓休养生息，这与他在贵州龙场亲务农事的经历不无关系。王阳明在对待农业的态度上与孔子迥异，他不仅重视农业农民，更希望归隐田园，当他在平乱兵戈之际得知学生徐爱在湖州购置农田，期待他退隐后一齐隐居田间时，开心又激动地一口气挥毫而就两首《闻曰仁买田霅上携同志待予归》，其中一首诗言道："山人久有归农兴，犹向千峰夜度兵。"④阳明借这一句诗表达了对摆脱官场事务躬耕垄田的向往和使命在身的家国责任与疲惫无奈。

王阳明的羁鸟故林之想，非独源于晚明宦海浮沉的困局与士林理想的幻灭，更蕴含着三重生命境遇的交响——庙堂倾轧下道统的持守、病体支离中对

---

① （明）王守仁：《山中示诸生五首》，《王阳明全集》卷二十，上海古籍出版社 2011 年版，第 805 页。

② （明）王守仁：《山中懒睡四首》，《王阳明全集》卷二十，上海古籍出版社 2011 年版，第 811 页。

③ 李庆：《王阳明传：十五、十六世纪中国政治史、思想史的聚焦点》，上海古籍出版社 2021 年版，第 311 页。

④ （明）王守仁：《闻曰仁买田霅上携同志待予归二首》，《王阳明全集》卷二十，上海古籍出版社 2011 年版，第 811 页。

自然的渴慕,更有一种传承自孔子"用舍行藏"①的生活态度自觉。这种进退自如的生存哲学,正如他在《啾啾吟》中化用颜子典故所言:"用之则行舍即休,此身浩荡浮虚舟。"诚然,王阳明的隐逸闲居精神是理解其心法的一个重要因子,他天性好山水,所谓"山水平生是课程"②,细究阳明先生的隐逸精神,实为参悟心学真谛的重要锁钥。在繁忙颠沛的一生中,每逢山水必登临,是他自幼年就一贯保持的兴趣爱好,他时常沉醉于自然之中陶然忘机,可谓一生在公务之余穿插式地进行隐逸闲居。他后来也在《思归轩赋》中解释道:

> 夫退身以全节,大知也;敛德以亨道,大时也;怡神养性以游于造物,大熙也,又夫子之夙期也。③

《思归轩赋》所言"退身全节""敛德亨道""游于造物"三重境界,恰如三棱镜般折射出儒者隐逸观的精微光谱:既含明哲保身的处世智慧,亦蕴天人合一的修行法门,更寄寓着超越俗尘的精神追求。

值得深思的是,王阳明始终怀抱以道治世的淑世热忱。他虽栖身林壑,却与门人弦歌不辍,在讲学论道中构筑起比仕途更广阔的经世图景。王阳明此阶段,非常期待与门生一同在儒学上有所深研,进而以道治心治世,比在仕途中承担更大的社会责任。这种独特的隐逸范式,既承续着孔门"用之则行,舍之则藏"的智者风范,又在心性维度开拓出新境——当山水不再是逃避现实的屏障,而成为涵养圣贤气象的沃土,隐逸便升华为一种更具建设性的精神实践。

然而,天违人愿,在王阳明鞍马劳顿之际,他最喜爱的学生徐爱去世了。徐爱不仅是王阳明最志同道合的朋友,也是他的妹婿。两人在几月前还相约平定战事后共归田里,而今倏然阴阳相隔。王阳明感慨生命短暂,悲痛到数日不能进食,最后化悲痛为决心:

---

① 《论语·第七章·述而篇》记载,子谓颜渊曰:"用之则行,舍之则藏,唯我与尔有是夫!"王阳明曾作文化用此典故曰:"用之则行舍即休,此身浩荡浮虚舟。"参见(明)王守仁:《啾啾吟》,《王阳明全集》卷二十,上海古籍出版社 2011 年版,第 863 页。

② (明)王守仁:《再至阳明别洞和邢太守韵二首》,《王阳明全集》卷二十,上海古籍出版社 2011 年版,第 828 页。

③ (明)王守仁:《思归轩赋》,《王阳明全集》卷十九,上海古籍出版社 2011 年版,第 731 页。

　　纵举世不以予为然者，亦且乐而忘其死，惟百世以俟圣人而不惑耳。①

　　王阳明利用征战间隙，争分夺秒讲学论道，汇集编纂《朱子晚年定论》《大学古本傍释》《传习录》三部刊本，"实现了对自己生平学问思想的一次'简易广大'的总结，记录下了他前半生思想探索前进的心路历程"②。此前，王阳明曾在安顿自我生命的闲居与挽救时代的危机这两者间挣扎选择，徐爱之死使他坚定了不在官场琐事上浪费生命的取向，将两个看似矛盾的选择合而为一，力求归隐讲学求道以担负儒者救世的责任。

　　在江西期间，王阳明屡屡向朝廷提交辞呈，从公元 1518 年（正德十三年）的《乞休致疏》，到次年《乞放归田里疏》的"且臣比年以来，百病交攻；近因驱驰贼垒，瘴毒侵陵，呕吐潮热，肌骨羸削；或时昏眩，偃几仆地，竟日不惺，手足麻痹，已成废人……放臣暂归田里，就医调治。倘存余喘，尚有报国之日"③。又公元 1520 年（正德十五年），于《水灾自劾疏》上书：

　　且臣忧悸之余，百病交作，尪羸衰眊，视息仅存。④

在《四乞省葬疏》恳求：

　　臣旦暮惶惶，延颈以待，内积悲病之郁，外遭窘局之苦，新患交乘，旧病弥笃，方寸既乱，神气益昏，目眩耳聩，一切世事皆如梦寐。今虽抑情强处，不过闭门伏枕，呻吟喘息而已。岂能供职尽分，为陛下巡抚一方乎？⑤

---

　　① （明）王守仁：《祭徐曰仁文》，《王阳明全集》卷二十五，吴光、钱明编校，上海古籍出版社 2011 年版，第 1052 页。

　　② 束景南：《阳明大传：心的救赎之路》，复旦大学出版社 2020 年版，第 884 页。

　　③ （明）王守仁：《乞放归田里疏》，《王阳明全集》卷十一，吴光、钱明编校，上海古籍出版社 2011 年版，第 432 页。

　　④ （明）王守仁：《水灾自劾疏》，《王阳明全集》卷十三，吴光、钱明编校，上海古籍出版社 2011 年版，第 478 页。

　　⑤ （明）王守仁：《四乞省葬疏》，《王阳明全集》卷十三，吴光、钱明编校，上海古籍出版社 2011 年版，第 484 页。

　　王阳明向来是刚硬坚强之人，也一直以治国平天下为自己的信条，然而这连续三年疏乞致仕，语气如泣如诉，显见其病痛之重，亟待就医调治。王阳明不仅没有因为疾病而懈怠国家任务，还在考虑要坚持到国家派出合适人选接任，以免耽误大事。归隐之于王阳明，确实不是一时的情感冲动，也不是随意出口的门面话，而是他所选择的人生道路的最终解决方案，是他反复思考、仔细斟酌的成熟想法。①

　　但王阳明已然深陷官场漩涡激流，不仅无法如愿退隐，还在连立平赣、平藩之功后遭遇攻讦诬陷，一时人心惶惶，谣言四起：

　　　　或来先生家私籍其产宇丁畜，若将抄没之为。姻族皆震撼，莫知
　　所出。②

　　如此压力下阳明也曾有过"此时若有一孔可以窃父而逃，吾亦终身长往不悔矣"③的逃避现实念头，但正如他之前与学生在书信中总结的，良知学的工夫精要在于"居常无所见，惟当利害，经变故，遭屈辱，平时愤怒者到此能不愤怒，忧惶失措者到此能不忧惶失措"④。人生很多时候，本质上就是在可控与不可控之间寻找一种平衡，君子无法也不会对命运做过多的抱怨或者担忧，只是做好当下所应当去做的事，过好当下，安之若素，即所谓"君子素其位而行，不愿乎其外"⑤。君子素位而行是源自《中庸》的古老智慧，至王阳明处已然锻炼为一种如"金之在冶"⑥的心上工夫，通过认识自身处境，从内心接纳挫折，停止埋怨等负面联想，不自乱阵脚，通过自己的行为和环境之间达到融合，进而在这个环境中获得生存的安宁⑦，由此将苦难作为人生升华的契机，从而达到"无入而不自得"⑧的境界。

　　随着王阳明进一步建立完善自己的学说，他已然成为众矢之的：从正德十五年至嘉靖三年，王阳明在与门徒友人书信、吟咏唱酬中有提及自己当时的消

---

　　①　左东岭：《王学与中晚明士人心态》，人民文学出版社 2000 年版，第 251 页。

　　②　（明）陆深：《海日先生行状》，收于《王阳明全集》卷三十八，上海古籍出版社 2011 年版，第 1545 页。

　　③　（明）钱德洪：《王阳明年谱二》，收于《王阳明全集》卷三十四，上海古籍出版社 2011 年版，第 1402 页。

　　④⑤⑥　（明）王守仁：《与王纯甫》，《王阳明全集》卷四，上海古籍出版社 2011 年版，第 173 页。

　　⑦　何善蒙：《心学的精神价值：活泼泼的生活世界》，《浙江社会科学》2017 年第 3 期，第 93 页。

　　⑧　（明）王守仁：《与王纯甫》，《王阳明全集》卷四，上海古籍出版社 2011 年版，第 173 页。

极情绪与心理状态：

> 夫众方嘻嘻之中，而犹出涕嗟，若举世恬然以趋，而独疾首蹙额
> 以为忧，此其非病狂丧心，殆必诚有大苦者隐于其中，而非天下之至
> 仁，其孰能察之。①

《答罗整庵少宰书》中的字字句句如泣如诉，可见王阳明之哀伤无奈；而公元 1523 年（嘉靖二年）的南宫策士，当朝竟以心学为题目，用意引导士子群起攻击王阳明的心学理论。

但这些恶劣的环境与不幸的遭遇并未困住阳明，他在这段时间里以素位为途履践"常快活"②的工夫，辅以日常静坐息心与讲学交游，和朝中"大礼议"的争论保持距离。正如余英时先生感慨阳明"顿悟以后对于朝政大体出之于缄默"③。此间阳明秉持"典礼已成，当事者未必能改，言之徒益纷争"④，不参与、不公开表态、不议论；一边远离云谲波诡的朝政，一边思考着更为本质的问题，这不仅让王阳明对"人心"这一儒家经典命题有了更多的实际体验，更是切磋砥砺磨成其所追求之闲适境界的进一步成熟。

三、晚年居越之闲：从"致良知"到"四句教"

王阳明期望解决的，是士人在险恶的现实境遇中如何保持心境的平静，并怡然有效地担负儒者的社会责任⑤的问题，是如何在各种境遇中均可达到无入而不自得的从容境界⑥的问题。

到公元 1524 年（嘉靖三年），朝廷中批判阳明的声音渐弱，外在政治环境渐善亦是王守仁工夫明效的体现。悟出"致良知"之道后，王阳明尽管身体日渐羸弱，但精神反倒日益快活，他不再去遮掩良知真理，每日除了放情山水，就是谈学明道。

---

① （明）王守仁：《答罗整庵少宰书》，《王阳明全集》卷二，吴光、钱明编校，上海古籍出版社 2011 年版，第 88 页。

② （明）王守仁：《传习录下》，《王阳明全集》卷三，吴光、钱明编校，上海古籍出版社 2011 年版，第 107 页。

③ （美）余英时：《宋明理学与政治文化》，吉林出版集团 2008 年版，第 185 页。

④ （明）王守仁：《与霍兀厓宫端》，《王阳明全集》卷二十一，吴光、钱明编校，上海古籍出版社 2011 年版，第 918 页。

⑤⑥ 左东岭：《王学与中晚明士人心态》，人民文学出版社 2000 年版，第 263 页、第 264 页。

恰逢中秋碧月当空，王阳明宴请宾客门生百余人，歌诗诵雅，讲学论道，大阐良知之理，一派当年孔子风乎舞雩咏而归(《论语·侍坐》)的风情，乃至规模气象更甚，丝竹轻扬，投壶击鼓，酒酣泛舟，史称碧霞池(天泉桥)之宴。觥筹交错间，王阳明兴致高昂，临席赋诗：

> 万里中秋月正晴，四山云霭忽然生。须臾浊雾随风散，依旧青天此月明。肯信良知原不昧，从他外物岂能撄！老夫今夜狂歌发，化作钧天满太清。
>
> 处处中秋此月明，不知何处亦群英？须怜绝学经千载，莫负男儿过一生！影响尚疑朱仲晦，支离羞作郑康成。铿然舍瑟春风里，点也虽狂得我情。[①]

王阳明将良知比作夜空中的一轮明月，通过一个简单的道理：月亮的光明无法被云雾遮掩，反而是云雾经风吹散后，会使明月更加显露皎洁光明之本色，来教育学生坚守良知自性，要将良知学"化作钧天满太清"般地向世人传播，不要像朱熹或者郑玄一般制云造物，将学问做得或朦胧糊涂或支离破碎，庸庸琐琐辜负了一生。

王阳明欣赏曾点在春风中漫步而歌的狂者胸次，崇尚孔子的教义，坚信良知之学是承接千古圣学的真脉。在他看来，龙场悟道得出的敬畏与洒落合一闲适境界，就是良知与人的行为完全能够与合一(知行合一)所获得的从容、自得的人生愉悦状态，即孔子所谓"七十而从心所欲不逾矩"(《论语·为政》)之闲适境界。他对"乐"推崇备至，在给黄勉之的信中他说：

> 乐是心之本体。仁人之心，以天地万物为一体……时习者，求复此心之本体也。悦则本体渐复矣……时习之要，只是谨独。谨独即是致良知。良知即是乐之本体。[②]

良知是乐的本体，良知的充实是真正意义上的美，从这个意义上说，致良知就是一个寻找快乐、获得生命之美的过程。

---

① （明）王守仁：《月夜二首》，《王阳明全集》卷二十，上海古籍出版社2011年版，第86页。

② （明）王守仁：《与黄勉之二》，《王阳明全集》卷五，上海古籍出版社2011年版，第215页。

　　王阳明在江右时期，一直以致良知为教学方法。他认为"须要时时用致良知的功夫，方才活泼泼地"①，而其中的"致"是一个包含相反相成两个作用力的着力点。

　　一是，在认知上扩充善端，"夫学、问、思、辨、笃行之功，虽其困勉至于人一己百，而扩充之极，至于尽性知天，亦不过致吾心之良知而已"②，以天地万物为一体，在世间形成善的良性循环。另一则是，在实践上格物克己，"君子之学，为己之学也。为己故必克己，克己则无己。无己者，无我也。世之学者执其自私自利之心，而自任以为为己；淬焉入于隳堕断灭之中"③，即格去不正以归于正。用现代哲学的思维进行理解，一是在道德认知上使自我扩充增大；另一则是在道德实践上使我小至于无。尽管王阳明强调"知之真切笃实处即是行，行之明觉精察即是知"④的知行合一，但致良知为教辅手段的表达方法不仅有知行分裂的风险，还略显束缚死板，缺乏弹性。

　　所以，王阳明归越以来在努力思索总结的，是如何灵活生动地将这种人生哲理的体悟传达给学生乃至世人，以让这样的实践改善时风。

　　王阳明所面临的，不仅是解决自我人生难题以达超越境界的问题，还有探索一种易于学习、富含包容性的教法的问题，这就是"四句教"得以提出的生活背景。在王阳明看来，对于本心上根者，本体便是工夫，只需洒落进入本然之心便可进入本真的状态，是为顿悟之学；对于中根以下者，须用为善去恶工夫，以渐复其本体，通过"格物"从中介入，是为渐悟之学。"四句教"与致良知在实际上是对同一种哲学主张的两种不同教学方法⑤，在必要的时候可以互为补充。

　　个体的生活世界实质上便是个体本身之心灵状态或其精神世界的对象化展开形态⑥，王阳明的学生薛侃苦于每日需要除去花间的野草，遂感慨世上善难培养、恶易滋生，与王阳明展开一段学问之辩。阳明解释道：当你想赏花时，那花就是所谓的善，草就是所谓的恶。倘若某日你想拥有一个草坪，那这花便成了恶，草便成了善。这善恶都是由你以自我为中心的私心而生，其实世间万

① （明）王守仁：《传习录下》，《王阳明全集》卷三，上海古籍出版社 2011 年版，第 117 页。

② （明）王守仁：《答顾东桥书》，《王阳明全集》卷二，上海古籍出版社 2011 年版，第 52 页。

③ （明）王守仁：《书王嘉秀请益卷》，《王阳明全集》卷八，上海古籍出版社 2011 年版，第 302 页。

④ （明）王守仁：《答顾东桥书》，《王阳明全集》卷二，上海古籍出版社 2011 年版，第 52 页。

⑤ 左东岭：《王学与中晚明士人心态》，人民文学出版社 2000 年版，第 185 页。

⑥ 董平：《王阳明的生活世界》，中国人民大学出版社 2009 年版，第 234 页。

物和花草在本质上都一样，哪有善恶之分呢？所谓宜去则去、宜留则留，无论去留，"无所住而生其心"①，只要做到凡事不累于心，使"良知之体皎如明镜"②，人世间又有何事能妨碍快乐的心境？

王阳明的生活世界是良知打开的世界，王阳明的闲适境界是良知无处不致的自得境界。换言之，倘若用西方的话语理解，即休闲是：

> 能容纳一切事物的人所具有的精神状态，不是那些紧紧抓住东西不放的人的精神状态，而是那些轻松自如并淡然处事的人的精神状态。③

从正德十六年至嘉靖六年(1527)，王阳明有六年时间赋闲越城，这也是他生命中留居越城时间最长的一次。此间，他授徒论学、纵情山水、洒落疏朗、旷达超迈，在故乡得闲、化理、传道、心安，这可谓王阳明闲适境界最为圆熟之时，亦是他思想最终大成之时。

王阳明平日里的书信往来，多在探讨治学心得，然而到了晚年，他开始越来越多地在信件中向亲友提及自己病痛缠身的境况。

尽管痼疾日甚一日地折磨着这位垂暮的哲人，他却不得不抱病受命，踏上征途，远赴思田。

在行军征途中，王阳明上疏朝廷的一封封引退请辞，有如石沉大海，杳无回音。

终究，一代哲人，客死于途中，留下了令人扼腕的遗憾。

第四节　小　结

明末黄宗羲曾将王阳明人生观和哲学思想的形成与发展变化概述为"前、后三变"：

> 先生(王守仁)之学，始泛滥于词章，继而遍读考亭之书，循序格

---

① ②　(明)王守仁：《答陆原静书》，《王阳明全集》卷二，上海古籍出版社 2011 年版，第 79 页。

③　(美)托马斯·古德尔，杰弗瑞·戈比：《人类思想史中的休闲》，云南人民出版社 2000 年版，第 234 页。

物，顾物理吾心，终判为二，无所得入，于是出入于佛、老者久之。及至居夷处困，动心忍性，因念圣人处此，更有何道？忽悟格物致知之旨，圣人之道，吾性自足，不假外求。其学凡三变而始得其门。自此以后，尽去枝叶，一意本原，以默坐澄心为学的……江右以后，专提致良知三字，默不假坐，心不待澄，不习不滤，出之自有天则……居越以后，所操益熟，所得益化，时时知是知非，时时无是无非，开口即得本心，更无假借凑泊，如赤日当空而万象毕照。是学成之后又有此三变也。①

基于黄宗羲的说法，王学的"前三变"和"后三变"是不同的。相比于同质性理论逐步深化的"后三变"，以"龙场悟道"为分水岭的"前三变"（又称"学之三变"）是异质性的转变：由辞章转向朱学为一变，由朱学而出入佛老为二变，由佛老转向圣人之学为三变；从生活美学的角度观照，这即是由修行"敬畏""洒落"的二分到统一的转化。

在"前三变"时期，山水对于孩童王阳明而言，曾是单纯的快乐，是全身心的放松和无羁绊的享受，但随着他开始对生命的探索，他曾一度踯躅于九华山的"释路"，再而萦回于茅山的"仙路"，返来复去，进退维谷，最终挣破玄禅迷雾，登临泰山而回归孔孟之学。在罪谪龙场的人生转折点，他终于悟得程朱官学之非，既而登程心学坦途，一路上"风月为朋，山水成癖；点瑟回琴，歌咏其侧"②。王阳明的知行历程几乎可以用自己的诗句"平生山水已成癖，历深探隐忘饥疲"③来概括。他一路上翻山涉水锤炼自己，借由苦难体悟山水的生命，正所谓"知者行之始，行者知之成。知为行主意，行为知工夫"④。王阳明终得踵事增华，跃上心学的良知巅峰。

王阳明的生命历程探索和思想变迁是一个值得深入研究的课题。尽管还有许多学者对王阳明生命历程的阶段有着不同的划分方法，但其中得以普遍认同的是，王阳明的哲学探索和思想变迁与他履践知行合一的生活经历，尤其

---

① （明）黄宗羲：《文成王阳明先生守仁》，《明儒学案》卷十，中华书局 2008 年版，第 180 页。

② （明）栾惠等：《门人祭文》，收于《王阳明全集》卷三十八，上海古籍出版社 2011 年版，第 1363 页。

③ （明）王守仁：《江施二生与医官陶野冒雨登山人多笑之戏作歌》，《王阳明全集》卷二十，上海古籍出版社 2011 年版，第 846 页。

④ （明）胡松：《刻阳明先生年谱序》，收于《王阳明全集》卷三十七，上海古籍出版社 2011 年版，第 1505 页。

是其往来山水之间的经历息息相关。王阳明的山水经历在他体悟化育良知的过程中，并非以一种自然崇拜的形式进行启发，而是致力于知行中为山水物象与自我心性之间缔结一种息息相通的内在联系。少年时钱塘江潮的澎湃激荡，九华山云雾的玄妙空灵，终南山雪径的孤绝寂寥，这些自然意象绝非简单的游历背景，而是构成了心性觉悟的象征体系。正如王阳明在《泛海》诗中所述"险夷原不滞胸中，何异浮云过太空"，这种将物理险阻升华为心境澄明的审美超越，实为"格物"说从朱子"即物穷理"向王阳明"心即理"转化的诗性写照。当谪居龙场的瘴疬之地化作"夜静海涛三万里"的觉悟道场，标志着主体完成了从"观物"到"化物"的美学突破。

王阳明的精神蜕变呈现出"山水证道"的独特维度。这也意味着王阳明以自在圆融的心态，不再将休闲与审美的发生局限于隐逸的自然山水或是富裕的物质生活，而是将山水精神逐步内化于自我心性之中，"洒落为吾心之体，敬畏为洒落之功"①"动容周旋而中礼，从心所欲而不逾"②地以呈现心之本体的方式消解了主体对外物的依赖。

这种突破在工夫论层面体现为"敬畏"与"洒落"的辩证统一，融合了庄禅之妙处。王阳明创造性地将程朱理学的"主敬"传统与庄禅的"洒脱"精神熔铸为新的实践智慧："洒落为吾心之体，敬畏为洒落之功。"这种看似悖反的命题，实乃儒家"极高明而道中庸"的现代演绎——在"点瑟回琴"的艺术化生存中，"戒慎恐惧"的道德持守与"鸢飞鱼跃"的生命畅达达成微妙平衡。这种平衡既具有道德主体的理性意志，同时也包含有其情感、意志的能动维系，是认知、情感、意志的圆融与合一。这样既不会使道德主体被外在规则所奴役，也不会因过度的自由沦为意志主义的任性，从而偏离丧失其本质。正如其在《月夜二首》中描绘的"影响尚疑朱仲晦，支离羞作郑康成"，这种既破除经典桎梏又恪守圣学精义的审美姿态，构成了心学工夫论最具张力的美学特征。

在生活美学的工夫与本体维度上，王阳明心学内蕴的"敬畏"与"洒落"的辩证统一，不仅诠释了自孔颜以来儒学的人生境界追求，而且彰显了生活美学的现实意义和普遍价值。从思想史脉络审视，王阳明的这个美学突破具有范式革命的意义。相较于朱子学将"理"客观化为"所以然之故"与"所当然之则"的二元分立，王阳明通过"心即理"的本体论革命，将道德律令内化为"粹然至

---

①②　（明）王守仁：《答舒国用》，《王阳明全集》卷五，吴光、钱明编校，上海古籍出版社 2011 年版，第 212 页。

善"的心体光明。这种转化在生活美学的维度上体现为：程朱系统中作为认知对象的"山水之理"，在王阳明处升华为"良知发用流行"的审美境域。故其南镇观花的著名公案，不仅是认识论的革命宣言，更是存在论的美学突破——当主体"未看此花时"的寂寥与"来看此花时"的明艳统一于"心体同然"，中国古典美学完成了从"以物观物"到"万物皆备于我"的范式转换。

这种转换在当代仍具有重要的启示价值。当现代性困境导致主体与世界的疏离，王阳明"敬畏"与"洒落"统一的生活美学智慧，恰为重建天人合一的审美生存提供了传统资源。其将道德实践艺术化、将艺术体验伦理化的双向贯通，在根本上消解了康德"审美无利害"与"道德律令"的现代性分裂。正如冈田武彦所言"阳明一人，直续孔颜心脉"①。在生活美学的工夫与本体维度上，可以说，阳明心学内蕴的"敬畏"与"洒落"的辩证统一，同样也诠释了自孔颜以来儒学"从心所欲不逾矩"的人生境界追求，彰显了生活美学的现实意义和普遍价值。可以说，王阳明由此实现了存在与价值、知识与实践在根源处的统一，这种统一在美学维度上呈现为"从心所欲而不逾矩"的终极自由——既是道德生命的圆满，亦是审美境界的极致。

---

① （日）冈田武彦：《王阳明与明末儒学》，上海古籍出版社 2000 年版，第 8 页。

第四章　棋声竹里消闲昼：
王阳明的游艺之道

　　"游艺"一词来源于孔子的"志于道，据于德，依于仁，游于艺"（《论语·述而》）[1]。而随着后世的发展，明人对"艺"的理解早已超越了春秋战国时期对"六艺"的礼、乐、射、御、书、数内容之拘囿。明代的"游艺"主要以琴、棋、诗、书、画等士人日常审美生活与精神修养活动为主。

　　游艺作为明代士人的一种精神游戏，为士人疲惫的心灵提供了乘物游心的自由时空，在"出世"与"入世"的艰难选择之间开辟了一个中间维度，给予精神虽短暂却充足的寄托与安息。其中，诗与书因其与传统六艺及科举教化的直接关联，而相对更接近"入世"的一端，是衡量士人文艺素养的基本标准，即诗与书更具实用的"仕气"；而棋与琴并称自梁代便有之[2]，因其对技艺的要求与对器物的依赖，往往适于文人自乐而无助益于仕途，重自娱自适，因而更接近"出世"的一端，更具隐逸的气质，并非每位文人都能够兼擅。

　　王阳明博涉众艺，可谓诗、文、琴、棋、书、画皆得其精妙，他于忙碌的政务、家务生活之外，在日常生活的闲暇中展示了极高的艺术造诣[3]，其一生学问工夫的精进也随着游艺过程的深入而实现，在仕与隐的平衡间成就"中心融融，自有真乐"[4]的闲适境界。

---

　　① 杨伯峻译注：《论语译注》，中华书局 2006 年版，第 76 页。
　　② "琴棋"组合相配并称最早见于南朝梁沈约："爱重琴棋，流连泉石"。（《齐太尉徐公墓志》）
　　③ 袁宪泼：《王阳明"游艺"工夫实践与文艺观念突破》，《民族艺术》2020 年第 5 期，第 45 页。
　　④ （明）王守仁：《示徐曰仁应试》，《王阳明全集》卷二十四，上海古籍出版社 2011 年版，第 1003 页。

第一节 棋与琴："玩世则弈,陶情乃吟"

一、棋:"却怀刘项当年事,不及山中一着棋"

明代弈棋之风尚行,上到帝王、下至百姓皆有弈棋之好。弈棋主要指围棋与象棋两大类目。

士人游艺之"棋"多单指围棋,亦称之为"弈"。盖因围棋"局必方正,象地则也;道必正直,神明德也;棋有白黑,阴阳分也;骈罗列布,效天文也。四象既陈,行之在人,盖王政也。成败臧否,为仁由己,危之正也。上有天地之象,次有帝王之治,中有五霸之权,下有战国之事。览其得失,古今略备"①,与儒家传统提倡的王政、仁德等意义相通。另一方面,围棋以黑白二色棋子相垒,在一十九道纵横间驰骋,却不似象棋般受既定走法约束,这种极简而自由的玩法蕴含了无法穷尽的变化,其中妙处犹如"水中之月,镜中之象,言有尽而意无穷"②,直契士人传统的艺术精神。

相比之下,象棋在形制上直接模仿楚河汉界,固定了棋子的身份、走法,这些具象直观的规则使象棋作为竞技游戏在民众间流行,对于士人来说却限制了游戏的想象空间,缺乏韵味,因而士人(尤其是士大夫)多视象棋为俗物,独奉围棋为"坐隐""手谈"③之雅艺。

尽管明代的象棋与围棋有俗雅之分,但王阳明本人却没有"弈贵象贱"④的偏见。他对两种棋都非常精通,尤其是在年少时痴迷于象棋,甚至到了不听父母规劝的程度,惹得父母震怒而将象棋丢进河中。时年九岁的王阳明曾为此作诗记录:

---

① (汉)班固:《弈旨》,收于何云波编:《中国历代围棋棋论选》,山西人民出版社 2017 年版,第 4 页。

② (宋)严羽:《沧浪诗话·诗辨》,郭绍虞校释,《沧浪诗话校释》,人民文学出版社 1961 年版,第 26 页。

③ "坐隐"之称源自东晋名士王坦之把下围棋者的神态比作僧人参禅入定;"手谈"之称是东晋高僧支公以围棋落子作为手与手之间的交流对话。参见(南朝宋)刘义庆《世说新语·巧艺》:"王中郎以围棋是坐隐,支公以围棋为手谈。"

④ 何云波:《围棋与中国文艺精神》,四川大学博士学位论文,2003 年,第 180 页。

象棋终日乐悠悠，苦被严亲一旦丢。

兵卒坠河皆不救，将军溺水一齐休。

马行千里随波去，象入三川逐浪流。

炮响一声天地震，忽然惊起卧龙愁。①

象棋作为一类分兵种游戏，是对人生、社会、战争的直接模拟②，这样的游戏恰好满足王阳明经略四方、快意人生的少年豪杰之梦。王阳明痴迷于象棋的经历，在潜移默化中犹如沙盘演练一般，操练出他对战场乃至往后人生的运筹帷幄之心力。此外，童年被父母严加教育、横刀夺爱的经历，也深刻影响了王阳明成年以后的教育观，王阳明深知孩童天性好玩耍而不喜约束，要让学生们在游艺中生出读圣贤书的兴趣，他曾强调道：

大抵童子之情，乐嬉游而惮拘检，如草木之始萌芽，舒畅之则条达，摧挠之则衰萎。今教童子，必使其趋向鼓舞，中心喜悦，则其进自不能已。譬之时雨春风，沾被卉木，莫不萌动发越，自然日长月化；若冰霜剥落，则生意萧索，日就枯槁矣。故凡诱之歌诗者，非但发其志意而已，亦所以泄其跳号呼啸于咏歌，宣其幽抑结滞于音节也。③

可以确信，王阳明之所以产生尊重自然、寻乐顺化的审美教育思想，离不开其写下《棋落水诗》的那段童年经历。

王阳明亦擅长围棋，且是弈棋高手。只有在妙趣横生的棋局中纵横无忌，从容不迫、不急不缓之人，才能在落第后说出"世以不得第为耻，吾以不得第动心为耻"④，随后爽然与致仕的魏瀚"对弈联诗"⑤，屡得佳句而为魏方伯称许。在跌宕繁忙的生命旅途中，王阳明有借围棋消闲遣兴的"博弈亦何事，好之甘若饴"⑥；亦有目触棋局而浮想古战场之烽火燎原的"却怀刘项当年事，不及山

① （明）王守仁：《棋落水诗》，收于《王阳明全集补编（增补本）》，上海古籍出版社2021年版，第2页。

② 何云波：《围棋与中国文艺精神》，四川大学博士学位论文，2003年，第179页。

③ （明）王守仁：《训蒙大意示教读刘伯颂等》，《王阳明全集》卷二，吴光、钱明编校，上海古籍出版社2011年版，第99页。

④⑤ （明）钱德洪：《年谱一》，《王阳明全集》卷三十三，吴光、钱明编校，上海古籍出版社2011年版，第1348页。

⑥ （明）王守仁：《忆昔答乔白岩因寄储柴墟三首》，《王阳明全集》卷十九，吴光、钱明编校，上海古籍出版社2011年版，第753页。

中一着棋"①，兴叹感喟世易时移、浮生若梦；以及融自身境遇于枰上的"棋声竹里消闲昼，药裹窗前对病僧"②。

在正德十四年（1519年）平定宸濠叛乱后，王阳明迫于皇命而不得不将宁王从江西押至杭州，移交给张永，欲劝说道皇帝切勿亲征。然张永深谙正德官场诡谲，提醒王阳明："皇帝天性顺其意，犹可挽回；若逆之，徒激群小之怒，无救于天下大计矣。"③即使是擅长在棋局运筹帷幄的王守仁，在面对这种争、诈、诡、伪的官场时也感到束手无策，只能眼睁睁看着官场小人鼓动皇帝将宁王押回了江西。王阳明或出于愤懑，称病退居西湖净慈寺，整日在山水竹林间下棋消愁，一口气写下四首诗：

老屋深松覆古藤，羁栖犹记昔年曾。
棋声竹里消闲昼，药裹窗前对病僧。
烟艇避人长晓出，高峰望远亦时登。
而今更是多牵系，欲似当时又不能。

常苦人间不尽愁，每拼须是入山休。
若为此夜山中宿，犹自中宵煎百忧。
百战西江方底定，六飞南甸尚淹留。
何人真有回天力，诸老能无取日谋？

百战归来一病身，可看时事更愁人。
道人莫问行藏计，已买桃花洞里春。

山僧对我笑，长见说归山。
如何十年别，依旧不曾闲？④

---

① （明）王守仁：《题四老围棋图》，《王阳明全集》卷十九，吴光、钱明编校，上海古籍出版社2011年版，第737页。

② （明）王守仁：《宿净寺四首》，《王阳明全集》卷二十，吴光、钱明编校，上海古籍出版社2011年版，第832页。

③ （明）钱德洪：《年谱二》，《王阳明全集》卷三十三，吴光、钱明编校，上海古籍出版社2011年版，第1400页。

④ （明）王守仁：《宿净寺四首》，《王阳明全集》卷二十，吴光、钱明编校，上海古籍出版社2011年版，第832页。

　　杭州净慈古刹云水幽深，远离人事，但处于这君暗臣蔽的时代，欲得安身，又是何其艰难。王阳明忆起早年(弘治十六年)移疾西湖的时光，自从步入仕途便接连遭遇官场隐形规则及恶势力打压，几至丧命，当时亦多次萌发出世之意；如今再次因病逗留，服药下棋，过往片段勾连贯穿起的半生接连浮现。王阳明坐在见证自己向官场进发的故地上，掌持闲棋，纵使善在棋盘上铺谋定计，自己现实中的为政主张仍遥不可及，不若以心游棋，寻心中桃源，于是乎，懒懒低吟一句"棋声竹里消闲昼，药裹窗前对病僧"，然难掩不甘之情。后世诗坛领袖王世贞盛赞此句棋诗"时有警策""何尝不极其致"①。

　　围棋陪伴着王阳明一路在百死千难中砥砺前行，这份嗜好所带来的感悟逐渐熔铸于阳明心学的发展。他在阐释自身学问时多用棋来巧譬善喻，以弈说理。面对学生求教学习之法时，王阳明说：

> 　　学弈则谓之学，学文则谓之学，学道则谓之学，然而其归远也……专于弈而不专于道，其专溺也；精于文词而不精于道，其精辟也。夫道广矣大矣，文词技能于是乎出，而以文词技能为者，去道远矣。是故非专则不能以精，非精则不能以明，非明则不能以诚，故曰"唯精唯一"。精，精也；专，一也。精则明矣，明则诚矣，是故明，精之为也；诚，一之基也。一，天下之大本也；精，天下之大用也。知天地之化育，而况于文词技能之末乎？②

　　王阳明告诉学生，如果只是专心于下棋而不钻研圣人之道，这种专一会造成沉溺，需要坚持以"精"与"正"的功夫融贯形而下之弈技与形而上之大道。王阳明又在强调门生需专注钻研圣贤之道时，类比下棋不够专心就不可能有所成就，反问"弈，小技也，不专心致志则不得，况君子之求道，而可分情于他好乎？"③在嘉靖三年的中秋天泉桥之会上，王阳明进一步以围棋典故作例解释

---

　　①　(明)王世贞：《艺苑卮言》卷六，丁福保辑，《历代诗话续编》，中华书局1983年版，第1050-1051页。

　　②　(明)王守仁：《送宗伯乔白岩序》，《王阳明全集》卷七，吴光、钱明编校，上海古籍出版社2011年版，228页。

　　③　(明)王守仁：《书玄默卷》，《王阳明全集》卷八，吴光、钱明编校，上海古籍出版社2011年版，第304页。

"专心致志"①：

> 故立志者，为学之心也；为学者，立志之事也。譬之弈焉，弈者，其事也；"专心致志"者，其心一也；"以为鸿鹄将至"者，其心二也；"惟弈秋之为听"，其事专也；"思援弓缴而射之"，其事分也。②

立志，是为学的心；而为学的工夫，就是立志的具体内容。就像下棋一样，每日练习下棋是立志的具体工夫内容；就如《孟子》中弈秋的典故，所谓"专心致志"就是集中注意力于此时想要下好棋的心；弈秋在讲棋时有一位"以为大雁马上要飞过来了"的学生，就是学下棋时有了二心，仍然还"幻想着挽弓射大雁"。一旦人当下所关注的内容分散了，那么他的工夫自然是不专注的，不可能习得真正的道。

在一定程度上，棋艺的玩乐游戏属性常常是一种对正统与权威的消解。王阳明借棋阐学，正是借由游戏艺术来引导学生体味"心"与"理"，通过手、眼、身、心交融合一的生命体验，以一种不同于朱子之学的生活化方式，去涵摄主体之心与天理相通的真谛。

二、琴："琴瑟简编，学者不可无"

王阳明曾为南野公题"玩世则弈，陶情乃吟。乐天雅趣，驾古轶今"③，这句话在相当程度上亦是阳明夫子自道。琴瑟雅乐历来是为儒者所尊崇奉行的，所谓"制器尚象"（《周易·系辞上传》），古琴"形象天地，气包阴阳"④"上圆象天，下方法地"⑤，寓含天人合一之圣贤至道，是故"士无故不撤琴瑟"（《礼记·曲礼》），操琴被赋予与读书诵诗近乎同等的地位，王阳明亦称许之谓"幽人洁想，宁有琴与书"⑥。

清人毛奇龄曾在翰林院《呈进乐书并圣喻乐本加解说疏》中谈及王阳明获

①② （明）王守仁：《书朱守谐卷》，《王阳明全集》卷八，吴光、钱明编校，上海古籍出版社 2011 年版，第 307 页。

③ （明）王守仁：《南野公像赞公讳绣》，《王阳明全集》卷三十二，吴光、钱明编校，上海古籍出版社 2011 年版，第 1339 页。

④ （宋）田芝翁：《太古遗音·琴议篇》，《琴曲集成》第一册，中华书局 2012 年版，第 28 页。

⑤ （清）徐祺：《五知斋琴谱·上古琴论》，《琴曲集成》第十四册，中华书局 2012 年版，第 385 页。

⑥ （明）王守仁：《题临水幽居图》，《王阳明全集（补编）》，束景南、查明昊辑编，上海古籍出版社 2018 年版，第 31 页。

得唐朝五调歌谱的轶事①，这从侧面反映了王阳明对古琴古乐的喜爱。而王阳明与琴的不解之缘，从祖辈王伦处便已发轫。王阳明的祖父王伦"雅善鼓琴，每风月清朗，则焚香操弄数曲。弄罢，复歌以诗词，而使子弟和之"②。如此熏陶下的王阳明自是"琴瑟在我御，经书满我几"③，生活日用中不离琴瑟。

在王阳明罪谪龙场时，即使投荒万里、艰途迢迢，依然不忘随身带着古琴，"离居寄岩穴，忧思托鸣琴"④，在随行书童生病时"复调越曲，杂以诙笑，始能忘其为疾病夷狄患难也"⑤。王阳明还与夷地民众一起搭建轩屋，不忘"翳之以桧竹，莳之以卉药；列堂阶，辩室奥；琴编图史，讲诵游适之道略俱"⑥，吸引远近学子慕名求学。琴声悠悠书声阵阵，使王阳明自己也一度忘记身处夷地。他还据孔子"君子居之，何陋之有"（《论语·子罕》）而为草屋取名"何陋轩"，建龙岗书院。

王阳明在贵州龙场留下的诗篇中处处可见琴声琴影，有欣然的"鸣琴复散帙，壶矢交觥筹"⑦；有旷达的"月榭坐鸣琴，云窗卧披卷"⑧；亦有化思乡之情为追求人生之理的"援琴而歌之"⑨。王阳明之所以能一路成功地披荆斩棘，离不开在游艺于琴中对自我情绪的抒发与调节，并以琴声中与古之圣贤精神相契为真得。他后来在鼓励劝导学生王纯甫的时候，总结这段经历说：

> 尝以为"君子素其位而行，不愿乎其外。素富贵，行乎富贵；素贫贱，行乎贫贱；素患难，行乎患难；故无入而不自得"。后之君子，亦当素其位而学，不愿乎其外。素富贵，学处乎富贵；素贫贱患难，学处乎

---

①　（清）毛奇龄：《奏疏》，《西河集》卷五，清文渊阁四库全书本 1975 年版，第 18 页。

②　（明）魏瀚：《竹轩先生传》，收于《王阳明全集》卷三十八，吴光、钱明编校，上海古籍出版社 2011 年版，第 1530 页。

③　（明）王守仁：《杂诗三首·其二》，《王阳明全集》卷十九，吴光、钱明编校，上海古籍出版社 2011 年版，第 759 页。

④　（明）王守仁：《去妇叹五首》，《王阳明全集》卷十九，吴光、钱明编校，上海古籍出版社 2011 年版，第 765 页。

⑤　（明）钱德洪：《年谱一》，《王阳明全集》卷三十三，吴光、钱明编校，上海古籍出版社 2011 年版，第 1234 页。

⑥　（明）王守仁：《何陋轩记》，《王阳明全集》卷二十三，吴光、钱明编校，上海古籍出版社 2011 年版，第 982 页。

⑦　（明）王守仁：《诸生夜坐》，《王阳明全集》卷十九，上海古籍出版社 2011 年版，第 773 页。

⑧　（明）王守仁：《诸生来》，《王阳明全集》卷十九，上海古籍出版社 2011 年版，第 771 页。

⑨　（明）王守仁：《思归轩赋》，《王阳明全集》卷十九，上海古籍出版社 2011 年版，第 731 页。

贫贱患难；则亦可以无入而不自得。①

在龙场奔走于百死千难间的王阳明，身体践行着"君子素其位而行，不愿乎其外"的智慧：每当静坐于琴边，王阳明身上那些被世事激发，也被无奈浸透过、被不安刺中过的愤懑情感在指尖炼化成弦上恰到好处的一点疼，直察心意细微之处的颤动与流淌，又不至于沉入自怜自艾的回忆。琴声起伏，足以消解那些关于故乡或官场的惆怅；少息，劈抹挑勾的指法又奏出磅礴的音律，体内丰沛的生命力随之喷涌。曲目旋律在心灵与环境的融合中收尾，一种似曾相识的熟悉感与安于夷地生活的舒适感，恍如与圣人千古对谈。上古往矣，然古琴仍在，古曲音尚同，追怀古德，王阳明一次次在琴艺中重燃信念的力量。

离开龙场后，援琴奏乐依然是阳明日常生活中的一个重要部分，正所谓"凡音之起，由人心生也。人心之动，物使之然也。感于物而动，故形于声。声相应，故生变，变成方，谓之音。比音而乐之，及干戚、羽旄，谓之乐"②。王阳明时常独自一人轻拨琴弦，低声吟唱：

> 凤鸟久不至，梧桐生高冈。我来竟日坐，清阴洒衣裳。援琴俯流水，调短意苦长。遗音满空谷，随风递悠扬。人生贵自得，外慕非所臧。颜子岂忘世？仲尼固遑遑。已矣复何事，吾道归沧浪。③

琴声是人心与外事交互感应的心灵产物，在凤鸟不至、政治不清明的年代，王阳明曾与诸多有志不得抒的士人一般，在保身自适与济世救民的选择之间苦闷挣扎，而王阳明在抚琴曼唱间犹见孔子浩叹，拨弦奏出历代圣贤生命情调的共振，恰由琴乐中和之音领心直达孔颜乐境，觉悟在济民中依然可以追求出淤泥不染的自我超越，于刹那间经琴悟心，参透与天地精神往来的自由境界。琴声或急或缓，或希或重，或高或低，不仅蕴含着琴者的情感，弦外之音更包含琴者的人格与境界，不仅有"情"在其中、"美"在其中，更有"理"在其中、"境"在其中，因此王阳明常教导学生说"琴、瑟、简编，学者不可无。盖有业以居之，心就

---

① （明）王守仁：《与王纯甫》之一，《王阳明全集》卷四，上海古籍出版社 2011 年版，第 176 页。

② （汉）郑玄注，（唐）孔颖达等整理：《礼记正义》，李学勤主编，北京大学出版社 1999 年版，第 1074 页。

③ （明）王守仁：《梧桐江用韵》，《王阳明全集》卷十九，上海古籍出版社 2011 年版，第 802 页。

不放"①，他在讲授良知心法时就非常重视琴乐与学问之结合，将琴的弹奏练习、乐理修养及情感意志，看作一个人进德成心的要径。王阳明于滁州讲学间初试"歌声振山谷，诸生随地请正，踊跃歌舞"②；后归居绍兴的王阳明，于嘉靖三年（1524 年）中秋与弟子设宴天泉桥上，"酒半行，先生命歌诗。诸弟子比音而作，翕然如协金石。少间，能琴者理丝，善箫者吹竹，或投壶聚算，或鼓棹而歌，远近相答"③，王阳明晚年的设坛传道甚至在绍兴形成了"尚讲诵，习礼乐，弦歌之音不绝"④的地方风气，至于后生"建天真精舍于（杭州）龙山之阳"⑤，师生"每形于歌咏"⑥。琴乐之盛已然成为姚江学派的独门风致，无怪王阳明的门生栾惠在《悼阳明先生文》中，称赞其师"点瑟回琴，歌咏其侧"⑦。

第二节　书与诗："点也虽狂得我情"

一、书："拟形于心，久之始通其法"

书法是明代士人普遍通晓的一门艺技，这与明朝官方的倡导直接关联。一方面，明太祖于科举之外另辟官员选拔方式，"以善楷书选入翰林供奉"⑧，挑选擅长楷书的士人入内阁担任舍人，一时研习书法者营营逐逐；另一方面，明初便钦定"（监生）每日习书二百余字，以二王、智永、欧、虞、颜、柳诸帖为法。"⑨洪武三十年（1397 年）更是颁布明确的官方标准，规定"点画撇捺，必须端楷有体，合于书法⑩。所谓的"官楷"台阁体随后顺势形成，这种对书法功

---

① （明）王守仁：《传习录下》，《王阳明全集》卷三，上海古籍出版社 2011 年版，第 132 页。

② （明）钱德洪：《年谱一》，《王阳明全集》卷三十三，上海古籍出版社 2011 年版，第 1364 页。

③ （明）钱德洪：《刻文录叙说》，《王阳明全集》卷四十，上海古籍出版社 2011 年版，第 1744 页。

④ （明）黄宗羲：《郎中徐横山先生爱》，《明儒学案》卷十一，中华书局 2008 年版，第 222 页。

⑤⑥ （清）王同伯：《杭州三书院纪略》卷末，收于《中国历代书院志》第九册，赵所生、薛正兴主编，江苏教育出版社 1995 年版，第 120 页。

⑦ （明）栾惠等：《门人祭文》，收于《王阳明全集》卷三十八，上海古籍出版社 2011 年版，第 1363 页。

⑧ 黄惇：《中国书法史·元明卷》，江苏教育出版社 2009 年版，第 206 页。

⑨ （清）张廷玉：《明史·选举志》，转引自郭培贵：《明史选举志考论》，中华书局 2006 年版，第 23 页。

⑩ （明）黄佐：《谟训考·学规本末》，《南雍志》卷九，转引自郭培贵：《明史选举志考论》，中华书局 2006 年版，第 26 页。

利性与实用性方面的极度追求，蕴和着在书法艺术性方面的打压，贯穿了整个明朝初期。

这种对官方统一书体的追捧之风，从明初一直绵延至成化年间，直至一批政治失意的吴中文人异军突起，拔新领异。以文徵明、祝允明等为代表的吴中书法家明确反对书法艺术被权利阶层所强化而成的泥古与保守，文徵明直指"古人固以规规为耻矣"①，反对机械摹拟以二王为代表的古人笔墨，强调笔法自得；李应祯提出"奴书"以讽刺功利而执法不变的官方书法；祝允明亦作《奴书订》，提倡辩证地以古出新。明代中期的书风自此灿然一新，书法界开始注重以意气入书道，不仅注重鉴赏书法形式上的笔法、结构与排字，更崇尚以技艺功底为基础的形而上层面，欣赏书法中流露的书家品位与艺术教养，品析其中蕴含的精神面貌与情趣，并将这种蕴藉于笔墨里的思想气质总结为神采，呼应南朝宋齐书法家王僧虔所说的"书之妙道，神采为上"②。

王阳明在这场书法革新潮流中，并不是置身事外的。他早年同倡导复古革新的前七子们一起驰骋于文坛，与吴中四才子亦有相惜交往，吴中书家提倡书法自得的思想与阳明心学之思亦有同声相应处。但他又同力图挽救台阁体的李东阳有世交之情，也曾多次诗酬唱和。由上足见王阳明处于明中书法风尚门户之争的要冲之位，并且他一生从未停止挥毫泼墨，本人一直被中晚明书法界奉为蓍蔡，其学问对后世书法文艺的影响亦非常深远。但王阳明本人却鲜有专论书法的传世著述，这使探究王阳明的习书渊源与论书态度成为阳明学界与书法学界相辅而行的研究难点，更凸显了梳理王阳明一生书迹书心的意义。

王阳明"言不称师"③的特点不只体现于心学理论上，在书法习成上亦是如此。不过书法艺术的家学传承是不容忽视的，明代书法家费瀛就曾盛赞王阳明之父王华的书法成就：

> 状元坊唯成化辛丑科，王华建于绍兴府治之东，圆熟流丽，殆非泯泯众人之笔。杭城谢太傅祠前两坊对峙，左题苍生素望，为文靖公安，右题黄阁清风，为文正公迁，颜筋柳骨，不减前人风致，要之，有鉴

---

① （明）文徵明：《跋李少卿帖》，《甫田集》，西泠印社出版社 2012 年版，第 280 页。
② （南朝）王僧虔：《笔意赞》，收于《历代书法论文选》，上海书画出版社 2014 年版，第 62 页。
③ （清）张廷玉：《明史·王守仁传》，收于《王阳明全集》卷四十，上海古籍出版社 2011 年版，第 1708 页。

赏家,未尝乏能书家也。①

　　王华所作的绰楔属于大字书法,所谓"楷书千字,不敌大书一字"②,大字是书法中难度最高的一类,可见王华的书法技能之扎实卓绝(见图 4.1、图 4.2)。

图 4.1　王华《徐立本墓志》书法③

　　王阳明亦有不少传世的大字作品,字迹爽利俊美,气韵大开大合。他的门人邹守益还特意请他为祠堂牌匾题大字,但阳明先生因晚年身况不佳,且公务繁忙,而不得不婉拒:

　　　　仆于大字,本非所长,况已久不作,所须祠扁,必大笔自挥之,乃佳也。使还,值岁冗,不欲尽言。④

---

　　①② (明)费瀛:《大书长语》,北方文艺出版社 2021 年版,第 28 页、第 2 页。
　　③ (明)王华:《徐立本墓志》,明弘治十六年(1503)撰,现藏于浙江省宁波市慈溪马堰村(旧属余姚)横山庙,照片为笔者摄。
　　④ (明)王守仁:《寄邹谦之》,《王阳明全集》卷六,上海古籍出版社 2011 年版,第 224 页。

图 4.2　王华《徐立本墓志》书法拓印版

　　仅仅从宗祠牌匾题字之于古人的重要性上，足以推断王阳明的大字书法确有盛名，而其大字书法（见图 4.3）之成就，也极有可能是得益于其父的陶染与指点。

　　王阳明曾自叙早年读遍朱熹理学之书而无所获，格竹反而格至五劳七伤，遂"溺志辞章"。实际上在辞章研习时，他也在不断修行书法技艺。当他完全沉浸在书法中重新审视内心时，王阳明似乎找回了久违的灵明，在属于自己的艺术创作精神空间内，他从不在意自己临习的书帖属于何家何派，也从不刻意模仿名家，正如他对友人许承谷说的："吾辈此时，只说自家话，还翻那旧本子作甚！"[1]王阳明在游艺中追求的是一种心灵的自得。

---

[1]　（明）黄宗羲：《主事尤西川先生时熙》，《明儒学案》卷二十九，中华书局 2008 年版，第 639 页。

图 4.3　王守仁《铜陵观铁船歌》卷大字书法作品（局部）①

在日本学者冈田武彦看来，王阳明在少年时就因学习书法而走上心学道路，他认为：

阳明之心学有三变，与此相应……开始是在弘治二年十七岁时。这一年，阳明领悟到了古帖的摹写与书法并非依靠技术，而是取决于心的精明，尔后其格物论亦多以此为证据。此事后来被记载在年谱里，这正好说明阳明唯心的格物论在这时业已萌芽。②

冈田武彦所述的"开始之变"是指王阳明十七岁迎娶诸氏之后，寓居洪都府邸中练习书法的经历：

官署中蓄纸数箧，先生日取学书，比归，数箧皆空，书法大进。先生尝示学者曰：吾始学书，对模古帖，止得字形。后举笔不轻落纸，凝思静虑，拟形于心，久之始通其法。既后读明道先生书曰：吾作字甚敬，非是要字好，只此是学。既非要字好，又何学也？乃知古人随时随事只在心上学，此心精明，字好亦在其中矣。后与学者论格物，多

---

①　（明）王守仁：《铜陵观铁船歌》卷，纸本，行书，纵 31.5 厘米，横 771.8 厘米，现藏于北京故宫博物院。

②　（日）冈田武彦：《王阳明与明末儒学》，吴光、钱明、屠承先译，重庆出版社 2016 年版，第 41 页。

举此为证。①

　　王阳明在每天练习书法时，并不像传统习法般反复临摹古人名帖，而是不轻易下笔，在把握文字外形的基础上，专注感觉于心中体悟，澄明笔墨字型间的关系，胸有成竹后方才挥毫，将悟得翰墨诀要与主体间情感尽汇于笔端，"拟形于心，久之始通其法"。这是王阳明早期的"以心治学"思想，与书法家黄庭坚"学书时时临摹，可得形似。大要多取古书细看，令入神，乃到妙处。惟用心不杂，乃是入神要路"②的书论同调。

　　凭借此般直通书艺精髓的方法，王阳明将自己的思考、气质与生活都运进书法笔力之中，融贯古今墨宝，在一年之内书法大进。王阳明对理学家程颢"吾作字甚敬，非是要字好，只是此学"的说法称许有佳。王阳明以自身习字书法的经历来体悟程颢所说的敬畏之工夫，认为刻意求字书写好之心（将内心注意力流于对象的外在形式上）违背了敬畏的原则。因为书法并不是一种技巧，而是实践身心体认的生命修行，敬畏则是修行的一种心法，怀着敬畏之心练习书法是一种内心觉醒、专注的精纯无杂的状态，即"随时随事只在心上学，此心精明"，通过敬畏达到理性的自觉，于工夫上"彻上彻下"③，打破外在条件的桎梏，到达和融莹彻的生活美学意境。

　　在此后的光景中，王阳明之于书法的态度一如既往，而其书法风格从字体字迹上看，不论是楷书、行书还是草书，大体都呈现工整严谨、中正和美的基调，显然这种艺术表达是受到邹鲁遗风的熏染。而在这般谦和中庸的格调行间，阶段性地出现字艺技法的变化，不仅反映了明代中期书法风向的转变，更反映了王阳明本人思想与哲学的成长。

　　王阳明书法技艺的微妙变化与他的心学思想可谓同步同调。回顾他不辞文墨的一生：在三十五岁被贬龙场之前，他的字法平正，颇有台阁体之味。当代书法家陈云君评价他在此阶段的文字：

---

　　① （明）钱德洪：《年谱一》，《王阳明全集》卷三十三，上海古籍出版社 2011 年版，第 1347-1348 页。

　　② （宋）黄庭坚：《论书》，收于《历代书法论文选》，上海书画出版社 2014 年版，第 354 页。

　　③ （宋）朱熹：《答廖子晦》，《晦庵先生朱文公文集》卷四十五，《朱子全书》第 22 册，上海古籍出版社与安徽教育出版社 2002 年版，第 2077 页。

他书法学晋人，守古法中风韵悠长，儒人重书古使之然也，阳明
力行。他初学《圣教序》甚得右军之法，偶参时人笔意。因为本人为
政府中官吏，所欲习气难免，幸知时弊，其书重雅而摒俗。①

贵州龙场不仅是王阳明思想的转折点，也是王阳明诸多艺技，尤其是书法
艺术的转折点。

王阳明在龙场时，多作草书以宣泄胸中困顿，曾行笔疾风般连书《何陋轩
记》②与《象祠记》③，书法笔意淋漓酣畅，纵横跌宕间大开大合，清劲硬挺而矫
若龙蛇，灵动飘然有野鹤驭空之势，却绝无拘禁之气。

尤其是《何陋轩记》（见图 4.4），作为王阳明传世书法中尺幅最长的作品，
通篇字体修长，骨力遒劲，笔意清新，字形大小穿插而无飘浮之嫌，一合文意与
书法，不仅突破了王阳明自我的书法面貌，而且全然独立于当下吴门书风之
外。"书，心画也"④，对于在书法中文人艺术家将思想与心灵感受自然地转换
为艺术作品的过程机制，美国学者方闻曾将之描述为寓心于书的"心印"：

出色的笔墨，通过运动表达出美与愉悦，不仅仅包括着艺术家的
手指、手腕以及手臂的肌肉行为动作，而且还包含着艺术家的精神、
情感与身体状态。如同题词与亲笔签名一样，书法被看成一个人内
心深处的表白，因而中国人将书与画都称为艺术家的"心印"
（imprint of the mind）。作为心灵的印记或者形象，一件书法或者绘
画作品反映出艺术家——这一个人，他的观念、他的思想及其自我
修养。⑤

心印书迹，是由心到手，以肌肉之力及笔着纸的身心结合之话语，从王阳
明龙场书迹的字里行间，一种凝于笔尖的内心自足与毫无夸张的真诚交流跃

---

① 陈文君：《中国书法史论》，人民日报出版社 1987 年版，第 226 页。
② （明）王守仁：《何陋轩记》，书法真迹现收藏于日本东京国立博物馆。
③ （明）王守仁：《象祠记》，书法真迹现收藏于台北故宫博物院。
④ （汉）扬雄：《问神篇》，《法言》卷四，中华书局 1985 年版，第 14 页。
⑤ （美）方闻：《心印：中国书画风格与结构分析研究》，李维琨译，上海书画出版社 2016 年版，第
3 页。

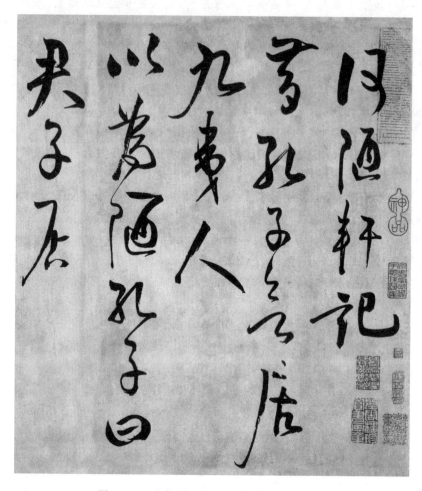

图 4.4　王守仁《何陋轩记》书法作品（局部）①

然纸上。书法之艺的创造，有碑帖中历代名家久经时间打磨的技巧与身体记忆，也有某个刹那主体的心意灵感迸现，常有人以身体血肉比拟书作，从"体气、形神、骨相、骨法，以及由此衍生的风骨、气象、形质、筋骨、筋肉、骨气、血脉等"②，只因执笔手谈的是与古人胸臆之以身传身、以心传心。压抑之情世间常有，唯宣泄出真情，方才生真乐，王阳明正是由此直得书法之中狂者胸臆，拈

---

① （明）王守仁：《何陋轩记》卷，纸本，草书，29.8cm×679.2cm，日本东京国立博物院藏。
② 刘成纪：《中国古典美学中的身体及其映像》，《文艺研究》2007年第4期，第29页。

得"须是大哭一番方乐,不哭便不乐矣。虽哭,此心安处,即是乐也,本体未尝有动"①,凭借习帖时毫无滞拙的真乐与豪雅坚毅的心力,一次又一次地走出人生困境。

王阳明晚年的为官之路,比之前期可谓平稳有升,其人之性格亦更加沉稳而鲜露轻狂,所以王阳明晚年书迹以行书为多,楷书与草书兼之。但在晚年,即使是草书也少有其龙场时期的狂纵笔意,呈现了一种不突兀的刚柔美感,总体技艺趋向平和简润,章法也愈发自由,时佐画作以成墨。王阳明在公务赴赣途中,还特意为了唐代草圣张旭留下的墨池而改道拜访龙阳县净照寺,挥毫而作《墨池遗迹》:

> 千载招提半亩塘,张颠遗迹已荒凉。
> 当时自号书中圣,异日谁知酒后狂。
> 骤雨斜风随变化,秋蛇春蚓久潜藏。
> 惟余一脉涓涓水,流出烟云不断香。②

王阳明即使在专注圣学时也对游艺书法颇留心意,是北宋之书法家黄庭坚所倡"学书须要胸中有道义,又广之以圣哲之学,书乃可贵。若其灵府无程,政使笔墨不减元常、逸少,只是俗人耳。余尝言,士大夫处世可以百为,唯不可俗,俗便不可医也"③的最佳注脚。晚年的王阳明意图清正门人中的书法风气,在给学生写《大学》《中庸》等古文学本时,放弃传统道学先生端正的楷书文本,以风骨峻迈的行楷一气呵成,如风卷云舒般自然清劲,恰以借古开今新风之意,寄予学生继往开来、古为今用,开辟心学天地之愿景。

王阳明在与自己年岁相近的文徵明、唐寅等吴中大书法家如日中天的时代里,一方面时常自谦"不能书"④,另一方面又敢于突破前人窠臼以及时风拘囿,以心御笔,人书共进,改变了书法中创作主体的地位,肯定创作主体中"情感"的重要性,强调书法的"个性"特征⑤,使书法于明代中后期从宋儒"寓理于

---

① (明)王守仁:《传习录译注》,王晓昕译注,中华书局2018年版,第463页。
② (明)王守仁:《墨池遗迹》,《王阳明全集(补编)》,束景南、查明昊辑编,上海古籍出版社2018年版,附录二存伪,第302页。学界对此诗是否为王阳明所作尚存争议。
③ (宋)黄庭坚:《论书》,《历代书法论文选》,上海书画出版社2006年版,第355页。
④ (明)王守仁:《书明道延平语附跋》,《王阳明全集》卷三十二,吴光、钱明编校,上海古籍出版社2011年版,第1306页。
⑤ 黄辉:《明代书法美学思想研究》,扬州大学博士学位论文,2020年,第88页。

书"向明儒"寓情于书"转变。

书法即心法，这是明代书法美学思想的一个重要转折，无怪徐渭高度评价王阳明的书法艺术："古人论右军以书掩其人，新建先生乃不然，以人掩其书。今睹兹墨迹，非不翩翩然凤骞龙蟠也，使其人少亚于书，则书且传矣，而今重其人，不翅于镒，称其书仅得于铢，书之遇不遇，固如此哉。然而犹得号于人曰，此新建王先生书也，亦幸矣。"①

二、诗："野夫非不爱吟诗"

自宋代王安石改革科考制度以来，经义取士代替了诗赋取士，明代王世懋就曾感慨："我国家右经术，士无由诗进者。放旷畸世之人，乃始为诗自娱。"②但诗赋辞章之学始终在阳明的生命中占据重要的地位，他在一生"游艺"中追求艺与心（理）的融合，尤其是在诗赋创作上，他通过揭示心性之体，将琴棋书画诗酒茶等真切的生命体验融入诗的境界，荟萃众艺，以生活美学入诗，深化生命历程中的实存体验，呈现致良知的精神人格。

然而王阳明在世时，对其诗词文集之刊刻持保守态度。他去世后，钱德洪等门生在集纂文录时，为了树立圣人师表形象，特意对阳明诗词文章加以筛选，结果直接导致其大量诗文散佚。直至明代后期兴起阳明诗词辑佚工作，后代学人踵武相承、赓续不断，如今收集考据出的诗文才足够翔实勾勒出王阳明在不同创作阶段的生活空间与心路心迹：幼时出口成诵的七步之才足显阳明之黠慧；少时"粗心浮气，狂诞自居"③，诗风时而英雄气格发扬蹈厉，时而游仙逸佛避世远俗；贬谪龙场时期的诗歌，内容涵括性理言说、田园纪实、闲情逸趣、思乡故旧乃至夷风民俗，诗风闲淡旷达，虽在贬谪而鲜有悲愤积郁之语；后期的滁阳诗与归越诗侧重由景抒思，在自然与心体的联动中囊括"忙与闲""遁世与谐世""乐与苦（病）"等辩证的哲学思考，境界悠远；晚年的诗词一扫红尘之气，随一点灵明而成，清朗洒落，以一颗博大光明的心去映照世间哲理。

正德十五年（1520年），王阳明平定宸濠之乱后反被诬有谋反之意，经锦

---

① （明）徐渭：《书马君所藏王新建公墨迹》，《徐渭集》，中华书局1983年版，第577页。

② （明）王世懋：《王承父后吴越游诗集序》，收于（明末清初）黄宗羲：《明文海》卷二六四《序五五·诗集》，文渊阁《四库全书》第1456册，中华书局1987年版，第96页。

③ （明）王守仁：《辞新任乞以旧职致仕疏》，《王阳明全集》卷九，上海古籍出版社2011年版，第329页。

衣卫调查后终获清白，由武宗召见赴南都，却受奸臣阻挡不得见武宗。无奈只好废然而返，归途中遇风受阻，遂转而游访九华山灵山寺，作诗《江边阻风散步至灵山寺》：

> 归船不遇打头风，行脚何缘到此中？
> 幽谷余寒春雪在，虚帘斜日暮江空。
> 林间古塔无僧住，花外仙源有路通。
> 随处看山随处乐，莫将踪迹叹萍蓬。①

首联直言"打头风"厄阻行船，实则暗喻阳明历经宸濠之乱和忠泰之变的处境，但阳明一反常人羁役之丧气、怨气、腐气、迂气，竟以得缘"探幽"为幸，一赏"幽谷余寒春雪在，虚帘斜日暮江空。林间古塔无僧住，花外仙源有路通"之开阔美景。王阳明将初心、道心、闲心转化成生活中的审美智慧，随缘应运，随处得乐，诗风自在超然，诗境清丽和美。正如美国学者刘若愚所总结的："伟大的和较次等的诗的区别，在于前者把我们引入了新的境界，因而扩大了我们的感受力；而后者再创了我们熟悉的境界，因此只是肯定了我们自己的经验。"②王阳明以一句"随处看山随处乐，莫将踪迹叹萍蓬"开辟了一派无所待而乐的洒落境界，无论命运通达还是遭遇顿厄，都始终保持心体莹澈，物来顺应，随时随事自得。

王阳明的文道观亦是随其游艺于诗的思想历程而不断发展成熟。二十一岁的王阳明在北雍结诗社，投身于京师的诗坛文苑，与"茶陵派""前七子"等名家一觞一咏，"以才名争驰骋，学古诗文"③，后来他将这系列诗文汇编成《上国游》诗集。经过六年饱经风霜的生活历练，王阳明已开始返躬省思"焉能以有限精神为无用之虚文也"④，退省"辞章艺能不足以通至道"⑤，逐渐淡出弘治诗坛。

王阳明治学的转变并不意味着他从此摒绝众艺，只是他觉察到有必要为

---

①　（明）王守仁：《江边阻风散步至灵山寺》，《王阳明全集》卷二十，上海古籍出版社 2011 年版，第 845 页。

②　（美）刘若愚：《中国诗学》，长江文艺出版社 1991 年版，第 119 页。

③　（明）黄绾：《阳明先生行状》，《王阳明全集》卷三十八，上海古籍出版社 2011 年版，第 1578 页。

④⑤　（明）钱德洪：《王阳明年谱》，收于《王阳明全集》卷三十三，上海古籍出版社 2011 年版，第 1351 页。

游艺明确一个先后顺序，否则"学者溺于词章记诵，不复知有身心之学"①，王阳明要求学生"先立必为圣人之志"②，进而艺道双修，他借用孔子的话告诫学生：

> 德，犹根也；言，犹枝叶也。根之不植，而徒以枝叶为者，吾未见其能生也。予别玄默久，友朋得玄默所为诗者，见其辞藻日益以进。其在玄默，固所为根盛而枝叶茂者耶？③

在王阳明看来，主体的德性是一切学问的根本，若将之比作树的根，那么诗词文学则是树的枝叶，"种树者必培其根，种德者必养其心。欲树之长，必于始生时删其繁枝；欲德之盛，必于始学时去夫外好。如外好诗文，则精神日渐漏泄在诗文上去；凡百外好皆然"④。所以修养心性、培育德性、立志专一都应该落实在诗词创作之先，将诗文视为"外好"和若必要即删剪的"繁枝"，避免"精于文词而不精于道"⑤。

王阳明认为文从道出，"夫道广矣大矣，文词技能于是乎出。而以文词技能为者，去道远矣"⑥，这与朱熹的"道者文之根本，文者道之枝叶。惟其本乎道，所以发之于文，皆道也"⑦，乍看相似，其实不然。王阳明实为极力消解朱子所提倡的文道观，因阳明所指的"道"之内涵与朱子道统截然不同。王阳明所说的"道"是"良知即是道"⑧，是"大道即人心，万古未尝改"⑨。对于生命本身来说，最重要的就是生活的基本事实，思想、道理、学说不能违背生活基本事实。在王阳明这里，"道"与人心融为一体，积极引导主体发挥主观能动性，又与百姓日常生活相辅相成，是一个自由且多元的范畴。王阳明虽基于时风而担心沉迷诗文会分散求道的精力乃至虑心，即所谓"为文所累"⑩，但他没有因

---

① ② （明）钱德洪：《年谱一》，《王阳明全集》卷三十三，上海古籍出版社 2011 年版，第 1352 页。

③ （明）王守仁：《书玄默卷》，《王阳明全集》卷八，上海古籍出版社 2011 年版，第 304 页。

④ （明）王守仁：《传习录译注》，王晓昕译注，中华书局 2018 年版，第 157 页。

⑤⑥ （明）王守仁：《送宗伯乔白岩序》，《王阳明全集》卷七，上海古籍出版社 2011 年版，第 228 页。

⑦ （宋）黎靖德编：《朱子语类》卷一百三十九，收于朱杰人等编：《朱子全书》（修订本），上海古籍出版社 2010 年版，第 4314-4315 页。

⑧ （明）王守仁：《答陆原静书》，《传习录》中，《王阳明全集》卷二，上海古籍出版社 2011 年版，第 69 页。

⑨ （明）王守仁：《赠阳伯》，《王阳明全集》卷十九，上海古籍出版社 2011 年版，第 673 页。

⑩ （明）王守仁：《传习录译注》，王晓昕译注，中华书局 2018 年版，第 403 页。

此而忽视诗明道的特点，并着意发扬诗词在抒发主体情感、感怀言志、熏陶成性、化民成俗等方面的作用。

王阳明还曾在任南赣巡抚时，颁示社学蒙师的社学教条，以强调诗词之于学者儒生的重要性：

> 故凡诱之歌诗者，非但发其志意而已，亦以泄其跳号呼啸于咏歌，宣其幽抑结滞于音节也……讽之读书者，非但开其知觉而已，亦所以沈潜反复而存其心，抑扬讽诵以宣其志也。凡此皆所以顺导其志意；调理其性情，潜消其鄙吝，默化其粗顽，日使之渐于礼义而不苦其难，入于中和而不知其故。是盖先王立教之微意也。①

在王阳明看来，诗词不仅是传达心意性情的工具，更通过引发主体的想象，带领主体参与艺术意象创造的审美过程。所谓"调理性情"是游艺于诗词的审美活动之成果，并不是通过简单的文字符号就能实现的生理现象，而是主体全身心践履的一种创造。诗词作为一种艺术的语言，超越了日常语言符号时常言不达意、言不尽意的界限，通过丰富的艺术意象随物赋形、随类赋彩，以想象与联想、解构与重构的张力在主体间传达心意性情，"日使之渐于礼义而不苦其难，入于中和而不知其故"②，潜移默化地培养品格、激发良知。

对于王阳明来说，游艺于诗，已然是日常生活的一部分。诗词在他一步一步探究心学的过程中习与性成，是使世界开显出自身本来面貌的审美艺术实践。诗词把人安放在世界之中的方式，并非如琴艺般教导人以一种怎样的心境与世界和解，或像书艺蕴含的以一种怡然自乐的方式屏蔽外界以执于内心生活；而是要自己化身为人的精神力量，其把人（心）和世界相结合的方式，是在感化人心的同时，又给予世界熏陶，把世间颠倒的东西以心的力量复归还原——诗词是自由的，但它无法独立于自然实现这种自由，他要借助人的身心之休闲实践，真实地将自身生成。从这个角度观照，王阳明的诗艺体验早已超越之前或因贬谪、或因遁世而体味到的闲适境界，而融合着千古圣贤的智慧，引领着他直击生命的深刻，所以王阳明敢于这么说：

---

①② （明）王守仁：《训蒙大意示教读刘伯颂等》，《王阳明全集》卷二，上海古籍出版社 2011 年版，第 99 页。

《六经》者非他,吾心之常道也。①

诗文亦可直达吾心良知,亦可直观呈现天理,这是阳明生活美学理念的一个基本前提,也是阳明心学思想构建历程中的一个突破。

因此,有学者认为,王阳明的诗词文艺观念提高了文艺在整个心学体系中的地位,彰显出了文艺独特的审美价值。②而我们若将历史的视线拉宽放远,则会觉察到王阳明的这一突破,为接下来阳明后学探索文艺的"独立"价值埋下了意味深长的伏笔。以此为滥觞,后世李贽的"童心说"、袁宏道的"性灵说"、汤显祖的"主情说"与徐渭的"本色说",将为中国古代文艺审美带去独抒性灵的浪漫与自由的思潮,推进明代生活美学的流行。

第三节　"游于艺":忙中之闲的闲适境界

孔子在说"志于道,据于德,依于仁,游于艺"(《论语·述而》)时,也说"兴于诗,立于礼,成于乐"(《论语·泰伯》),后世学者巨儒比肩接踵地对这两句话进行分析与演绎,其中,何晏注释道:"艺,六艺也,不足据依,故曰游。"邢昺疏:"此六者,所以饰身耳,劣于道德与仁,固不足依据。"③朱熹在此基础上进一步解释认为"志于道,据于德,依于仁,游于艺"强调的是操作时间的先后次序,将"游于艺"之"游"的内涵释为立身成德后方可"玩物适情"④,将"游于艺"之内容扩释为"兴于诗,立于礼,成于乐",即后句乃前句之具体化,而诗、礼、乐之先后顺序呈现的是儒家理想人格化育层次的渐入⑤;是谓"以其得之于心,故谓之德,以其行之于身,故谓之行,非固有所作为增益,而欲为观听之美也……故古人教者莫不以是为先。若舜之命司徒以敷五教,名典乐以教胄子,皆此意

① (明)王守仁:《王阳明全集》卷七,上海古籍出版社 2011 年版,第 284 页。

② 袁宪泼:《王阳明"游艺"工夫实践与文艺观念突破》,《民族艺术》2020 年第 5 期,第 45-54 页。

③ (魏)何晏注,(宋)邢昺疏:《论语注疏》,李学勤主编,十三经注疏标点本,北京大学出版社 1999 年版,第 86 页。

④ (宋)朱熹:《四书章句集注·论语集注》,中华书局 1983 年版,第 93 页。

⑤ 此部分关于朱熹对孔子之语理解的论述,参考潘立勇:《朱熹人格美育的化育精神》,《朱子学刊》2000 年第一辑,第 260 页。

也"①。

李泽厚先生则别出新意地提出,"游于艺"句是掌握外在客观规律而获得的自由愉悦,"成于乐"句则直接与内在心灵(情、欲)规律有关。② 也就是说,两句分别是理想人格完成的外在路径与内在路径,身心合则成就孔子所谓的"从心所欲不逾矩",即圣人的理想人格。李泽厚的理论在用以理解孔子的理想人格思想理论时,直接提升了"艺"与"乐"的地位,亦恰与王阳明对忙碌生活中的闲适境界之探索实践所契合。

在王阳明看来,"游于艺"并非时人所言的玩物适情或是玩物丧志,而是于忙碌外务间开凿人心,让心成为不断从中流出甘泉的和谐之源,滋养干涸的生命的经验;"成于乐"也并不是直接根除生活里的烦恼,而是通过心灵最活泼的状态下创造的体验,又以最生动的形式反过来润泽内心的一种精神力量;最终两者结合,使"良知"在日常生活中的具体实现落实在自己的行为上。

王阳明曾苦于"物理吾心终判为二,无所得入"③,他在追求圣人之理想生活与境界过程中的最大考验,就是关于如何解决传统儒家提倡的理想人格与社会转型期的黑暗现实及人性之间的两分和割裂。

以朱子为代表的理学在不断追求人的道德性存在本质时,强调道德理性而贬低"游于艺"所呈现的感性欲望,走向崇心抑身的对立和紧张。有鉴于此,阳明认为"志于道、据于德、依于仁、游于艺",表达的是理想人格的生活美学:

> 只"志道"一句,便含下面数句功夫,自住不得。譬如做此屋,志于道是念念要去择地鸠材,经营成个区宅。据德却是经画已成,有可据矣。依仁却是常常住在区宅内,更不离去,游艺却是加些画采,美此区宅。艺者,义也,理之所宜者也,如诵诗读书弹琴习射之类,皆所以调习此心,使之熟于道也。④

王阳明认为仅仅关于"志于道"这一句话,就包含了数句辨析论证的工夫,

① (宋)朱熹:《学校贡举私议》,收于《朱子全书》第二十三册,上海古籍出版社2002年版,第3357页。
② 李泽厚:《华夏美学》,《美学三书》,安徽文艺出版社1999年版,第264页。
③ (明)黄宗羲:《文成王阳明先生守仁传》,收于《王阳明全集》卷四十,上海古籍出版社2011年版,第1711页。
④ (明)王守仁:《传习录译注》,王晓昕译注,中华书局2018年版,第409页。

不能单停留在对"志于道"的片面理解上。王阳明以建造自己居住的房屋为例，"志于道"有如下定决心选好建址、用好材料，念念不忘地将空地规划经营出住宅的蓝图；"据于德"就像建成房屋主体，自己有地方可以居住了；"依于仁"就好比常常居住在这房屋中，不再离去（而被他人鸠占雀巢）；"游于艺"恰如在房屋中增添装饰美化。王阳明以"艺"为义，即天理的最恰当处，譬如诵诗、读书、弹琴、射技之艺都可以调节练习本心，使主体纯熟于圣人之道。

前述"志道""据德""依仁"均是停留在描述建造与居住的基本生存层面，是人的存在迈向身心一体之过程，其间难免因忙碌失序而陷入对立紧张；只有从"游艺"开始，生活美学智慧才得以展露呈现。不同于忙碌的生存，生活美学是良知贯注生命而显现的审美过程。造好房屋仅仅是满足基本的居住安顿，之后，只有增添好具体的装饰设计，在这种艺术创造实践活动中，通过把握纯熟规律感受审美自由，在合目的性与合规律性的统一中辨识此屋与它屋的不同，即实现一种真正的独立性理解后，屋主才可能开始身心自由愉悦的生活，才可能从孤身整日住在家徒四壁的空房中、艰难地维持最基本的生存状态，全面发展为邀请宾朋光临筵坐，谈笑有鸿儒，共享画采之美、君子之道的生活。

所以说，"游于艺"并非可有可无的装饰，正如李泽厚所考察："'游于艺'既是前三者的补足，又是前三者的完成。仅有前三者，基本还是内向的、静态的、未实现的人格，有了最后一项，便成为实现了的、物态化了的、现实的人格了。"[1]"志于道，据于德，依于仁，游于艺"在阳明的经验中，是以圣人之道为志向，修德体仁，再博学群艺，掌握实践力量，而于忙碌之外实现主体自由的一种生活美学。

更具体地解释，"游于艺"的生活美学是具体的身心践履之学，其指归是通过日常生活"行著习察"[2]中的艺术审美实践，如：

> 君子之于射也，内志正，外体直，持弓矢审固，而后可以言中。故古者射以观德。德也者，得之于其心也。君子之学，求以得之于其心，故君子之于射以存其心也。是故燥于其心者其动妄；荡于其心者其视浮；歉于其心者其气馁；忽于其心者其貌惰；傲于其心者其色矜；

---

[1] 李泽厚：《华夏美学》，《美学三书》，安徽文艺出版社1999年版，第261页。

[2] （明）王守仁：《传习录译注》，王晓昕译注，中华书局2018年版，第312页。

五者,心之不存也。不存也者,不学也。君子之学于射,以存其心也。是故心端则体正;心敬则容肃;心平则气舒;心专则视审;心通故时而理;心纯故让而恪;心宏故胜而不张,负而不弛;七者备而君子之德成。君子无所不用其毕也,于射见之矣。①

游艺于射法自能通过身心配合而赋予体验主体以审美感受,这种审美感受首先是主体在习射过程中感受到"动妄""视浮""气馁""貌惰""色矜"的困扰,进而于外在技艺的锻炼中逐步去除"燥心""荡心""歉心""忽心""傲心",于游戏中掌握规律而留存"端心""敬心""平心""专心""通心""纯心""宏心",在具有实践性的人格中落实君子德行之美。诵诗读书弹琴之类亦是如此。在掌握丰富技艺的物质实践性基础上,通过把握现实规律而获得自由,实现"志于道,据于德,依于仁"之人格的动态全面发展,解答生活实践之本底意义,深具闲适境界的生活美学智慧。

王阳明终其一生在以生命本体为对象,追寻自身圣人的实现,这是一个在生命中对自我存在和境遇不断突破的过程。如果说人性的最后完成,即实践性人格与内在人格的完善合一就是理想人格的圆成,那么这种呈现为闲适境界的状态便是圣人的实践性人格与内在人格之具体展开。

在明代中叶的生活世界里,通过领悟自然世界的运行秩序,并将其纳入人的主观世界中,客观对象对于人的意义与价值由此呈现,并转而对客观现象进行解释,就是一个在忙碌中"志于道,据于德,依于仁,游于艺"的实践人格完善的过程。"生活美学"意旨"美学"有"生活"的过程,不是一受生便固定不变的,而是要在"志于道,据于德,依于仁"的基础上,在生活的"游艺"实践中逐步显现、完成和成就。在这样的过程中,人们日常生活中所说的价值和意义才会产生。无疑,"游于艺"和"成于乐"是王阳明对于由"人"入"圣"、踏入闲适境界的一种解答。具体落实于人生实践中,"志于道,据于德,依于仁,游于艺"将自然的规律向人的生活实践展开,使生活美学在主体全面发展的自由中得以具体化。至于在第四章将分析的"兴于诗,立于礼,成于乐",则是化外在理性为自觉,融社会伦理规范为个体情感的内在需求,以纯然相融的感性体验,着眼于人生的终极意义,而构筑理想的闲适境界。

---

① (明)王守仁:《观德亭记》,《王阳明全集》卷七,上海古籍出版社 2011 年版,第 274 页。

第四节 小 结

本章阐述了王阳明以棋、琴、诗、书为主的游艺之道与其忙碌生活的无间融入,以及经由"志于道,据于德,依于仁,游于艺"而在繁忙的公共事务之间实现自我闲适境界的生活美学。

王阳明的游艺实践绝非传统文人的闲情雅趣,而是儒家"志道—据德—依仁—游艺"工夫系统的具象化展开。这种将棋、琴、诗、书等艺术形式熔铸为心性修炼法门的美学实践,本质上构成了"工夫即本体"的生存论建构——在公务繁忙的尘世中开辟出闲适其形、精进其神的生命境界,恰如其《月夜》诗中"铿然舍瑟春风里,点也虽狂得我情"所揭示的"孔颜乐处"的现代回响。这种"寓道于艺"的生活智慧,既是对程朱理学"居敬穷理"单向度工夫的超越,更是对庄子"技进乎道"命题的儒学化改造。

即使王阳明门生在编录其生平与文集时专注圣学与事功,对王阳明的日常生活与诗词有相当程度的弃录与删改,但随着近年散佚作品的进一步搜集汇整,王阳明充盈游艺与闲乐的人生线索清晰可见:在他的一生中,幼时乡间生活奠定其雅俗兼赏、醉心山水的生命基调;长达二十余年的闲职与父辈的实力保障,让他比之同代文人,从不需汲汲营营奔走钻研,而未曾遮蔽生命的生机,有更多的艺术时间与更多彩的阅历体验,得以将艺术融入日常家居生活的美学。

对于王阳明的画作,考虑到其传世画作存在流失海外及专业真伪鉴定等问题,故仅将现存于台北故宫博物院收藏的《自作山水画并题》一画置于第七章简略分析;而对于《与郑邦瑞尺牍画像》(见图4.5)、《法云林笔意图》(见图4.6)这两幅画作,本研究尚持保守态度,有待专业学者继续考究,亦请见者多加谨慎辨析。而关于王阳明本人的书画收藏兴趣,这又是另一个值得研究的选题。

需要我们留心注意的是,游艺之于王阳明,从来不是普通文人装饰点缀生活的艺术氛围,而是践履身心合一工夫、直击人生的本底意义。

图 4.5　《与郑邦瑞尺牍画像》（笔者暂译名，英文名称为：Letters to Zheng Bangrui
with Anoymous Pottrait of Wang Shouren）①

图 4.6　王守仁《法云林笔意图》及董其昌诗文真迹

---

①　据传为王守仁手卷信件所作。书法 24×292.8 厘米（$9\frac{7}{16}$×115 $\frac{1}{4}$英寸），底页 24×220.7 厘米（$9\frac{7}{16}$×86 $\frac{7}{8}$英寸），绘画 24.3×43 厘米（$9\frac{9}{16}$×16 $\frac{15}{16}$英寸）。现藏于美国普林斯顿大学艺术博物馆，尚未收录于三大画册中，有待进一步考证。

中国古代文人比较标准的生存方式是"温柔敦厚"，追求"以静制动""修身养性"，所以才会出现"文人艺术"——文人画、文人诗，乃至文人音乐、文人游戏。又由于科举制度持续了一千三百多年，促成了"士人文人"与"才子文人"两种身份角色，而古代官员体制也让一些文人角色变化频繁，甚至可以既是"士人文人"又是"才子文人"。王阳明的生活经历，决定了他具有两种身份角色的特点。王阳明的游艺始终保持着"百姓日用即道"的工夫自觉。早年乡居的山水浸润，使其艺术感知始终植根于"活泼泼地"的生命体验；而后期显赫家世带来的生存保障，反而造就了"不离日用常行内，直造先天未画前"①的审美品格。这种"即世超世"的艺术态度，在存世《自作山水画并题》的云山淡墨间可见端倪：画面中亭前竹影与砚底松风的虚实相生，恰是其"心外无物"命题的视觉转译。

王阳明游于棋，不拘雅俗偏见，所谓善棋者多谋能断，少时从中习得竞技之智，中年由棋推及美育之道，晚年借棋闲居心中桃源。"却怀刘项当年事，不及山中一着棋"②的审美超越，实为"事上磨"工夫的隐喻——当围棋的经纬纵横转化为"寂然不动，感而遂通"的心体图式，胜负之争便升华为"未发之中"的持守功夫。这种将竞技智巧转化为道德直觉的艺术转化，正是王阳明突破"士人—才子"二元分裂的关键。王阳明棋道之妙，在于将兵法谋略升华为心体流行。

王阳明游于琴，多是追慕古德圣贤的生命体验与天地自然的精神气息，"琴瑟简编，学者不可无"③，所谓善琴者襟怀坦白，奏琴对情感的疏导陶冶，与琴声自然育化的涵泳生命，造就了王阳明"此心光明，亦复何言"④的一生。王阳明抚琴非为炫技，而是通过宫商角徵羽的音律结构体认"中和"之道。其在龙场制作的石磬，以"击之泠然"的物理振动唤醒"吾性自足"的本体自觉，这种将乐器制作纳入修身实践的独特路径，实现了《乐记》"大乐与天地同和"的诠释。

王阳明游于书，言不称师，广临古帖，"拟形于心，久之始通其法"⑤，心印书迹，身心合一。所谓善书者古道热肠，执笔手谈得古人之胸臆，形神交汇，一

---

① （明）王守仁：《寄题玉芝庵》，《王阳明全集》卷二十，上海古籍出版社 2011 年版，第 871 页。

② （明）王守仁：《题四老围棋图》，《王阳明全集》卷十九，上海古籍出版社 2011 年版，第 737 页。

③ （明）王守仁：《传习录译注》，王晓昕译注，中华书局 2018 年版，第 474 页。

④ （明）查继佐：《王守仁传》，《王阳明全集》卷四十，上海古籍出版社 2011 年版，第 1716 页。

⑤ （明）钱德洪：《年谱一》，《王阳明全集》卷三十三，上海古籍出版社 2011 年版，第 1348 页。

破前人窠臼,一扫时风拘囿,其信札手迹的欹侧跌宕与《法云林笔意图》的萧散简远形成的风格张力,恰恰印证了"洒落"与"敬畏"的辩证统一——当笔墨轨迹成为心体运动的物质痕迹,书法便升华为"无声之乐"的工夫载体。

王阳明游于诗,其诗作凝结一生游历众艺之荟萃,"艺者,义也,理之所宜"①。所谓善诗者透至心明,诗艺不仅让王阳明以纯一无杂的心灵看见艺术与艺术之间的相连互通,艺术与自然、艺术与人生、人生与自然等一切万有之间莫不亲密合一,这是王阳明从艺术深层体味的活泼泼的生命气象。自王阳明以良知为诗艺乃至文论的本体依据,近世性的生活儒学思想由此发轫。

王阳明毕生追求成圣之境界,在他看来,通过领悟自然规律,并将其纳入人的主观世界中,客观对象对于人的意义与价值由此呈现,并转而对客观现象进行解释,就是一个"志于道,据于德,依于仁,游于艺"的实践人格完善的过程。"志于道,据于德,依于仁,游于艺"是以圣人之道为志向,修德体仁,再博学群艺以把握规律,在游艺中发展完善实践性人格,以忙中抽闲的艺术生活审美体验达到一种闲适境界。

王阳明的艺术化生存,本质上是通过审美中介实现"下学上达"的儒学革命。当诗书画印的创作实践与龙场悟道的本体觉醒形成互文共振,中国文人艺术的境界已然突破"畅神""寄情"的传统范式,升华为"尽心知性以知天"的工夫进路。这种将生活艺术化、艺术工夫化的双向运动,不仅重构了儒家"内圣外王"的实践维度,更为现代人提供了另一种生存美学的方案。

---

① （明）王守仁:《传习录译注》,王晓昕译注,中华书局 2018 年版,第 409 页。

第五章　闲心期与白鸥群：
王阳明的闲乐之情

王阳明在学问精进中，一边忙于政务，一边得闲乐于交友讲学。这种在闲暇中操忙生命理想的生活审美实践，使得阳明之闲比之明代大部分的富贵闲人犹然卓尔不同——闲中之忙的"闲"，实为闲暇中的"充实"，饱含儒家责任感的动态行动哲学，使阳明之闲暇中充盈着无入而不自得的自由感，已然达到一种理想境界的高度。如果说悠游讲学对应"兴于诗"，求友雅集对应"立于礼"，那么对王阳明来说，这种悠游讲学、求友雅集的生活方式所相对的"成于乐"，则是关于一种闲中之忙的闲适境界。

第一节　"自古有志之士，未有不求助于师友"：交友之乐

一、"不知何处是吾家"：明代中期的交友雅集风尚

元代统治下的（汉族）士人结社活跃，明代士人也延续了这一习惯，即使是在明初苛政压力下也从未中断。在明初严冬般的境遇下，士人社团与雅集活动有所收敛，以台阁雅集为主，多为统治阶级歌功颂德而有所收敛个性，但一嗅到逐渐放宽的政治气氛嬗变，各种文人交友与结社雅集便在明中期犹如雨后春笋般蓬勃冒出。

明代中期士人李诩曾在《牡丹百咏》中记载：

　　成化时，常熟富室魏姓者，其家园牡丹盛开，招客燕赏，首席为其邑城广西金宪汤克难琛，次席为其郡城诗人张豫源淮，两公即席用僧

明本梅花诗神、真、人、尘、春一韵，各成百咏于一日之间，诚骚坛绝世之盛事哉！①

明代士人的交友范围已扩大至传统儒者以外的僧道、商人、平民等，他们不仅乐于组织友人雅集活动，而且重视友道以提升辅助道德修养，这或许是出于动荡时代下对儒者士人身份的一种焦虑。毕竟，与志同道合之士一起远离庙堂之谋，或游山卧水、披月林间，或结庐筑园、品茗煮酒，或诗社唱酬、试笔洗砚，士人的艺术创作与休闲活动相生相成，艺中见闲，闲中有艺，浑然一体。

友人交往的种种生活意趣为士人们提供了心灵慰藉，他们酒酣人醉而尽情倾吐对权奸的不齿，于山水之中抒发对精神自由的向往，在士林风骨的江湖空间中实现士人自我价值的认同。

友人间的雅集结社活动横跨一年四季，又按四时八节之分涵盖不同主题，所谓四时逸游，合于生生之美，由此纷迭而出的丰富的活动内容为明代文人的艺术创作提供了源源不断的灵感，无数以雅集活动为主题的明代诗词、书法、绘画至今仍为美谈：文徵明于正德十三年（1518）与好友蔡羽、王宠、汤珍、汤子朋等七人至无锡城外惠山雅集，只为一品自唐代"茶圣"陆羽以来就被封为"天下第二泉"的惠山泉。烹茶啜茗之余，友人识古人之茶趣，齐仰天地之至乐，濠濮间想，陶陶然而不舍归。后文徵明念念不忘而绘制《惠山茶会图》②，以纪念此次雅集，蔡羽、王宠、汤珍三家题以诗文。景与闲融，象与心会，是文氏诸多雅集画作中颇为经典的名品，清代鉴赏家、收藏家顾文彬曾赞："文衡山《惠山茶会图》，被服古雅，景色妍丽，酷似松雪翁手笔，当为吾楼文卷第一。"③当然，举此一隅，还无法复现明代中期的雅集盛况与背后的交游结社风尚。《四库全书总目提要·西湖八社诗帖》有载：

　　明之季年，讲学者聚徒，朋党分而门户立，吟诗者结社，声气盛而文章衰。当其中叶，兆已先见矣。④

即使清人试图以一种消极的语气去形容描述明代中期雅集友朋交往之

①　（明）李诩：《戒庵老人漫笔》，中华书局1982年版，第280页。
②　（明）文徵明：《惠山茶会图》，现收藏于北京故宫博物院。
③　（清）顾文彬：《过云楼书画记》，上海古籍出版社2011年版，第134页。
④　（清）永瑢、纪昀：《四库全书总目提要·西湖八社诗帖》，海南出版社1999年版，第1051页。

风,也难掩其作为一种汇聚各类艺术与休闲活动的文化力量,[1]在继承儒家人伦之乐的基础上,以包容、开放、平等的精神,为志士仁人拓得社会生活中精神自由交流的空间。王阳明有诗曰"尽日岩头坐落花,不知何处是吾家"[2],这个"家"于形上层面带有"精神家园"的隐喻,在实际上,明代中期的友人交往风尚确实为士人构建起不同于传统、个体与社会之间的关系缓冲地带,从审美的乃至精神的维度赋予儒家人伦之乐以全新的本真内涵。

二、"皆相视如一家之亲":王阳明的同辈友人交谊

此般时代风尚深契阳明之意,王阳明早年就四方交游,广结友朋,《年谱》有载:

> 十一年戊午,先生二十七岁,寓京师。
>
> 是年先生谈养生。先生自念辞章艺能不足以通至道,求师友于天下又不数遇,心持惶惑。一日读晦翁上宋光宗疏,有曰:"居敬持志,为读书之本,循序致精,为读书之法。"乃悔前日探讨虽博,而未尝循序以致精,宜无所得;又循其序,思得渐渍洽浃,然物理吾心终若判而为二也。沉郁既久,旧疾复作,益委圣贤有分。偶闻道士谈养生,遂有遗世入山之意。[3]

当时的青年王阳明正处于人生中最迷茫的阶段,一方面他对自身有极高的期望,立志"通至道",因此不吝"求师友于天下";另一方面,现实中探索求圣工夫的屡次碰壁与随之而来的"旧疾复作",使得阳明在矛盾中反复挣扎,一度有以道士为"师友"而出世隐居的想法。王阳明这段时间的心路历程,就是在寻找志同道合的友人过程中不断"求师"、解答自我生命困惑的柳暗花明的过程。王阳明在与乡试同届好友秦文踏青兰亭时曾作次韵诗:

> 十里红尘踏浅沙,兰亭何处是吾家?
> 茂林有竹啼残鸟,曲水无觞见落花。

---

① 卢熠瞳:《明人雅集中休闲艺术研究》,河南大学硕士学位论文,2019 年,第 71 页。
② (明)王守仁:《岩头闲坐漫成》,《王阳明全集》卷二十,上海古籍出版社 2011 年版,第 853 页。
③ (明)钱德洪:《年谱一》,《王阳明全集》卷三十三,上海古籍出版社 2011 年版,第 1349-1350 页。

野老逢人谈往事，山僧留客荐新茶。

临风无限斯文感，回首天章隔紫霞。①

此次适逢三月三上巳节，两人前往兰亭踏青被禊，追忆当年兰亭盛事。秦文率先赋诗一首，王阳明按其韵和诗。阳明诗中所言"兰亭""茂林""曲水无觞"等词皆典出自王羲之《兰亭集序》名篇。首联开篇"十里红尘踏浅沙，兰亭何处是吾家"即是抒怀感忧，回首红尘人间，犹如踏沙行无痕。阳明对兰亭是有归属感的，他深许自己东晋王羲之后裔的身份，亦在世代祖辈传奇影响下，视此处为自己生命征程的起点和灵魂的归宿。但这份遗风余思的情怀难掩阳明对未来生活方向的迷茫与寥落。"山僧留客荐新茶"，山寺里的僧人热情地留请二友品茶。刚采制的初春山茶鲜嫩翠绿，足以于品饮之中修身养性，但俗世与禅门，旧人与新茶，寥落与生机，其中映射出的是阳明在此阶段的矛盾与哲思。

不过王阳明并未在这种矛盾心态中挣扎太久，随着他悟得"吾儒养心，未尝离却事物，只顺其天则自然，就是功夫。释氏却要尽绝事物，把心看作幻相，渐入虚寂去了；与世间若无些子交涉，所以不可治天下"②。王阳明否定佛家所谓隔绝社会交往、以求至纯至美之心的工夫，而将工夫落实在社会性的实践中，"是就学者本心日用事为间"③，这种对儒家伦理的回归，正如黄仁宇曾解释：

> 这种学说虽然没有直接指责自私的不合理，但已属不言而喻。因为所谓"自己"，不过是一种观念，不能作为物质囤积保存。生命的意义，也无非是用来表示对他人的关心。只有做到这一点，它才有永久的价值……儒家的学说指出，一个人必须不断地和外界接触，离开了这接触，这个人就等于一张白纸。④

王阳明在《上国游》时期接触最为频繁的友人无非李梦阳。李梦阳有记载：

---

① （明）王守仁：《兰亭次秦行人韵》，《王阳明全集补编（增补本）》，束景南、查明昊辑编，上海古籍出版社 2021 年版，第 4 页。

②③ （明）王守仁：《传习录译注》，王晓昕译注，中华书局 2018 年版，第 440 页、第 195 页。

④ （美）黄仁宇：《万历十五年》，生活·读书·新知三联书店 2008 年版，第 237 页。

诗倡和莫盛于弘治，盖其时古学渐兴，士彬彬乎盛矣，此一运会也。余时承乏郎署，所与倡和则扬州储静夫、赵叔鸣……余姚王伯安……诸在翰林者以人众不叙。①

黄绾亦有记载两人交往之实："己未登进士，观政工部。与太原乔宇，广信汪俊，河南李梦阳、何景明，姑苏顾璘、徐祯卿，山东边贡诸公以才名争驰骋，学古文诗。"②彼时的李梦阳提倡文学复古打破"台阁"文权③，试图实现从文坛至政坛的革新，因此王、李两人一拍即合，切切偲偲，笙磬同音。李梦阳时常邀请阳明一同出入雅集文会，留下诸多友朋酬赠诗与书画作品。

弘治十八年（1505 年），金陵龙霓将出任浙江按察佥事。李梦阳发起召集王阳明在内的二十余位友人雅集文会，聚于山水幽佳处，为龙霓践行，并切磋时文诗艺，每位参与者各以浙江山水名胜为题赋古风诗一首。李梦阳率先吟道：

> 钱塘八月潮水来，万弩射潮潮不回。
> 使君临江看潮戏，越人行潮似行地。
> 捷我鼓，旌我旗，君不乐兮君何为？
> 投尔旗，辍尔鼓，射者何人尔停弩？
> 涛雷殷殷蛟龙怒，中有烈魂元姓伍。④

李梦阳提及的钱塘烈魂意指春秋伍子胥。伍子胥作为一个具有悲剧色彩的豪杰，护国不得，而被吴王赐死扔入钱塘江中，杭人遂传说钱塘大潮乃伍子胥忠魂所掀起，民间奉他为钱塘潮神。李梦阳借此史实，抒发了忠心报国的气魄。王阳明亦迎头赶上，巧取与钱塘对应的西湖之景，合以屈原之典故，作了一首与李梦阳声气相投的古体诗：

---

① （明）李梦阳：《朝正倡和诗跋》，《空同子集》卷五十九，明万历三十年（1602 年）邓云霄刻本，浙江大学图书馆藏，第 31 页。

② （明）黄绾：《阳明先生行状》，《王阳明全集》卷三十八，上海古籍出版社 2011 年版，第 1578 页。

③ Chang Woei Ong. *Li Mengyang, the North-South Divide, and Literati Learning in Ming China*. Cambridge MA：Harvard University Asia Center，2016：54.

④ （明）吴伟：《词林雅集图卷》，作于弘治十八年乙丑（1505 年），纵 27.9 厘米，横 125.1 厘米，现藏于上海博物馆。

我所思兮山之阿，下连浩荡兮湖之波。层峦复，周遭而环合。

云木际天兮，拥千峰之嵯峨。送君之迈兮，我心悠悠。

桂之楫兮兰之舟，箫鼓激兮哀中流。

湖水春兮山月秋，湖云漠漠兮山风飕飕。

苏之堤兮遹之宅，复有忠魂兮山之侧。

桂树团团兮空山夕，猿冥冥兮啸清壁。

旷怀人兮水涯甘，目惝恍兮断秋魄。

君之游兮，双旗奕奕；水鹤翩兮，鸥凫泽泽。

君来何暮兮，去何毋疾；我心则悦兮，毋使我亟。

送君之迈兮，欲往无翼。

雁流声而南去兮，渺春江之脉脉。①

诗成吟罢，文人们陆续挥毫落纸，将诗作形诸长卷之上，再由浙派画家吴伟绘以雅集山水人物画，一幅汇集诗、书、画的雅集盛典图卷就此而成。图卷中的阳明与梦阳头戴官帽，相倚于竹林之下，揽景会心，坐看暮霭竹影，乐意融融（见图 5.1）。

图 5.1　吴伟《词林雅集图卷》②

同年李梦阳上书论弘治时政，王阳明暗中相助③，但孝宗偏信外戚宦官，反而惩罚了谏言的李梦阳。之后及武宗即位，朝中纷争更剧，李梦阳参与的弹劾宦官行动演变成了"党籍"内斗之祸，与梦阳同声相应的王阳明也被武宗列入"党籍"。王阳明遭廷杖而下诏狱，与李梦阳值同一日被谪贬离京。

湛若水、陆深、储巏、汪俊等昔日友人，冒着政治风险相聚，为王、李二人作诗送行。王阳明与李梦阳这对从诗坛一路同行到政坛的朋友，自此一南一北天各一方，阳明谪贵州，李梦阳谪山西，似乎也预示着两人之后学术及人生道路渐行渐远。明末清初学者钱谦益曾如此记载王阳明的学术转向：

---

①②　（明）吴伟：《词林雅集图卷》，现藏于上海博物馆。

③　参见束景南：《阳明大传："心"的救赎之路》，复旦大学出版社 2020 年版，第 254-255 页。

> 先生在郎署,与李空同诸人游。刻意为词章。居夷以后,讲道有得,遂不复措意工拙。①

王、李两人皆志于兴利除弊,只是在明代南北文化差异的潜移默化下,方法论趋异,一求道于心学,一求道于古文。后世李贽曾评价:"如空同先生与阳明先生同世同生,一为道德,一为文章,千万世后,两先生精光具在……人之敬服空同先生者,岂减于阳明先生哉?"②两人之交不失为明代中叶一段友道佳话。

如若没有与李梦阳"以诗文相驰骋"③的友情,王阳明大概还会在学途迷茫期徘徊更久,"非得良友时时警发砥砺"④,可能会在尚未寻得方向时便已耗尽燃情斗志,甚至可能踏足不同于创立心学的人生道路。王阳明的另一位挚友湛甘泉,则与王阳明相伴相知,所谓"道逢同心人,秉节倡予敢;力争毫厘间,万里或可勉"⑤。王阳明与湛若水相识于弘治十八年(1505年),两人的交游被学者秦家懿誉为王阳明"精神发展之一转折点"⑥。彼时三十四岁的王阳明,与不惑之年的湛若水在京城一见如故,阳明如此感慨两人之一见定交:

> 守仁从宦三十年,未见此人。⑦

甘泉亦认同两人的意气相倾、心照神交:

> 若水泛观于四方,未见此人。

---

① (清)钱谦益:《列朝诗集小传·丙集》,上海古籍出版社1983年版,第269页。
② (明)李贽:《与管登之书》,《焚书·续焚书》增补一,中华书局2009年版,第267页。
③ 束景南:《王阳明年谱长编》卷一,上海古籍出版社2017年版,第157页。
④ (明)王守仁:《与黄宗贤》,《王阳明全集》卷六,上海古籍出版社2011年版,第244页。
⑤ (明)王守仁:《阳明子之南也其友湛元明歌九章以赠崔子钟和之以五诗于是阳明子作八咏以答之·其三》,《王阳明全集》卷十九,上海古籍出版社2011年版,第750页。
⑥ (加)秦家懿:《王阳明》,台湾东大图书出版社1987年版,第42页。
⑦ (明)湛若水:《阳明先生墓志铭》,《王阳明全集》卷三十八,上海古籍出版社2011年版,第1539页。

两人在生活中推诚相见、"各相砥砺"①②，在学术中切磋论辩、"共倡圣学"③。阳明坦言自己在志学与成长的过程中，每觉彷徨无助或临危受挫时，都因甘泉这位"同道友"④的存在，让他不再孤独、不畏艰险而更加坚毅于自身：

> 某幼不问学，陷溺于邪僻者二十年，而始究心于老、释。赖天之灵，因有所觉，始乃沿周、程之说求之，而若有得焉。顾一二同志之外，莫予翼也，岌岌乎仆而后兴。晚得友于甘泉湛子，而后吾之志益坚，毅然若不可遏，则予之资于甘泉多矣。甘泉之学，务求自得者也。世未之能知其知者，且疑其为禅。诚禅也，吾犹未得而见，而况其所志卓尔若此。则如甘泉者，非圣人之徒欤！⑤

两人共尊白沙心学，在学术上抱着和而不同的态度，时常交流心悟，共抵世人误解蜚语。在阳明被贬龙场时，湛甘泉顶风送行，仿屈正则一口气作诗歌九首名《九章赠别》解慰阳明，使运蹇时乖的阳明堪以告慰。阳明作《八咏》长歌相唱答，其中第四、五、六首总结了阳明在该阶段的心学体悟，万物一体、天下一家的伦理思想在第四首中呈现雏形：

> 此心还此理，宁论己与人！千古一嘘吸，谁为叹离群？
> 浩浩天地内，何物非同春！相思辄奋励，无为俗所分。
> 但使心无间，万里如相亲；不见宴游交，征逐胥以沦？⑥

阳明的思考从人心出发，环游天地寰宇而回归人身，人的相聚分离放置于千古时间长河犹如弹指一挥，但在同一时间维度下，即使分隔千里的万物依旧同享一片春光，尤有千里共婵娟之意。在阳明看来，相亲之情不仅构成人伦亲情、友情，躬耕可以推至整个社会乃至天下万物，他认为《大学》之"亲民"原义

---

① （明）湛若水：《阳明先生墓志铭》，《王阳明全集》卷三十八，上海古籍出版社 2011 年版，第1539 页。

②③ （明）黄绾：《阳明先生行状》，收于《王阳明全集》卷三十八，上海古籍出版社 2011 年版，第1558 页。

④ （明）王守仁：《别三子序》，《王阳明全集》卷七，上海古籍出版社 2011 年版，第 252 页。

⑤ （明）王守仁：《别湛甘泉序》，《王阳明全集》卷七，上海古籍出版社 2011 年版，第 257 页。

⑥ （明）王守仁：《阳明子之南也其友湛元明歌九章以赠崔子钟和之以五诗于是阳明子作八咏以答之·其四》，《王阳明全集》卷十九，上海古籍出版社 2011 年版，第 750 页。

应为扩推亲情至万民：

> 明明德必在于亲民，而亲民乃所以明其明德也……是故亲吾之父以及人之父，而天下之父子莫不亲矣。亲吾之兄以及人之兄，而天下之兄弟莫不亲矣。君臣也，夫妇也，朋友也，推而至于鸟兽草木也，而皆有以亲之，无非求尽吾心焉以自明其明德也。①

"明明德"是将亲情推而广之于人伦实践的一种光明心境乃至光明境界，其极致即是万物一体：

> 天地万物，本吾一体者也，生民之困苦荼毒，孰非疾痛之切于吾身者乎？不知吾身之疾痛，无是非之心者也。②

这就是千里神交的实践动力，正因有此万物一体的情感体验，王阳明坚信只要不忘初心，即使穷困处夷，与友人的相思之情可以化为终身奋励于圣学明道的能量，"当是之时，天下之人熙熙皞皞，皆相视如一家之亲。"③

知交零落往往是人生常态，而王阳明与湛若水的挚谊却是历久弥坚。在王阳明抱病平定广西叛乱后，上疏请归养病，却苦等不得回应，"恐病势日深，归之不及，一生未了心事"④，遂赶赴广州等待朝命。他抚病前往增城，除了祭祀重修的先祖王纲父子忠孝祠之外，最念念不忘的就是造访湛若水故居，给以与湛氏交谊论道的一生以总结——沉疴难起的王阳明似已料到再无与湛当面论学的可能，为这段友情留下些许总结已然成为他的一桩未了心事。在湛若水故居的白壁上，王阳明亲题诗二首：

书泉翁壁

我祖死国事，肇禋在增城。荒祠幸新复，适来奉初蒸。
亦有兄弟好，念言思一寻。苍苍蒹葭色，宛隔环瀛深。

---

① （明）王守仁：《大学问》，《王阳明全集》卷二十六，上海古籍出版社 2011 年版，第 1066 页。
② （明）王守仁：《答聂文蔚》，《王阳明全集》卷二，上海古籍出版社 2011 年版，第 89-90 页。
③ （明）王守仁：《答顾东桥书》，《王阳明全集》卷二，上海古籍出版社 2011 年版，第 61-62 页。
④ （明）王守仁：《与黄宗贤·书五》，《王阳明全集》卷二十一，上海古籍出版社 2011 年版，第 917 页。

入门散图史,想见抱膝吟。贤郎敬父执,童仆意相亲。
病躯不遑宿,留诗慰殷勤。落落千百载,人生几知音。
道通着形迹,期无负初心。①

题甘泉居

我见甘泉居,近连菊坡麓。十年劳梦思,今来快心目。
徘徊欲移家,山南尚堪屋。渴饮甘泉泉,饥飱菊坡菊。
行看罗浮云,此心聊复足。②

这两首诗最终成为王阳明此生所留下的最后诗篇。在预感大限将至之时,王阳明心中有甘泉涤胸襟,身旁有菊麓沁人心脾,是无言的山水自然,为这份钻研圣学、共赴大道而不负初心的友情,画上了至死不渝的句号。纵然肉体的生命是有限的,两人友情的美谈却已成为"皆相视如一家之亲"③的行动注脚,被后世传颂。

三、"万物一体"：王阳明及其后学的友道观

明初以降政治生态的恶劣,致使士人群体难复儒家传统匡君治世之理想。至明代中叶,士人在商品市场经济发展的洪流中逐步改变了自己的思想观念和行为规范。他们意识到宋儒道统之说已于世不通,转而通过参与日常娱乐中的社会休闲,包括联谊、雅集、讲座等,去实现自身的社会影响,去表达他们的思想性情与追求。满怀抱负的青年理学家如王阳明、湛若水、李梦阳等,都觉察到其中适世践履的趋向,人伦日用对于学问修养的作用日渐被重视,结社雅集风尚使得进一步发掘朋友之伦的意义成为其中突破的可能。

王阳明的友道观不仅与士风转向及时代趋势相关,若联系阳明的具体生平及文艺作品进一步审视,则能发现其背后还有阳明的个人情怀与独特诉求,以及儒家思想之传承的色彩。

郑玄注《周礼》曰："同师曰朋,同志曰友。"④后许慎解字："同志为友,从二又,相交友也。"⑤以志同道合者为友,王阳明的友道观并非无源之水、无本之

---

① （明）王守仁：《书泉翁壁》,《王阳明全集》卷二十,上海古籍出版社 2011 年版,第 880 页。
② （明）王守仁：《题甘泉居》,《王阳明全集》卷二十,上海古籍出版社 2011 年版,第 789 页。
③ （明）王守仁：《答顾东桥书》,《王阳明全集》卷二,上海古籍出版社 2011 年版,第 61-62 页。
④⑤ （汉）许慎,（清）段玉裁注：《说文解字注》,上海古籍出版社 1981 年版,第 116 页。

木。儒家传统的交往论与伦理观构成阳明及其后学交友观的主要思想渊源：从孔子的"友直、友谅、友多闻，益矣。友便辟，友善柔，友便佞，损矣"（《论语·季氏》），到曾子的"君子以文会友，以友辅仁"（《论语·颜渊》），孟子的"友也者，友其德也，不可以有挟也"（《孟子·万章章句下》），再到荀子的"友者，所以相有也"①，先秦儒者们奠定了儒家交友观的基本原则与价值取向；而后宋代理学家们一边将友道的本体依据推演至天理自然，如朱熹将友伦溯之天理而论其本体必然性：

> 朋友者天属之所赖以正者也……此其所以为天之所叙而非人之所能为者也。②

另一边同时着力于在实践方面推进交友与书院讲学结合，以之为进于学道而成仁之助，如胡宏扩建书院，云集张栻、彪居正等友人会文讲学：

> 穷理既资于讲习，辅仁式藉于友朋。载卜会文之方，乃堂碧玉之上。③

朱熹还强调书院需要通过友朋讲学的途径来保持一种学问的非功利性：

> 前人建书院，本以待四方士友相与讲学，非止为科举计。④

宋代理学家们对儒家交友观的传承与发展，为王阳明统摄构建以"万物一体之仁"⑤为最终理想的体系化友道观打下了坚实的基础。在明代中期的涵泳人伦日用之转向背景下，践履简易直截的心学理路，点化出重新引领明代士人精神世界的生活方式，在儒家工夫论视角下，展开"友"之存在向度的内涵。

---

① （清）王先谦：《荀子集解》，中华书局 2013 年点校本，第 607 页。

② （宋）朱熹：《跋黄仲本朋友说》，《晦庵先生朱文公文集》卷八十一，上海书店出版社 1989 年版，第 12—16 页。

③ （宋）胡宏：《碧泉书院上梁文》，《胡宏集》，中华书局 1987 年版，第 201 页。

④ （宋）黎靖德：《朱子语类》卷 106，收于（宋）朱熹：《朱子全书》第 17 册，上海古籍出版社与安徽教育出版社 2002 年版，第 3481 页。

⑤ （明）王守仁：《答顾东桥书》，《王阳明全集》卷二，上海古籍出版社 2011 年版，第 61—62 页。

王阳明多次表达"自古有志之士，未有不求助于师友"①的观点，阳明也常将"师友"并行而论，因其友道观中"友"之状态义远超身份义，时有亦师亦友或寓"师"于"友"之状态转换，而非限于特定身份关系。如王阳明与年龄相近的黄宗贤，在京城初识即结为友，后钦慕学问而拜师于阳明，但同阳明、湛若水相处相交时全然"一语而合，遂成深契，日相亲炙"②，并无传统师道之庄严生分；阳明后学之李贽更直言其不辨师友之别，以友为师，亦以师为友：

> 余谓师友原是一样，有两样耶？但世人不知友之即师，乃以四拜
> 受业者谓之师；又不知师之即友，徒以结交亲密者谓之友。③

王阳明在中晚年思想趋于精熟时，便不唯拘于个体的生活世界领域，他体察到一个离群索居以保养自我的士人所面临的最大问题，并不是无同道者对话交流以致于意志减退，而是目睹世间生民苦难却无法触及——正如孔子所叹的"吾非斯人之徒与而谁与"（《论语·微子篇》），那些有限的个体生命维度需要良师益友一同协力展开。所以，阳明及其后学的友道观于日常生活中主要落实在"在以友辅仁的圣学修习方式、求友四方的学术传播途径、兴复友道以正人心的救世情怀三个方面"④，即在人伦日用之间围绕一种由个人良知之宏扩，广延至"万物一体"的最终理想：

> 夫圣人之心，以天地万物为一体，其视天下之人，无外内远近，凡
> 有血气，皆其昆弟赤子之亲，莫不欲安全而教养之，以遂其万物一体
> 之念。天下之人心，其始亦非有异于圣人也，特其间于有我之私，隔
> 于物欲之蔽，大者以小，通者以塞，人各有心，至有视其父子兄弟如仇
> 雠者。圣人有忧之，是以推其天地万物一体之仁以教天下，使之皆有
> 以克其私，去其蔽，以复其心体之同然。其教之大端，则尧、舜、禹之
> 相授受，所谓"道心惟微，惟精惟一，允执厥中"。而其节目则舜之命

① （明）王守仁：《与戴子良》，《王阳明全集》卷四，上海古籍出版社2011年版，第173页。
② （明）黄绾：《送施生存宜序》，《黄绾集》卷十一，张宏敏编校，上海古籍出版社2014年版，第191页。
③ （明）李贽：《为黄安二上人三首·真师二首》，《焚书·续焚书》卷二，中华书局2009年版，第79页。
④ 李强：《明代阳明学士人友朋观研究》，黑龙江大学硕士学位论文，2020年，第1页。

契，所谓"父子有亲，君臣有义，夫妇有别，长幼有序，朋友有信"五者而已……天下之人熙熙皞皞，皆相视如一家之亲。①

无怪学者陈荣捷先生多次强调："万物一体之理论，为宋明理学之中心。由二程子经过朱子陆象山以至于王阳明，莫不言之，而阳明之说此观念与仁之关系，最为直接。"②王阳明的"万物一体"思想在其中最为凸显一种行动的力量，不仅旨在葺治一人之心，更直指重整一套通达人心、社会、宇宙的秩序，将心学理论超越个人的关怀维度乃至社会性伦常关怀，而向更深的终极关怀层面打开。

在日本学者岛田虔次看来，行动于交友讲学的王阳明将"万物一体之仁同'心即理'，完全被结合了起来。良知已经是知与行的统一，现在又是自与他的统一原理"③。王阳明由此解决的是一个长期困扰中国士人的生存困境难题，即当统治者之政道与士人之价值相矛盾时，士人不必曲意奉承，也不必再隐遁于山野田园，而可以把信念赋予友道的伦理实践，在对社会整体乃至世界意义的展开之把握中重燃生命的价值。

据《年谱》记载，阳明即使晚年在越讲学，依旧非常强调"万物一体"与致良知思想的结合：

> 盖环坐而听者三百余人。先生临之，只发《大学》万物同体之旨，使人各求本性，致极良知，以至于至善，功夫有得，则因方设教。故人人悦其易从。④

阳明也会从反向角度进一步论证：

> 后世良知之学不明，天下之人用其私智以相比轧，是以人各有心，而偏琐僻陋之见，狡伪阴邪之术，至于不可胜说；外假仁义之名，而内以行其自私自利之实，诡辞以阿俗，矫行以干誉，掩人之善而袭以为己长，讦人之私而窃以为己直，忿以相胜而犹谓之徇义，险以相倾而犹谓之疾恶，妒贤忌能而犹自以为公是非，恣情纵欲而犹自以为

---

① （明）王守仁：《答顾东桥书》，《王阳明全集》卷二，上海古籍出版社 2011 年版，第 61-62 页。
② （美）陈荣捷：《王阳明与禅》，台湾学生书局 1984 年版，第 12 页。
③ （日）岛田虔次：《朱子学与阳明学》，蒋国保译，陕西师范大学出版社 1986 年版，第 89 页。
④ （明）钱德洪：《年谱三》，《王阳明全集》卷三十五，上海古籍出版社 2011 年版，第 1424 页。

同好恶，相陵相贼，自其一家骨肉之亲，已不能无尔我胜负之意，彼此藩篱之形，而况于天下之大，民物之众，又何能一体而视之？则无怪于纷纷籍籍，而祸乱相寻于无穷矣！①

如此直截透彻的工夫方法在阳明的友人以及阳明学士人中推而广之，"他们同时也在同道之间建立网络，并把注意力转向以理学恢复家乡的地方领导权"②。以何心隐、李贽为代表的阳明后学从友道出发，将阳明的友道观发展为一种兼具社会伦理、学术文化以及政治实践的活跃力量。

第二节　"个个人心有仲尼"：讲学之乐

一、"孜孜讲学之心"：出入举业与儒业

王阳明的友道观与他的讲学活动有着密切联系。他早年云游四方，早期所收的门人弟子多是各地的中下层士人③，即主要由生员、举人构成。然自明初，统治者为加强专制集权而力图在政治上限制知识阶层的思想，明成祖于公元 1415 年（永乐十三年）纂典确立程朱理学之正统，科考独尊朱子学而不二，八股举业使举业与儒业日渐分离。此般剥离对明代士人精神产生的戕害与围困，直接导致普遍国君懒政的明代中期学风空疏，王阳明对此痛心疾首：

> 今夫天下之不治，由于士风之衰薄；而士风之衰薄，由于学术之不明；学术之不明，由于无豪杰之士倡焉耳。④

> 看得理学不明，人心陷溺，是以士习日偷，风教不振。⑤

---

① （明）王守仁：《传习录译注》，王晓昕译注，中华书局 2018 年版，第 330 页。

② Peter K. Bol, "Culture, Society, and Neo-Confucianism, Twelfth to Sixteenth Century." in *The Song-Yuan-Ming Transition in Chinese History*, 2003. edited by Paul Smith and Richard von Glahn. Cambridge, MA: Harvard University Asia Center, 2003: 269-280.

③ 详见本文 2.3.1。此部分在本书第二章第三小节有详细论述。

④ （明）王守仁：《送别省吾林都宪序》，《王阳明全集》卷二十二，上海古籍出版社 2011 年版，第974 页。

⑤ （明）钱德洪：《年谱三》，《王阳明全集》卷三十五，上海古籍出版社 2011 年版，第 1416 页。

　　明代中期考试举业的内容空疏而只求对官方限定的程朱理学内容死记硬背，使真精神沦为训诂；修身成人的儒业传统工夫反而被士子乃至书院所忽视；而愈演愈烈的科举鏖战使得生员们营营逐逐，对学习、人生产生了普遍性的迷惘，士风一蹶不振。在王阳明看来，以上种种社会问题的根本原因在于缺乏豪杰之士倡道导致学术不明，而倡道纠正学术衰敝，则需要凝聚广大同道友朋的帮助。王阳明一度作为举业世家的叛逆者，从程朱理学之中别树一帜，因其强烈的社会责任心，在事实上自觉承担起挽救士风的责任，不辍讲学。

　　自幼习举子业的阳明弟子王一庵，曾盛赞阳明讲学对儒业道统的重振之功：

　　　　自古士农工商，业虽不同，然人人皆可共学。孔门弟子三千，而身通六艺者才七十二，其余则皆朴茂无文之流耳。至秦灭学，汉兴，惟记诵古人遗经者起为经师，更相授受于此。指此学独为经生文士之业，而千古圣人，与人人共明共成之学，遂泯没而不传矣。天生我师，崛起海滨，慨然独悟，直宗孔孟，直指人心。然后愚夫俗子不识一字之人，皆知自性自灵、自完自足，不假闻见、不烦口耳，而二千年不传之消息，一朝复明，先师之功可谓天高地厚矣。①

　　王栋的这段文字将王阳明与倡愚夫俗子共明的孔子并举，侧面彰显阳明讲学的生活化与普及性，也印证《明史》所言"学术之分，则自陈献章、王守仁始。宗献章者曰江门之学，孤行独诣，其传不远。宗守仁者曰姚江之学，别立宗旨，显与朱子背驰，门徒遍天下，流传逾百年"②之说并无夸张。

　　王阳明之所以能在明代中后期得到大部分士人的普遍认同，正是因为王阳明体察自己的亲身出入举业与儒业的经历，以敏锐的眼光从生活中总结出那个时代心智的最大公约数，为迷茫的士人打开心结。《年谱》有载：

　　　　十有八年乙丑，先生三十四岁，在京师。是年先生门人始进。学者溺于词章记诵，不复知有身心之学。先生首倡言之，使人先立必为圣人之志。闻者渐觉兴起，有愿执贽及门者。至是专志授徒讲学。③

---

① （明）黄宗羲：《教谕王一庵先生栋》，《明儒学案》卷三十二，中华书局 2008 年版，第 732 页。
② （清）张廷玉：《儒林一》，《明史》卷二百八十二，中华书局 1984 年版，第 7222 页。
③ （明）钱德洪：《年谱一》，《王阳明全集》卷三十三，上海古籍出版社 2011 年版，第 1352 页。

王阳明能在“不知有身心之学”的求学者中开门授徒，一定程度上也离不开自己举业成功的示范作用，使得他表达儒业不会影响举业的心得体证时具有形象的说服力：

只要良知真切，虽做举业，不为心累；总有累亦易觉，克之而已。且如读书时，良知知得强记之心不是，即克去之；有欲速之心不是，即克去之；有夸多斗靡之心不是，即克去之：如此，亦只是终日与圣贤印对，是个纯乎天理之心。任他读书，亦只是调摄此心而已，何累之有？①

但是在处理举业与儒业的关系中，要注意提防举业的功利惑志之弊：

举业不患妨功，惟患夺志。只如前日所约，循循为之，亦自两无相碍。所谓知得洒扫应对，便是精义入神也。②

在王阳明的影响下，他的学生与其他独循举业之士相比迥然不群，在习读正统官方举业之余还博通群书，精通六艺，杂学旁收，作文最忌拾人牙慧；寻山问水，醉心自然，弄风吟月，潇洒称闲漫悠游；广交友朋，同休共戚，雅集结社，高情常与道相期。阳明有诗可一览王门之举业观：

平生举业最疏慵，挟册虚烦五月从。竹院检方时论药，茆堂放鹤或开笼。

忧时漫有孤忠在，好古全无一艺工。念我还能来夜雪，逢人休说坐春风。③

纵使几番出入举业与儒业，一句“茆堂放鹤或开笼”将开笼放鹤冲天凌云之姿跃然纸上，骨腾肉飞，逍遥自在，正如自由的人格始终是阳明及其门人的追求；彼时阳明所倡导的儒业对于研习举业而枯燥终日的士子来说，是一种精

---

① (明)王守仁：《传习录译注》，王晓昕译注，中华书局2018年版，第411页。

② (明)王守仁：《与辰中诸生》，《王阳明全集》卷四，上海古籍出版社2011年版，第162页。

③ (明)王守仁：《送徽州洪俊承瑞》，《王阳明全集》卷二十，上海古籍出版社2011年版，第814页。

神与心灵上的涤荡。所以，在王阳明的学生中，有儒业举业并进者如徐爱、薛侃、方献夫、席书、霍韬、黄绾等；也有放弃举业而专注儒业者，如王畿、罗汝芳、王艮等，他们以复兴儒业为救世之道，向广阔的民间传播阳明心学。有学者曾这般描述他们：

> 他们到处集会结社、到处开讲会，在城市与乡村间东奔西跑。文人的人际网络成为很重要的社会资本，他们或者到处请人作序或借由各种集会四刻书的方式，以经营其生活圈。而独特的生活风格往往成为累积社会声名的资本，使得不少文人排斥循规蹈矩而力求突出自己生活的特色，也就是以一种类似"自我表演"的方式引起文人社会的注目。①

王阳明在传统的"得君行道"之路外，通过讲学在中下层士人身上"觉士"行道，"所以匡翼夫学校之不逮也。"②在彼得生（Peterson，Willard J）看来，"王阳明之后席卷全国的讲学之风，有系统地把士人社群动员和组织起来"③，自此激起影响后逐步最终实现"觉民行道"④，即史书所载"嘉靖以后，笃信程朱，不迁异说者，无复几人矣"⑤。从阳明思想在晚明的影响力来看，作为一种挽救士风的努力，王阳明所选择的路径无疑是成功的。

二、"圣人一生实事，俱播在乐中"："九声四气"歌教的实践

王阳明在讲学的过程推崇传统儒家乐教的导德齐礼与审美化育，并将这种伦理教化与美育进一步调和，其至臻的呈现便是阳明的"九声四气"歌（教）法。

在王阳明所生活的时代，"今人往往以歌诗、习礼为不切时务"⑥，传统书

---

① 王汎森：《晚明清初思想十论》，复旦大学出版社 2004 年版，序第 10 页。

② （明）王守仁：《万松书院记》，《王阳明全集》卷七，上海古籍出版社 2011 年版，第 281 页。

③ Peterson, Willard J. "Confucian Learning in Late Ming Thought."In *The Cambridge History of China*, vol. 8, pt. 2, *The Ming Dynasty 1368-1644*, ed. Denis Twitchett and F. W. Mote. Cambridge：Cambridge University Press, *1998*：738.

④ （美）余英时：《宋明理学与政治文化》，吉林出版集团 2008 年版，第 96 页。

⑤ （清）张廷玉：《儒林一儒林传序》，《明史》卷二百八十二，中华书局 1984 年版，第 7222 页。

⑥ （明）王守仁：《训蒙大意示教读刘伯颂等》，《王阳明全集》卷二，上海古籍出版社 2011 年版，第 99 页。

院中的士子们为了应付科举，而成日照本宣科、寻行数墨，并不能从中真正掌握儒学的精神。王阳明则通过教授一种心、眼、耳、口并用的学习方法，在有旋律的自由节拍中，使学生通过节律而感受儒家经典作者之情感的方式，将吟诵读书的内容笃行于品性培养之上，以呈露之心体涵养气质、感发志意、传承精神。

王阳明曾撰写《九声半篇》《四气半篇》《九声全篇》《四气全篇》等篇章，以总结"九声四气"歌（教）法的唱作吟诵之诀，经束景南先生考证，详载于明人张鼐的《虞山书院志》中：

> 九声：曰平，曰舒，曰折，曰悠，曰发，曰扬，曰串，曰叹，曰振。
> ……
> 四气：曰春，曰夏，曰秋，曰冬。每四句分作春夏秋冬，而春夏秋冬中，又自有春夏秋冬……第一字口略开，声要融和；第二字口开，声要洪大；第三字声返于喉，秋收也；第四字声归丹田，冬藏也。春而融合，夏而洪大者，达其气而泄之，俾不阏也。秋而收之，冬而藏之，收天下春而藏之肺腑也。其不绝之余声，复丹田而出之，以涤邪秽，以融渣滓，扩而清之也。春之声稍迟，夏之声又迟，秋之声稍疾，冬之声又疾，变而通之，则四时之气备矣；阖而辟之，则《乾》《坤》之理备矣。①

顾名思义，"九声"是指通过九种不同的发声方法形成的音乐唱腔，依字行腔，平仄与力度调和，颇得唐代歌诗之神韵，而前文已有提及王学的信奉者毛奇龄在上疏及其文集中皆有论叙：

> 新建伯王守仁征宸濠时所俘乐工，得唐时五调歌谱，其中稍言五音七律、四清二变、九声十二律诸法，无非皆声音之事，与旧朝所载乐书徒存备数者，大不相同。②

其中所提及的"五音七律、四清二变、九声十二律诸法"或与阳明所研之

---

① （明）王守仁：《四气全篇》，《王阳明全集（补编）》，束景南、查明昊辑编，上海古籍出版社2018年版，第166-167页。

② （清）毛奇龄：《奏疏》，《西河集》卷五，清文渊阁四库全书本1975年版，第18页。

"九声"乐法相关，"凡声主于和顺，妙在慷慨，发舒得尽，以开释其郁结；涵泳得到，以荡涤其邪秽"①，王阳明不仅吸收古乐吟唱，还参考结合佛家梵呗的音声修行法，达到"歌者陶情适性，闻者心旷神怡，一道同风，沦肌浃髓调燮之妙用，政教之根本，心学之枢要，声歌之极致"②，通过曼悦中和之音的秩序性与和谐性，以声乐携唱者与闻者一齐体感乐作为"心之本体"的音乐性的工夫。

在音律声乐与内心抒发的结合过程中，王阳明还注意到其中运气的作用，所以"四气"是指四种不同的呼吸吐纳之气息方法，通过调整吐纳的气韵回转，养气修心，外感自然，内合真机。王阳明着意于"四气"之唱法气息与养生调理的融通，考虑到阳明早年沉溺佛老的经验，"九声四气"歌法作为阳明教学方法与乐之实践的总结，或有道家音诵养生之功在其中。毕竟，王阳明善于在日用常行之间融摄会通百家学问之精华（见图5.2）

图 5.2　王阳明的五星砚③

"九声四气"歌（教）法通过人的声音气息去感受春夏秋冬四季的调理，启

①②　（明）王守仁：《四气全篇》，《王阳明全集（补编）》，束景南、查明昊辑编，上海古籍出版社 2018 年版，第 166 页、第 167 页。

③　2023 年 1 月摄于浙江省绍兴市博物馆，王阳明为自己的砚台赋名"五星砚"，足见王阳明对百家学问的广涉与汇通。

发人以身心节律去把握诗歌的乐动，从呼吸中顺应自然天道的流动，仿佛四季乃至天地万物都生发自人之心上——这种充满超越感的"天人合一"之体验，抑或是前文所言"万物一体"理论的发轫。

王阳明对"九声四气"歌（教）法的提倡，不仅运用于自己的书院教学中，在任南赣巡抚颁布的《教约》中也强调了童生每天应要吟诵唱诗：

> 凡歌《诗》，须要整容定气，清朗其声音，均审其节调；毋躁而急，毋荡而嚣，毋馁而慑。久则精神宣畅，心气和平矣。每学量童生多寡，分为四班，每日轮一班歌《诗》；其余皆就席，敛容肃听。每五日则总四班递歌于本学。每朔望，集各学会歌于书院。
>
> ……讽诵之际，务令专心一志，口诵心惟，字字句句细绎反复，抑扬其音节，宽虚其心意。久则义礼浃洽，聪明日开矣。
>
> ……凡习礼歌《诗》之数，皆所以常存童子之心，使其乐习不倦，而无暇及于邪僻。教者知此，则知所施矣。①

王阳明对童生唱歌咏诗做了尽可能翔实的安排，使童生切切在心地体认歌诗的内容内涵，在乐融融中勃发儒家精神文气，这也是"九声四气"歌（教）法的真魂之所在：阳明学之工夫杜绝枯乏的布道说教，超越文学属性与艺术学属性之外，通过润沃性情之乐化育人心，毋宁说这种工夫真魂是休闲研究属性的对象。

对于尚不解儒家深奥义理的孩童乃至黔黎，"九声四气"歌（教）法立足生活现实的根基，以活泼泼的趣味丰富了人的生存状态，让经典诗文通过娱乐活动自然地发生在每一个人的日常生活中，使审美与德性跨越具体的形态而真正地发生，即"行之于日用常行之间"②的人文化育。

而对于循诵习传、囫囵吞枣、食而不化的士子学生来说，"九声四气"歌（教）法动态地融合义理、调养身心、抒发意志，使得士人得文气而乐读书，这种充满休闲氛围的不教之教，在一定程度上缓解了士人困于"举业"与"儒业"之间的紧张关系，犹如王阳明所谓"广大之怀，自得之趣，真有如大块噫气，而风生于寥廓；洪钟逸响，而声出于自然者。融溢活泼，写出太和真机；吞吐卷舒，

---

① （明）王守仁：《教约》，《传习录中》，《王阳明全集》卷二，上海古籍出版社 2011 年版，第 101 页。

② （明）王守仁：《策五道》，《王阳明全集》卷二十二，上海古籍出版社 2011 年版，第 948 页。

妙成神明不测，故闻之者不觉心怡神醉，恍乎若登尧舜之堂，舞百兽而仪凤凰矣。"①

王阳明之前曾对学生钱德洪言说：

> 圣人一生实事，俱播在乐中，所以有德者闻之，便知他尽善尽美与尽美未尽善处。②

"九声四气"歌（教）法的工夫是王阳明修养自身性情实现后，自然地事于礼乐之总结，将自身所达和谐闲适的境界推及他人，使整个社会普遍浸沐润泽于安雅闲适中，可谓在"古乐渐次可复"③理想之路上的知行努力，是王阳明一种自觉的生命追求。

"九声四气"歌（教）法在"游于艺"与"成于乐"的关系上更偏于"乐"端。在主体的性理之乐以外，王阳明或在无意识间，造就传统儒家乐教导德齐礼与审美化育的进一步融合，其深远的社会意义在一种直指公共性的审美生活构建，即为每一位社会成员营造充实自我身心的美好生活方式。

三、"读书讲学，此最吾所好"：打通内外的讲学之乐

值得注意的是，王阳明从公元 1505 年开始讲学招生，至公元 1528 年去世，他选择讲学的路径生涯不过短短 23 年，其间讲学也并非他实际上的主业，而是需要他时不时闲中抽空，或者忙里抽闲进行读书讲学；较之孔子、朱熹长达四十余年以讲学为主的生涯经历，王阳明在仅有前人二分之一的教学时间中迸发出的能量是巨大的，所达成的教学效果是惊人的。

对此，日本学者冈田武彦曾说"这些都是靠王阳明及其门人以及湛甘泉的努力讲学才得以实现的"④。诚然，政务繁忙、军务接踵的王阳明亲手创立或主持、主讲过的书院数量众多，涵盖龙冈书院、东林书院、濂溪书院、白鹿洞书院、岳麓书院、虞山书院、稽山书院、阳明书院、敷文书院、平山书院、万松书院、浙江贡院等数十所，所组织的大小讲会游学更是数不胜数，教化启人无数。时人多有称议王阳明：

---

① （明）王守仁：《四气全篇》，《王阳明全集（补编）》，束景南、查明昊辑编，上海古籍出版社 2018 年版，第 167 页。

②③ （明）王守仁：《传习录译注》，王晓昕译注，中华书局 2018 年版，第 470 页。

④ （日）冈田武彦：《王阳明与明末儒学》，重庆出版社 2016 年版，第 37 页。

当时有称先师者曰:"古之名世,或以文章,或以政事,或以气节,或以勋烈,而公克兼之。独除却讲学一节,即全人矣。"

先师笑曰:"某愿从事讲学一节,尽除却四者,亦无愧全人。"①

面对时人赞誉,王阳明首先对自己的各项功绩展现应有的谦虚,笑称所谓的事功无足挂齿;再而直言最愿从事的其实就是讲学,仅讲学这一件事的建树就足以无愧为"全人",也体现阳明对讲学事业的青睐,一心视讲学为真正的千秋大业。阳明将讲学作为百年之业,旨在实现"岁丰时和,民谣以歌。乃筑泮宫,教以礼让。弦涌《诗书》,溢于里巷。庶民谆谆,庶士彬彬"②的理想社会,亦即"成人成物"。

相对于建立一派学说,王阳明更注重的是其对个体产生的教育效果,所以他将核心思想以还原师生传习的语境对话形式记录:

门人有私录阳明先生之言者。先生闻之,谓之曰:"圣贤教人,如医用药,皆因病立方,酌其虚实温凉、阴阳内外而时时加减之。要在去病,初无定说。若拘执一方,鲜不杀人矣。今某与诸君不过各就偏蔽箴切砥砺,但能改化,即吾言已为赘疣。若遂守为成训,他日误己误人,某之罪过可复追赎乎?③

面对私自记录阳明言论的学生,王阳明以中医用药一人一方之理比拟,从因病施药引而申之因材施教,批驳缺乏自我心得体证而守言成训的习法。王阳明期冀学生根据不同的环境切己体察,因人而异地在事上琢磨。王阳明对于讲学之热爱发自内心,在与学生探理答疑的实践中得以寻觅真实的、审美的自我,他与学生在讲学的过程中"事上磨炼"④,彼此互相勉励磨炼的最终目的是落于自我知行上,成就理想人格,亦即"成己成圣"。

与其说王阳明将讲学作为一种兴趣宿好,毋宁承认讲学之乐在阳明生命中直接打通内外的地位。在外向的社会层面,讲学"随事尽道""移风易俗"之

---

① (明)邹守益:《阳明先生文录序》,收于《王阳明全集》卷四十一,上海古籍出版社 2011 年版,第 1739 页。

② (明)王守仁:《兴国胡孟登生像记》,《王阳明全集》卷二十三,上海古籍出版社 2011 年版,第 976 页。

③④ (明)王守仁:《传习录译注》,王晓昕译注,中华书局 2018 年版,第 3、432 页。

乐在化育中"成人成物"；在内向的个体层面，讲学"事上磨炼""培养本原"①之乐在知行中"成己成圣"。

王阳明的讲学以一个"乐"字贯穿打通，据其学生回忆，他"点化同志，多得之登游山水之间"②，晴日里带领学生游山踏水，月夜间与学生上山环潭而席，饮酒赋诗，百十人"歌声振山谷"③。阳明以一种休闲的教法，随时、随地、随心指点，注重与学生调理性情"时中"④，一不苛研经义，二不以科举功名为依归，"讲习性所乐"⑤，指向一种动态的"乐"之生命哲学。

这种讲学之乐，时常在自然山水与人心才情同构相摄中显现。这种乐趣并非单纯的学术探讨，而是一种将个体心灵与自然环境紧密结合的审美体验。当王阳明谪居龙场时，即便身处偏远蛮荒之地，他依旧常与学生在讲学游览中沉浸于诗意的生活。他在《诸生夜坐》中描述了这样一幅画面：

> 谪居澹虚寂，眇然怀同游。日入山气夕，孤亭俯平畴。
> 草际见数骑，取径如相求；渐近识颜面，隔树停鸣驹；
> 投辔雁鹜进，携盖各有羞；分席夜堂坐，绛蜡清樽浮；
> 鸣琴复散帙，壶矢交觥筹。夜弄溪上月，晓陟林间丘。
> 村翁或招饮，洞客偕探幽。讲习有真乐，谈笑无俗流。
> 缅怀风沂兴，千载相为谋。⑥

师生于讲习间，遨游畅远自然天地，个体化的边界在这个氛围中缓慢融解，同整个讲学的山水环境逐渐融为一体。诗中的"渐近识颜面，隔树停鸣驹"，生动地描绘了视觉、听觉乃至整个人身体与心灵的投入，使得在理想之思考与感性之享受中，"讲习有真乐，谈笑无俗流。缅怀风沂兴，千载相为谋"，自然流露出一种共鸣共振般的美学状态。后世的意大利美学家托尼诺·格里菲洛将这种体验命名为"气氛美学"，它不仅仅是对环境的感知，更是心灵与自然的深度对话：

---

① （明）王守仁：《传习录译注》，王晓昕译注，中华书局2018年版，第257页。

②③④ （明）钱德洪：《王阳明年谱》，收于《王阳明全集》卷三十三，上海古籍出版社2011年版，第1363页。

⑤ （明）王守仁：《诸生来》，《王阳明全集》卷十九，上海古籍出版社2011年版，第771页。

⑥ （明）王守仁：《诸生夜坐》，《王阳明全集》卷十九，上海古籍出版社2011年版，第773页。

这些共鸣再次强调人与环境（包括其他人群）的相互沟通和共有，这是对外部联觉效应的直接把握。简言之，它们是气氛空间的需求性质，同时也是自我肉感的迷醉向身体鲜活感知的延伸。①

沉浸在这样的气氛中，师生们接获一种宽舒的酣畅爽意，于精神上实现一种心惬神怡的释放。这种在思维与自然中的无功利性气氛体验，缓急相济地为士人们在压力重重的明代社会中提供一个搁置主体意识的出口，以处身性的审美体验与自觉性的休闲活动舒散、净化、充盈心体。

这种讲学之乐，不仅是一种个体的审美体验，更是一种群体的共鸣。王阳明与学生们在自然山水间共同体验这种乐趣，心灵在共鸣中相互呼应。这种共鸣不仅体现在师生之间，也体现在他们与自然环境的互动中。他们通过诗歌、音乐、游戏等形式，将个体的情感与自然的韵律相结合，创造出一种独特的美学境界。

这种境界是一种对生命本质的深刻领悟，它超越了物质的追求，超越了功名的束缚，回归到心灵的本真。正如王阳明在诗中所言："缅怀风沂兴，千载相为谋。"他们通过这种讲学之乐，与千年前的先贤们实现了精神上的对话，共同追求一种纯粹而高尚的生活境界。

同时，王阳明将他的讲学活动视为一种亦师亦友的交往，即亦是一种广义的交友形式：在空闲的时间中，主体彼此间都是自觉、主动地交流切磋体会，这种颇具平等性的生命教育，不同于当时灌输式的主流教习，而是充满生活性的人文关怀，直指人生价值的实现。王阳明与门人学生一起登云峰时一路歌咏，作诗：

> 深林之鸟何间关，我本无心云自闲。
> 大舜亦与木石处，醉翁惟在山林间。
> 晴窗展卷有会意，绝壁题诗无厚颜。
> 顾谓从行二三子，随游麋鹿俱忘还。②

---

① （意）托尼诺·格里菲洛：《气氛与身体共鸣》，陈昊译，高砚平校，《外国美学》2018 年第 2 期，第 15 页。

② （明）王守仁：《登云峰二三子咏歌以从欣然成谣二首》之二，《王阳明全集》卷二十，上海古籍出版社 2011 年版，第 854 页。

王阳明在诗中以率性歌咏之真性情为曾点气象，"我本无心云自闲"之诗句所描述的境界，正应了那句"遇事只要来个物来顺应，不要着一分意思，便心体廓然大公"①。讲学之际咏歌成谣，所得之乐与心胸开阔空净的气氛互生互染，这种气氛意境超越四时之山水物景、古人之洒落豪情、虚空之廖阔高远，氤氲着浑然一体的时空韵味、人生襟怀；呈现从自然山水的钟情到旧雨新知的默契，从有限的一方天地到无限的星河寰宇的至乐情怀。当人人皆出于忘我之境，阳明的理念便在此间氛围中潜移默化地深入人心。

即便是行军打仗的紧张时刻，王阳明依然充分创造、利用闲暇时间，不肯中断辍废讲学，他曾说：

> 吾所讲学，正在政务倥偬中。岂必聚徒而后为讲学耶？②

王阳明对讲学的执着，不仅体现在闲暇时期，更在军旅生活中展现得淋漓尽致。关于王阳明军中讲学的景象，门人黄绾有记载：

> 在赣虽军旅扰扰，四方从游日众，而讲学不废。③

同行的门人邹谦之④亦常提起王阳明率众生于军营中讲学的经历：

> 昔先生与宁王交战时，与二三同志坐中军讲学。谍者走报前军失利，坐中皆有怖色。先生出见谍者，退而就坐，复接绪言，神色自若。顷之，谍者走报贼兵大溃，坐中皆有喜色。先生出见谍者，退而就坐，复接绪言，神色亦自若。⑤

据钱德洪记载，王阳明在临战指挥的过程中还能兼顾讲习，临危不惧地与

① （明）王守仁：《传习录译注》，王晓昕译注，中华书局 2018 年版，第 405 页。
② （明）钱德洪：《年谱三》，《王阳明全集》卷三十五，上海古籍出版社 2011 年版，第 1426 页。
③ （明）黄绾：《阳明先生行状》，《王阳明全集》卷三十八，上海古籍出版社 2011 年版，第 1565 页。
④ 当代学者左东岭认为诸弟子在阳明年谱中对行军讲学的事例有所夸张，"邹守益的叙述更接近于现实些"。参见《王学与中晚明人士心态》，人民文学出版社 2000 年版，第 214 页。笔者认同左先生观点。
⑤ （明）钱德洪：《征宸濠反间遗事》，《王阳明全集》卷三十九，上海古籍出版社 2011 年版，第 1632 页。

学生切磋交流，从容不迫而神情自若，仿佛讲习之乐已直入心体，军营帐中"清明象天"①，方隅之间"广大象地"②，阳明则正处于其间，耳目聪明而身心和平地运筹帷幄。兵法最忌心劳意攘，而在平日的良知修炼工夫外，此时讲学的安和之乐，则是阳明乐此不疲的心爱之事，更使阳明在战场上如虎添翼、稳操胜券。

王阳明军中讲学的美名，随着战无不克的胜绩而众口相传。《明史》中如是评说王阳明所引领的讲学之风：

> 正(德)、嘉(靖)之际，王守仁聚徒于军旅之中，徐阶讲学于端揆之日，流风所被，倾动朝野。于是缙绅之士，遗佚之老，联讲会，立书院，相望于远近。③

不同于朱熹等传统儒者，王阳明在思想纯熟后，极少注疏经典，而是转将几乎全部的时间精力掷入讲学之中。他讲学的直接目标也并非阐释经典，而是授予学生理解、把握圣人的生活与为学之法。可以说他晚年在朝廷风波中仍闲居江南六载，门人学生常满而无虚日，王阳明也曾短暂地以讲学之乐而悠然度过部分晚年时光。

以讲学为乐的王阳明，在真正闲暇之时，会忍不住"忙"于心爱之事充实自己，已然以闲中忙讲学为一种生活方式。这种打通内外的讲学之乐并不需要佛道修行般退世避人，而是随时随地随心即起。阳明居越六年的讲学经历，使他的学问思想蔚成风气。而纵然在生命的尾声，王阳明于受命赴广西平乱的途中，仍旧坚持讲学，在疾病中同学生朝夕开讲、传学不倦。可以说，在闲暇时光里的讲学活动一直伴随着王阳明发明心学、建立事功、历经波澜的整个人生旅程。阳明在闲暇中以讲学为平生乐事，毫不掺杂功利地为之奔走，最后也从中收获了最纯粹的快乐与最真实的自我实现，乃至一种闲适的境界。

---

① ② （汉）郑玄注，（唐）孔颖达：《正义乐记》第十九，《礼记正义》，吕友仁整理，上海古籍出版社2008年版，第1478页。

③ （清）张廷玉等：《列传》第一百十九，《明史》卷二百三十一，中华书局1984年版，第6053页。

第三节 "成于乐"：闲中之忙的闲适境界

倘若说第三章"游于艺"着重强调把握物质规律的外在自由，那么本章的"成于乐"，则突出其内在纯粹感性的自由，"成于乐"是"兴于诗、立于礼"的最终完成形态。学者梁漱溟曾指出，从根本气质上讲，儒家是一种乐感文化。[①] 也正如学者刘小枫所总结的：

> 儒家的乐感自孟子以后带有道德性质，是伦常秩序中的充盈大和之乐。[②]
>
> 德感是乐感的根据，乐感是德感的显发。没有德感意向，酣然生意、陶然机趣的乐感无从确立，没有乐感意向，沛然自足、弥纶天地的德感意向无从显现，德感和乐感共同构成了中国精神的意向结构。[③]

此般情感本体的意向构建深化，是古今历代哲人在漫长的历史长河中拈出的"兴于诗，立于礼，成于乐"，即以"礼"之修养工夫为中介，圆熟于"乐"之人生境界。

基于对"兴于诗，立于礼，成于乐"的思考，宋明理学开山鼻祖周敦颐曾启蒙二程兄弟去寻孔颜乐处之所乐何事[④]，而得以点发的程颢直赞周敦颐：

> 自见周茂叔，吟风弄月以归，有吾与点也之意。[⑤]

孔颜乐处与曾点之乐由此以一种内在的生命张力成为宋明儒者寻乐顺化、探讨乐之境界的进路。南宋大儒朱熹对于乐之境界的思考亦集中于从此二研究角度出发。

朱熹亦常与学生探讨孔颜之"乐处"在何，他并不满足于单从抽象思辨的

① 梁漱溟：《东西文化及其哲学》，商务印书馆 1999 年版，第 144 页。

②③ 刘小枫：《拯救与逍遥》，生活·读书·新知三联书店 2001 年版，第 141 页、第 145 页。

④ "每令寻仲尼、颜子乐处，所乐何事。"参见（宋）周敦颐：《周敦颐集》，中华书局 2009 年版，第 81 页。

⑤ （宋）周敦颐：《周敦颐集》，中华书局 2009 年版，第 81 页。

推度臆断，而是强调在道德修养工夫上咀摸滋味：

> 　　叔器问："颜子乐处，莫是乐天知命，而不以贫窭累其心否？"曰：
> "也不干那乐天知命事，这四字也拈不上。"淳录云："又加却'乐天知
> 命'四字，加此四字又坏了这乐。颜子胸中自有乐地，虽在贫窭之中
> 而不以累其心，不是将那不以贫窭累其心底做乐。"义刚问："这乐，正
> 如'不如乐之者'之'乐'。"曰："那说从乐天知命上去底固不是了，这
> 说从'不如乐之'上来底也不知那乐是乐个甚么物事。'乐'字只一
> 般，但要人识得，这须是去做工夫，涵养得久，自然见得。"①

　　朱熹断然否定了"乐天知命"于"不如乐之者"的推论，以"这须是去做工
夫，涵养得久，自然见得"一语破的，将孔颜之乐的实践本质显微阐幽，宣明其
在道德实践与审美乐趣，即理性与感性于境界维度的消弭与合一，指向道德涵
养基础上的个人的休闲境界。②

　　朱熹对于曾点之乐的斟酌更是贯穿生涯始终。从早年诗作"咏归同与点，
坐忘庶希颜。尘累日以销，何必栖空山"（《教思堂作示诸同志》，《晦庵集》卷
二）、"春服初成丽景迟，步随流水玩晴漪；微吟缓节归来晚，一任轻风拂面吹"
（《曾点》，《晦庵集》卷二），早已辟禅离佛的青年朱熹将"曾点之乐"视为不同于
佛老的儒家自有之乐，并对其中春意融融的儒家理想心向往之。朱熹在其中
年著作里进一步肯定曾点"见道无疑，心不累事，而气象从容，志尚高远"（《论
语·或问》卷十一）之乐时，亦开始辩证地批判"至于曾点，诚狂者也，之争一撮
地，便流为庄周之徒"（《朱子语类》卷四十），点出其或有缺乏工夫实行的弊漏。
但至岁暮，朱熹又在《集注》中修矫了之前的评价，从"君子不器"③的角度给予
客观肯定：

> 　　曾点之学，盖有以见夫人欲尽处，天理流行，随处充满，无少欠
> 缺。故其动静之际，从容如此。而其言志，则又不过即其所居之位，
> 乐其日用之常，初无舍己为人之意；而其胸次悠然，直与天地万物上

---

　　① （宋）朱熹：《朱子语类》，中华书局1994年版，第7页。
　　② 赵玉强：《优游之道——宋代士大夫休闲文化及其意蕴》，上海古籍出版社2017年版，第
378页。
　　③ （宋）朱熹：《论语集注》卷一，《四书章句集注》，中华书局1983年版，第57页。

下同流，各得其所之妙，隐然自见于言外。视三子规规于事为之末者，气象不侔矣，故夫子叹息而深许之。①

即拥有理想人格的君子不应局限于任何现成的规定，否则容易陷入具体事功的追求而流于"器"之偏狭。较于其他人的宏图大志，曾点所表达的是于日常随处体认天理的"胸次悠然，直与天地万物上下同流，各得其所之妙"，因而进入了无可无不可、无人而不自得、无往而非乐的闲适境界，并以"鸢飞鱼跃"②的天理流行贯泽社会、万物乃至宇宙。

至王阳明的时代，王阳明不仅大量汲取周敦颐、朱熹等理学前辈的渊薮思想，承接儒家乐感传统，更揭橥一种中和性而直截的乐之境界：

《韶》之九成，便是舜的一本戏子。《武》之九变，便是武王的一本戏子。圣人一生实事，俱播在乐中。所以有德者闻之，便知他尽善尽美与尽美未尽善处……古人具中和之体以作乐。③

他不再如朱熹般从孔颜之乐或是曾点之乐处迂回地构建系统理论，而是在学生提问孔颜乐处时，直接在与学生黄勉之的信中易简地点明"乐"与心学理论构造的本体性联系，以避免支离：

乐是心之本体。仁人之心，以天地万物为一体，忻合和畅，原无间隔……时习者，求复此心之本体也。悦则本体渐复矣……时习之要，只是谨独。谨独即是致良知。良知即是乐之本体。④

首先，王阳明所指的"乐"不是狭义单纯的快乐，而是一种需要从认识和感受角度出发去理解的欣然的道德伦理性质的情感，"虽不同于七情之乐，而亦不外于七情之乐"⑤，定义"乐"其特征在于独立于"喜怒哀"等七情六欲但又高于之的超然平和。倘以一言蔽之，"良知即是乐之本体"，致良知即是让心情快

① （宋）朱熹：《论语集注》卷六，《四书章句集注》，中华书局 1983 年版，第 130 页。
② （宋）朱熹：《朱子语类》，中华书局 1994 年版，第 1543 页。
③ （明）王守仁：《传习录译注》，王晓昕译注，中华书局 2018 年版，第 470 页。
④ （明）王守仁：《与黄勉之二》，《王阳明全集》卷五，上海古籍出版社 2011 年版，第 110 页。
⑤ （明）王守仁：《答陆原静书》，《王阳明全集》，上海古籍出版社 2011 年版，第 70 页。

乐、让生命欣悦的功课。

王阳明所言之"乐"具体呈现在道德伦理的层面，可以包含一定程度上的悲伤情绪：在需要正常情感宣泄时"不哭便不乐矣，虽哭，此心安处既是乐，本体未尝有动"[①]。但宣泄的悲伤之尺度需要符合作为道德本体的天理，"然天理亦自有个中和处，过即是私意。""大抵七情所感，多只是过，少不及者。""非圣人强制之也，天理本体自有分限，不可过也。人但要识得心体，自然增减分毫不得。"[②]"七情六欲乃人之常情，而如何做到仅是正常的情感渲泄而不至于耽溺其中，需要时刻对自己的内心进行省察：

> 居丧亦学也……喜怒哀乐，发皆中节之谓和。哀亦有和焉，发于至诚，而无所乖戾之谓也。夫过情，非和也；动气，非和也；有意必于其间，非和也。孺子终日啼而不嗌，和之至也。[③]

所谓人正要在悲喜情绪上磨炼自己，这会是一个反反复复的练习过程，天行健，君子大可自强不息，虽然艰辛，却精细入微，是始终朝着内心向上的方向在前进，呈现吾心之大美。

"乐"作为"心之本体"，即哲学上的纯粹主体，心的本然性质状态——"仁人之心，以天地万物为一体，欣合和物，厚无间隔。""时习者求复此心之本体也，悦则本体渐复矣。朋来则本体之欣合和畅充周无间，本体之欣合和畅本来如是，初未尝有所增也。"[④]"乐"本是先验的，天然潜在的，圣凡皆同的，然而在人们向外追逐自寻迷苦的过程中不复澄明，"良知即是乐之本体"（同上），乐是通过工夫体悟复得良知之悦。"乐为心之本体"是一种对感性体验范畴（生理和审美的愉悦）的超越，在伦理性与主体性的交互下形成精神境界范畴呈现，是标志人的精神完美性的范畴，是包含人的道德水平在内的对宇宙人生全部理解水平的范畴。[⑤]　心是良知，从自然的角度来看，"乐"是无待的，不依靠任何外物，"夫惟有道之士，真有以见其良知之昭明灵觉，圆融洞澈，廓然与太虚而同体"[⑥]，只有见悟得良知，才能与太空万物如融一体般畅通无阻，成就真

---

①②　（明）王守仁：《传习录译注》，王晓昕译注，中华书局 2018 年版，第 463 页、第 85 页。

③　（明）王守仁：《与许台仲书》，《王阳明全集》卷二十七，上海古籍出版社 2011 年版，第 1113 页。

④　（明）王守仁：《与黄勉之二》，《王阳明全集》卷五，上海古籍出版社 2011 年版，第 110 页。

⑤　陈来：《有无之境：王阳明哲学的精神》，北京大学出版社 2013 年版，第 6 页。

⑥　（明）王守仁：《答南元善》，《王阳明全集》卷六，上海古籍出版社 2011 年版，第 235 页。

乐;而因良知是"与物无对"①之概念,是生出天地万物的存在,因此复归良知本体是存在主义意义上的个体与宇宙合一,是"无往而非乐"之乐。

正如"万物皆备于我矣。反身而诚,乐莫大焉。强恕而行,求仁莫近焉"(《孟子·尽心上》),当万物之理都在我性分之内,心之本体完全具备了,真诚无欺地反求诸己便是最大的快乐。努力按照忠恕之道推己及人去做事,没有比这更近的求仁之路了。这种独特的心学美学,恰似水墨氤氲的化境:既有"反身而诚"如明月照彻深潭般澄明自观,亦含"强恕而行"若溪流润物无声的济世情怀。"万物一体"之乐在自然的无待性与社会的济世性上互相涵容,而含融与之相关的心灵状态和情感状态便是理想人格的闲适境界。

潘立勇先生曾以理性笔触总结此境:

> 阳明心学美学是切入生命存在的生命或境界论美学,他的心学和美学旨趣与人的现实生存体验紧密地结合在一起。阳明心学不是实体论哲学,而是境界形态的哲学,阳明心学美学也不是实体论美学,而是境界论美学。②

阳明心学的美学是流动的山水,其境界不在笔墨描摹处,而在行住坐卧间。当生存体验与哲学思辨化作同一泓清泉,那映着天光的涟漪,便是生命的至乐。在看似闲适的交游与悠游讲学之中,寻求自己学术理念的传播,实现自身价值,对于阳明先生来说,这是一种真正的人生之"乐"。这种"成于乐",足以在龙场驿的苔痕月色里渐次显影。他携弟子游山不必携经卷,遇樵夫论道何须正衣冠。那些看似闲散的林间讲学,实是"诗—礼—乐"三重奏的完美和鸣:既有《诗经》草木的感性萌发,又见《礼记》玉帛的理性沉淀,最终融为月光遍照的自在圆融。正如中秋夜宴上那阕"千古团圆"的绝唱,王阳明将儒者的精神修行凝结作与天地同呼吸的生命韵律。

在王阳明处,"成于乐"是一种内在心灵的完成,是经由"兴于诗"的知识感发启迪,而后外在理性规范训练"立于礼",由内在的感性自由消融理性沉淀的痕迹,认知行为完全合一的无所滞碍而从容、自得的人生愉悦状态,"吾心自有

---

① (明)王守仁:《传习录译注》,王晓昕译注,中华书局2018年版,第431页。
② 潘立勇:《阳明心学的美学智慧》,《天津社会科学》2004年第6期,第109页。

光明月,千古团圆永无缺"①,平和安乐的闲适境界自然显现。

第四节　小　结

　　明代中后期是古时历代交友与结社雅集文化登峰造极的盛季,政治生态恶化致使文人往往仕途不畅,遂在商品经济发展的潮流下,转变思想观念与行为准则,追求闲情风雅的生活,积极地参与生活体验的探索及休闲生活方式的营建,在日常闲暇中通过交友、雅集、习道、讲学等社会性休闲表达自身性情,体味儒家的人伦之乐。这种时代风尚深深地影响了王阳明的生活态度,阳明一度是其中积极的参与者。但随着他自身学说的成熟,以及对士风日下的担忧,阳明的友朋之道与讲学活动动摇了明代的伦理政治秩序与纲常体系。而其随之建构的一种关于闲适境界的价值观,赋予了士人群体于朝廷魏阙之外,实现理想人格的全新生命路径,对后世产生多元且深刻的影响。

　　唯有理解把握阳明的友道观,方可从阳明学士人社会活动中体味神会"万物一体,天下一家"的哲学内涵,以及进一步阐发的"其发窍之最精处,是人心一点灵明。风、雨、露、雷、日、月、星、辰、禽、兽、草、木、山、川、土、石,与人原只一体"②之良知论。阳明曾言:

　　　　良知是造化的精灵。这些精灵,生天生地,成鬼成帝,皆从此出,真是与物无对。人若复得他完完全全,无少亏欠,自不觉手舞足蹈,不知天地间更有何乐可代。③

　　王阳明的生活世界是良知打开的世界,正因旨于复得完完全全的良知,阳明心学是将生活世界与知识理论合为一体的"兴于诗,立于礼,成于乐"之学,阳明心学并不是通过概念化的理论模型系统去影响现实的生活,而是以一种活泼泼的生命力,融摄于阳明本人及其友朋师生的生命实践中,并通过这种充满闲乐之情的生命实践曜野蔽泽,赫煜自身之精神与魅力。

　　阳明之讲学与交友思想密不可分,阳明之定义"友朋"涵纳同门师生在内

---

① （明）王守仁：《中秋》,《王阳明全集》卷二十七,上海古籍出版社2011年版,第873页。
②③ （明）王守仁：《传习录译注》,王晓昕译注,中华书局2018年版,第444页、第431页。

的志同道合之人，即于广义上包纳"师友"。在包纳于"万物一体"的思想之下，阳明讲学以气氛美学与礼乐化育，所播种启发的良知之心活跃了士人的个体思维及生活积极性，在事实上将士人从举业和动辄得咎的纲常伦理中解放，赋予囿于科场官场的士人们一种闲乐的生活实践精神——即使对明代君主专制、权臣专权的黑暗世事多有不满，于己于人都依然有热情与信念回归"心"之本位，保持拯救世道人心之儒家理想。而阳明后学所倡导的乡村儒学运动，使阳明心学真正地下沉、回归到黎民百姓的日常生活之中，以一种蓬勃的生命力觉民行道、挽救世风，推动思想文化繁荣发展。

本章将王阳明的交友之乐与讲学之乐进行重新组合演绎，通过对王阳明生活世界中的所遇所感进行梳理分析，重现王阳明的真实生活，并从哲学分析与心态史结合的角度探绘其内心世界。王阳明在学问形成期中，一边忙于政务，一边得闲乐于交友讲学，这种包含着他闲中操忙生命理想的生活方式，使得阳明之闲比之明代大部分的闲雅文人犹然卓尔不同：这种饱含儒家人伦之乐的动态行动哲学，使阳明已然达到一种自觉而独特的境界高度。

相较于第三章游艺之道的个人生活美学，本章节着重于"兴于诗，立于礼，成于乐"的社会性生活美学智慧，以揭橥阳明的公共性人格审美之维。他不仅乐于个人生活中感性之性情与理性之覃思之圆融，更乐于社会公共生活与私人自我生活之圆融，乐于形下的外在世界与形上的内在世界之圆融。王阳明认为，理想的儒者既需要承担仁爱天地万物的儒家责任，也要能保持自我心灵的怡然状态，生命闲适之乐与人伦亲情之乐、自我成就之乐、道德自慊之乐同样重要。

"成于乐"在阳明这里是一种内在心灵的完成，是经由"兴于诗"的知识感发启迪，而后外在理性规范训练"立于礼"，由内在的感性自由消融理性沉淀的痕迹，认知行为完全合一的无所滞碍而从容、自得的人生愉悦状态。王阳明对生命存在中那些原始而生动的感性快乐抱有超乎一般理学家的兴致与热情，他非常珍视朋友之情、师生之情等日常生活中的"人情"，不仅关注政治社会的宏大叙事，而且粗中有细地关怀每一个小我的感性生命情怀，其细腻真情的感性与其宏伟的政治道德事功抱负之间和谐而圆融地互补，由社会生活的审美体验达到了一种闲适境界。

第六章　青山从此做闲人：
历史影响与当代价值

> 我们通过体验和理解所领会到的，是作为把人类包含于其中的脉络而存在的生活……因此（在历史中），各种行为类型，诸如感知过程、评价和确定各种目的的过程，都是以生活本身为基础而产生出来的，并且都带着无数细微差别而不断互相融合。在这种生活过程中，它们形成了各种各样的系统性联系，而这些联系则既包含所有活动和发展，也决定这些活动和发展。
>
> ——威廉·狄尔泰《历史中的意义·生活》[①]

自王阳明故去之后的三百年，在大陆彼岸的历史学家、哲学家威廉·狄尔泰面对相似的德国时代社会巨大变革时，强调了生活作为人类经验的基础，以及人类行为类型在历史中如何基于生活本身而产生，并在生活过程中形成系统性的联系。这是狄尔泰对人类生活经验、人类行为和历史发展内在联系的洞察。可以说，狄尔泰这种以（经验实在的）生活与生命为哲学出发点的观念，同王阳明的生活美学思想在生活经验的基础性、行为类型的系统性联系、生活过程的动态发展、生活美学的价值追求以及历史过程的参与和影响等方面有着深刻的共鸣。

亦可沿着这个逻辑分析理解，王阳明的生活美学智慧是他对自身所处的历史境遇的一种主动回应，王阳明洞悉东西明代中后期的世风特质，作出极富个人思想色彩的生命选择，并积极参与理想生活方式的探索与营建。其思想和实践引领时代的思潮与风尚，成就璀璨生活文化，进而牵动了晚明乃至清代

---

① （德）威廉·狄尔泰：《历史中的意义》，艾彦译，译林出版社 2014 年版，第 9-10 页。

的社会生活以及审美倾向，陶染了后世的数辈人，至今仍对后世产生着真实而生动的价值和意义。

以现代视角回望，王阳明的生活美学与休闲观念与当代的生活美学理论息息相通，其休闲生活的人生实践可谓跨越时间的差异而遥相呼应，即使已过去四五百年，仍具有真实生动的价值和理论意义，是当代生活美学与休闲话语建构不可脱离的"古典溯源"。①

第一节　王阳明生活美学思想的后世传承与影响

一、阳明心学：走向日常生活与情感解放的心理合一

王阳明故去之后，程朱之学虽仍为社会的主流思想，但其地位已颇显萎顿，《明史》有载："嘉、隆而后，笃信程朱，不迁异说者无复几人矣。"②阳明的学生们通过讲学、交友等生动活泼的方式向社会各阶层传播普及阳明心学，"阳明后学成活泼之事迹、留赫奕之痕迹者如过江之鲫"③，及至晚明，原先"家孔孟而户程朱"④的思想格局早已演变为"家孔孟而人阳明"⑤的新局面，阳明思想的流行程度甚至可匹及孔孟，已然成为一股强大的时代性思潮。

在"大礼议"事件后，士人阶层的处境与心态急转直下，程朱理学那般以复杂外在工夫穷理而无力在实际上得到皇权尊重乃至无法辅世长民的学说，相比之下不如王阳明之说更能为士人阶层提供有力指导：以"化民成俗"⑥取代

---

① "在对于生活美学的关注当中，还有另一种倾向就是仅仅囿于现象的描述，无论是国内……还是欧美学者……都似乎没有进入到哲学的层面来言说问题，美学的'新构'，还最终要依赖于哲学范式的基本转换，生活美学的提出，就是根据于某种作为'生活方式'的哲学的新趋向。笔者在本文当中拟采取'哲学溯源'的方法来为生活美学的建构提供一种合法性的证明。"参见刘悦笛：《"生活美学"建构的中西源泉》，《学术月刊》2009 年第 5 期，第 119-120 页。

② （清）张廷玉：《儒林一》，《明史》卷二百八十二，中华书局 1984 年版，第 7222 页。

③ （明）冯梦龙、邹守益：《王阳明图传·前言》，张昭炜编注，上海古籍出版社 2021 年版，第 12 页。

④ （明）胡广：《胡文穆公文集》，《四库全书存目丛书》第 28 册，齐鲁书社 1997 年版，第 527 页。

⑤ （明）王士性：《广志绎》，中华书局 1981 年版，第 79 页。

⑥ （明）王守仁：《寄邹谦之二》，《王阳明全集》卷六，上海古籍出版社 2011 年版，第 225 页。

"得君行道"①的人生理想，即将"内圣"的主体转移至身边的庶民大众身上，通过教化将人人都培养成尧舜一样具有理想人格的人。

即使几番学禁的压制，也无法阻挡阳明思想以时代大潮的姿态席卷呼啸，如晚明学者曾异撰，在与友人书信中表达士人阶层受到形格势禁时，愤懑又无奈的矛盾心情：

> 私念我辈，既用帖括应制，正如网中鱼鸟，度无脱理，倘安意其中，尚可移之盆盎，蓄之樊笼，虽不有林壑之乐，犹庶几苟全鳞羽，得为人耳目近玩；一或恃勇跳跃，几幸决网而出，其力愈大，其缚愈急，必至摧鳍损毛，只增窘苦。②

从曾异撰对专制制度压迫士人阶层的控诉中管中窥豹，依此可侧面反映彼时阳明心学流行的充分必要性，阳明及其思想后继者从世俗日常切入而解决了士人们的困惑，引导士人阶层将视野焦点集中于自身的身体、心灵与日常生活。学者左东岭对这种主体性与自我意识的发掘，曾有精辟的陈说：

> 因此，从官场中退步抽身，欲保持自我清洁，并转向自我解脱与自我适意，这乃是此时期心学的大致走向……究其原因，当个体自身的内在尺度取代了外在的道德规定或经典典籍的学说成为士人阶层介入社会空间的依据，引申出一个深层次的转变，皇权的符号权威在士人群体中出现下降的趋势。③

此般强调生活中个人主体意识能动性的阳明心学，其实是从陆九渊到王阳明再及后学这条线上的儒者亲历当时政治、经济乃至智识界新风气的感召而不断雕琢、改进、力行而来的。王阳明敏锐地意识到这个问题不仅是在政治领域中需要解决的，更是关系万千黎民百姓生活的时代问题；王阳明对这一时

---

①　学者余英时认为："阳明致良知之教和他所构想的'觉民行道'是绝对分不开的；这是他在绝望于'得君行道'之后所杀出的一条血路。'行道'而完全撇开君主与朝廷，转而单向地诉诸社会大众，这是两千年来儒者所未到之境，不仅明代前期的理学家而已。"参见：（美）余英时：《宋明理学与政治文化》，吉林出版集团 2008 年版，第 195-196 页。

②　（明）曾异撰：《与丘小鲁》，收于周亮工：《尺牍新钞》卷一，岳麓书社 2016 年版，第 52 页。

③　左东岭：《王学与中晚明士人心态》，商务印书馆 2014 年版，第 407 页。

代问题的思考和探求正如后世学者冯契所描述的：

> 一个思想家，如果他真切地感受到时代的脉搏，看到了时代的矛盾（时代的问题），就会在他所从事的领域里，形成某个或某些具体问题。这些具体的问题，使他感到苦恼、困惑，产生了一种非把问题解决不可的心情。①

然而，总有机械论信徒以为，阳明这种把天理关系的内转、将个人本心等同于天理的哲思，是某个瞬间从天而降的；正如他们误解阳明龙场之悟是某个夜晚如闪电霹雳般劈入阳明脑海的一般，忽视了王阳明在生活中那些或苦恼或欣喜、或困惑或朗然的点滴叩问探索。

在对时代问题的回应上，王阳明以心统摄万物，认为所谓"心外无物，心外无事，心外无理，心外无义，心外无善"②，即一切从"吾心"出发，以"吾心"为判断是非的标准，强调人的主体性精神，恰如学者秦家懿所论述：

> 阳明"心即理"的学说，既是解释人人皆可成圣的出发点，又是他的实践与修养大的基础。③

学者杨国荣对此亦有精辟的解释：

> 王阳明赋予心（良知）以个体性（吾心）与普遍性（天理）双重品格，从而不同于片面强化普遍天理的正统理学。④

事实上，这种对个体主体意识的确立思想一直潜藏在明代理学发展的万里长河中，经由阳明阐发，在阳明后学中洋洋大观而浩浩汤汤。其中最为激涌的莫过于泰州学派。泰州学人在"盐丁、樵夫、窑匠、卖油佣、网巾匠、戍卒、农

---

① 冯契：《冯契学述》，陈卫平等整理，浙江人民出版社1999年版，第3页。
② （明）王守仁：《与王纯甫二》，《王阳明全集》卷四，上海古籍出版社2011年版，第174页。
③ （加）秦家懿：《王阳明》，台湾东大图书出版社1987年版，第64页。
④ 杨国荣：《王学通论：从王阳明到熊十力》，华东师范大学出版社2009年版，第173页。

夫、商贾、胥吏"①等"一介细民,不读书者"②中以个体的内在尺度实现对儒学的改造,使阳明心学动态地适应明中后期商业发展的时代之势,亦即"使王学能够在商品经济进一步发展的晚明流传不衰"③。

从这种思想理论走向日常生活的过程中,有学者如此概括总结他们发挥作用的身份:

> 社区改善运动者、打破士庶分别的讲学活动者、类似心理咨询或治疗者。④

可以说,在阳明后学中,以泰州学派为代表,不仅为士人阶层的生活点明"一念改过,当时即得本心"⑤的简易直截成圣路径,更以社会运动的形式介入中晚明的商业文化社会发展中,把道德规范的解释权由外部转到内部,赋权农工商贾等庶民,把"道"与"理"阐述得具象化、世俗化,实际契合了社会转型时期价值判断自由的需要。泰州学派的兴起,标志着阳明心学从精英思辨向大众实践的范式转型。这一思想流变不仅重构了"成圣"工夫的认知图式,更深层地响应了晚明商品经济勃兴带来的价值秩序危机。

王艮进一步定义"圣人之道无异于百姓日用"⑥,将原本需由统治阶层及文化精英设定的行为标准权威简化为日常生活中人人拥有自主性的事物。这种将道德解释权下放至市井阡陌的思想实验,既消解了程朱理学"天理"的超越性,又突破了王阳明"致良知"的潜在精英化可能性。王艮对"圣人之道"的祛魅化阐释,本质是心学话语体系的平民化、生活化改造。这种激进的价值平权论,将传统"圣人—君子—小人"的道德分野转化为主体认知差异。而后,李贽更是直接指出:

> 穿衣吃饭,即是人伦物理;除却穿衣吃饭,无伦物矣。⑦

---

①② 　(清)焦循:《易余籥录》卷十二,《焦循诗文集》,刘建臻点校,广陵书社 2009 年版,第 821 页、第 822 页。

③ 　杨国荣:《王学通论》,华东师范大学出版社 2021 年版,第 15 页。

④ 　王汎森:《晚明清初思想十论》,复旦大学出版社 2004 年版,第 1-28 页。

⑤ 　(明)王守仁:《寄诸弟》,《王阳明全集》卷四,上海古籍出版社 2011 年版,第 192 页。

⑥ 　(明)黄宗羲:《明儒学案》卷三十二,中华书局 2008 年版,第 713 页。

⑦ 　(明)李贽:《焚书·续焚书》,中华书局 2009 年版,第 49 页。

李贽"穿衣吃饭，即是人伦物理"的宣言，标志着心学世俗化达到理论临界点，他为世俗欲望进行哲学理论上的正名，不仅瓦解了存理灭欲的传统教条，更催生了新型的个体伦理。以王艮与李贽为代表，他们对王阳明所提"致良知"与"知行合一"所进行的自我赋权，释放给个体更包容的主动性，逐渐消解阳明心学的本体工夫论。这种"现成良知"说的普及化传播，直接导致个体的自我修养方式，抑或是生活原则的转变。

王阳明在论及修养教化工夫时，曾经强调其中自我愉悦的倾向：

　　盖不必尽合于先贤，聊写其胸臆之见，而因此娱情养性焉耳。①

其后学李贽②则是在继承中扬弃本体—工夫之业，将这种生活倾向推演为"自适"，论述道：

　　士贵为己，务自适。如不自适而适人之适，虽伯夷、叔齐同为淫僻；不知为己，惟务为人，虽尧、舜同为尘垢秕糠。此儒者之用，所以竟为蒙庄所排，青牛所诃，而以为不如良贾也。③

李贽之所以举例伯夷、叔齐与尧、舜作为对比，旨在强调所提生活追求之"自适"与权威治统阶层间的背离。伯夷与叔齐在传统儒家思想中向来为百代文宗，而对应的尧、舜是历代明君之典范，但李贽在此"离经叛道"地批判伯夷、叔齐"同为淫僻"，即嘲讽两人忠于前朝的气节难掩其沉溺名节、依附君权的市侩之心，认为对君权的绝对效忠意味着个人主体性的塌陷，侧面反映李贽对专制君权的批判性反思与疏离抗拒。

李贽的"士贵为己，务自适"，意味着在生活中出现公私矛盾时，以保存自我的"自适"为生活中的首要原则，即鼓励晚明士人疏离统治的生活规训，通过心理合一的修养而顺至本心闲适的状态，于自我心灵的休闲场域中实现自治。

①　（明）王守仁：《五经臆说序》，《王阳明全集》卷二十二，上海古籍出版社2011年版，第965页。
②　学界在传统上认为李贽与泰州学派存在继承关系，属王艮之再传弟子（曾师事王艮之子），但近年来有学者质疑此说，如学者吴震认为李贽并非泰州学派的直接传人，只是在思想倾向上与泰州学派亲近，且尊崇认同阳明心学，参见吴震：《泰州学派研究》，中国人民大学出版社2009年版。本文暂采取传统观点。
③　（明）李贽：《答周二鲁》，《焚书·续焚书》，中华书局2009年版，第258-259页。

前文曾提及明代中期便已出现的私人空间（休闲）领域回归现象，在李贽这里已然夯实了更具说服力的理论基础，越来越多的晚明士人将"自适"作为理想的生活、生存状态，并通过日常生活中审美、休闲活动追求"贵为己，务自适"的过程感受到自我的积极性与创造性。

李贽在发扬"心理合一"思想的同时突出强调心的个体自我性，提出：

> 夫童心者，真心也。若以童心为不可，是以真心为不可也。夫童
> 心者，绝假纯真，最初一念之本心也……若夫失却童心，便失却真心；
> 失却真心，便失却真人。人而非真，全不复有初矣。①

李贽所言之"本心"与"真心"，皆为阳明心学的经典论述概念，从"最初一念"之定义可看出其与"良知"学说一脉相通的内在理路，然此番另用"童心"一词取代"良知"，意图在剔出"良知"之中包含纲常义理在内的先验之"理"：

> 夫心之初，曷可失也……盖方其始也，有闻见从耳目而入，而以
> 为主于其内，而童心失。其长也，有道理从闻见而入，而以为主于其
> 内而童心失……夫道理闻见，皆自多读书识义理而来也。②

李贽将"义理"视作"童心"丧失的直接原因，使阳明所倡"心理合一"的理论最终又走向"心"与"理"的分离。然而，李贽这种摆脱名教羁绊、反对以纲常天理规范压制个人的性情乃至志趣的新说，极大加速了晚明社会的情感解放思潮，尤其在文艺领域反响非凡：

> 天下之至文，未有不出于童心焉者也。③

李贽以"童心"为标准提倡抒写个人真性情之文，颇具早期人文主义之解放启蒙色彩，晚明士人纷纷转向对人情日用的关注与对闲适浪漫的追求。学者蔡仁厚在评价其有失陆王心学之义理规矩时，也肯定了其在晚明时代生活中所呈现的洒脱闲适性与人文浪漫性：

---

①②③　（明）李贽：《焚书·续焚书》，中华书局 2009 年版，第 98 页、第 99 页。

　　但流于泰州学派,则义理规范既嫌不足,而文化意识与客观意识亦不彰显;而只套此简易直截于扬眉瞬目之方法中,终致泛滥而失矩;泰州派下,多主自然,主活泼,主快乐,洒脱自在,冲破一切,此非豪杰之士不能,亦有大浪漫性在其中。①

　　嗣后公安三袁"独抒性灵,不拘格套,非从自己胸臆流出,不肯下笔"②之文论皆着李贽"童心"之色彩。公安派对"理"的处理态度亦是搁置剔除,袁宏道曾如此论述:

　　　　毕竟没有理,只是事。一件事是一个活阎罗,若事事无碍,便十方大地,处处无阎罗矣。又有何法可修,何悟可顿也?③

　　袁宏道以"事"来否定先验之"理",具体的事上体验即生活经验成为他所提倡的生活重心。尽管阳明心学之核心"良知"即表现为"心理合一",但在王阳明思想的广泛传播过程中,对"理"的日渐祛魅愈发外化显现。而纵使后继各家的解读各异,这种自下而上的文化运动,却始终以一种回归日常生活的共性趋向辐射影响到明清社会的各个领域。

二、知行与身心:晚明社会的生活美学与休闲新变

　　王阳明在总结毕生思想理论时,就已尽量避免使用晦涩的学术语言,或是繁复的逻辑表述,而是以日用为基本脉络,使用平白的对话语言辅之日常生活场景进行描绘表达。这就注定阳明及其心学思想理论所产生的影响,不会仅囿于智识层面,更是会触动每个个体的灵魂,进而辐射到每一位明清社会成员的具体实践与日常生活中。

　　从这个意义上讲,王阳明及其心学思想已从士人之间修身成圣的理想指南,缓步向庶民的点滴日常中走去,潜移默化地熏陶晚明社会成员的知行与身心,两者同时并举,颇有江海同归之妙。

　　王阳明强调"知行合一",但逐渐挣脱程朱理学的民众,在晚明商品经济的飞速带动下,反而在社会生活的方方面面中,将王门左派张扬个性、肯定人欲

---

①　蔡仁厚:《王阳明哲学》,九州出版社 2013 年版,第 200 页。
②③　(明)袁宏道:《袁宏道集笺校》,上海古籍出版社 1981 年版,第 187 页、第 265-266 页。

的思潮与纵欲逐利的生活紧密联系，在"知"上颠覆正统经学、不究道德文章，在"行"上吟味感官情欲、独崇清闲养生之福，因缘衍生社会生活美学与休闲之新变。

（一）六经注我与重情审美思潮

晚明之人慕奇好异，士人多以戏谑的态度新解颠覆正统经学，重新解读"四书六经"，形成了多元化的思想景象。在明代中叶时，王阳明曾提出"经学即心学"的观点，挑战"六经"的权威性：

> "六经"者非他，吾心之常道也……故"六经"者，吾心之记籍也；而"六经"之实，则具于吾心；犹之产业库藏之实积，种种色色具存于其家；其记籍者，特名状数目而已。①

王阳明认为，"六经"并非外在于人的神圣经典，而是人心中常道的体现。王阳明的这一观点为后世对经典的新解提供了理论基础，也为晚明思想的变革埋下了伏笔。

及至晚明，李贽更是直接将"四书六经"拉下神坛，彻底否定其绝对真理性：

> 夫"六经"、《语》、《孟》，非其史官过为褒崇之词，则其臣子极为赞美之语……则其迂阔门徒，懵懂弟子，记忆师说，有头无尾，得后遗前，随其所见，笔之于书……纵出自圣人，要亦有为而发，不过因病发药，随时处方，以救此一等懵懂弟子、迂阔门徒云耳。药医假病，方难定执，是岂可遽以为万世之至论乎？然则"六经"、《语》、《孟》，乃道学之口实，假人之渊薮也，断断乎其不可以语于"童心"之言明矣。②

李贽认为，这些经典不过是道学家的工具，是虚伪之人的藏身之所，根本无法与"童心"之言相提并论。他的这种激进批判，打破了"六经"长期以来的神圣性，为思想的解放开辟了道路。这些心学思潮不仅冲击了传统的学术权威，更在文化与审美领域掀起了一场深刻的变革。晚明时期，越来越多的文人

---

① （明）王守仁：《王阳明全集》卷七，上海古籍出版社 2011 年版，第 284 页。
② （明）李贽：《焚书》卷三，中华书局 2009 年版，第 132—133 页。

以"六经注我"①形式，阐发自我个性思想。冯梦龙便是其中的典型代表。他在小说《情史类略》中，将"六经"的主旨原道从"王教"曲解至"情教"：

> "六经"皆以情教也。《易》尊夫妇，《诗》首《关雎》，《书》序嫔虞之文，《礼》谨聘、奔之别，《春秋》于姬、姜之际详然言之，岂非以情始于男女，凡民之所必开者，圣人亦因而导之，俾勿作于凉，于是流注于君臣、父子、兄弟、朋友之间而汪然有余乎！异端之学欲人鳏旷以求清静，其究不至无君父不止，情之功效亦可知已。②

冯梦龙认为"六经"皆是以情为核心：《易》尊夫妇，《诗》首《关雎》，《书》序嫔虞之文，《礼》谨聘、奔之别，《春秋》则详细记载姬、姜之事。冯梦龙认为，情始于男女，这是人之常情，圣人也顺应这一规律，引导情感在君臣、父子、兄弟、朋友之间流淌。冯梦龙消解经典，以提升"情"之地位，为现实生活中的情之滥觞开辟道路。

屠隆则从文学家的角度分析解构"六经"，争取纯粹文学的相对独立性：

> 夫"六经"之所贵道术固也，吾知之；即其文字，奚不胜哉；《易》之冲玄，《诗》之和婉，《书》之庄雅，《春秋》之简严，绝无后世文人学者纤秣佻巧之态，而风骨格力高视千古。若《礼·檀弓》《周礼·考工记》等篇，则又峰峦峭拔、波涛层起，而姿态横出，信文章之大观也。③

屠隆认为，"六经"不仅蕴含着道术，其文字本身也具有极高的艺术价值：《易》的冲玄、《诗》的和婉、《书》的庄雅、《春秋》的简严，都展现出高雅的风骨，绝无后世文人的纤巧之态。屠隆的这种解读不仅赋予了"六经"以新的文学意义，更为后世文学的独立发展提供了理论支持。

晚明智识界几乎形成了一种将正统经学去神圣化、进而将其审美化的共识。士人们有选择性地筛选圣贤经典中闲雅轻松的一面，不仅世俗化其中神圣的部分，戏谑化其中权威的部分，颠覆"四书六经"中已有的定式与成规，直接松动了旧有的纲常伦理规制，催化社会审美标准向"情""真""狂""闲"的方

---

① （宋）陆九渊：《语录上》，《陆九渊集》卷三十四，中华书局 1980 年版，第 399 页。

② （明）冯梦龙：《〈情史〉序》，《冯梦龙全集》，魏同贤主编，上海古籍出版社 1993 年版，第 1-4 页。

③ （明）屠隆：《文论》，《由拳集》卷二十三，明万历八年冯梦桢刻本。

向开放革新,以感应"良知"召唤的时代氛围。这在日本学者岛田虔次看来,具有重大的近代精神意义:

> 阳明学说从政治文化以前的本质的人、纯粹的人出发,到这里已经……伦理从政治中、历史从伦理中基本上被——区别开来;特别是文学也被承认有其独自的原理和领域。含糊笼统却一直保持着正统主义气氛的……统一之整体世界,终于被分解得零零散散的了。①

此般于人性本质的发覆所造成的最大社会影响之一,便是松动僵硬的纲常伦理,扩大了生活审美的主体,将伦理从政治中、历史从伦理中区别开来,甚至承认文学有其自身的原理和领域。这种思想的变革,打破了长期以来统一而正统的世界观,为近代精神的萌芽奠定了基础。这种对人性本质的重新发现,对社会产生了深远的影响,其中以晚明女性生活的新变尤为凸显:随着纲常礼教禁锢的渐趋松弛,越来越多的女性走出闺阃,获得相对更为自由的发展空间,展开其作为"女郎""女士"②的新生活,丰富了晚明的生活美学新态。

不同于明初的压抑,晚明女性接受文化教育的主要途径有二:一是所识士人的传授,彼时社会风气使得男性文人可接受乃至鼓励女性识字习文;二是中上层士人或富商家庭为女眷聘请知识女性做专门的闺塾师。张岱曾为闺塾师黄媛介作赠别诗:

> 从来福德逊东坡,王氏为妻朝云妾。
> 王氏静敏略知书,朝云初解《金刚》偈。
> 未闻书画与诗文,一个名媛工四绝。
> 余见嘉禾杨世功,齐眉淑女生阀阅。
> 右军书法眉山文,诗则青莲画摩诘。
> 才子佳人聚一身,词客画师本宿业。
> 巾帼之间生异人,何必须眉而冠帻?
> ……
> 越中近日盛女师,柳絮才高多咏雪。

---

① (日)岛田虔次:《中国近代思维的挫折》,江苏人民出版社2008年版,第135-136页。
② 陈宝良:《女务外学:晚明妇女的名士化倾向》,《福建论坛(人文社会科学版)》2008年第10期,第56页。

> 夫人刻韵共拈诗，障而避之口嚅嗫，
>
> ……
>
> 余独有言问世功，如此福德作何答？
> 惟有长斋绣佛前，聊复以斯消罪草。①

黄媛介精于文史诗赋、琴棋书画，乃江南知名"女士"，因丈夫杨世功家贫，便以闺塾师为生，以一女子之身当家立计。张岱在诗中也直言对杨世功"如此福德"的羡慕，并对黄媛介的书、画、诗、文的才学欣赏有加。一句"越中近日盛女师，柳絮才高多咏雪"，反映了晚明女性教育普及的盛况，女性由此得以独立地表达思想，突破了传统闺阃生活之限，大胆追求诗酒风流、悠游结社的文人名士生活。如商景兰主持的交际式社团则突破家族限制，接纳更广泛的社会女性。这种社交活动不仅提升了女性的文化修养，还推动了她们在公共领域的社会参与。

张岱曾在其著作中生动记载彼时女性情趣诗意的生活美学实践，展现了女性在传统封建社会中难得的自由与审美情趣。如在《龙山雪》中，他描述了与几位女性伶人夜游卧龙山观雪的情景，"马小卿唱曲，李岕生吹洞箫和之"②，归途醉意兴起，"马小卿、潘小妃相抱从百步街旋滚而下，直至山趾，浴雪而立"③，满身是雪，却也毫无畏惧，尽显天真烂漫。也有女性甚至能参与到士人的狩猎娱乐中，张岱在《牛首山打猎》中就记载了女性参与士人狩猎活动的场景：

> 姬侍王月生、顾眉、董白、李十、杨能，取戎衣衣客，并衣姬侍。姬侍服大红锦狐嵌箭衣、昭君套，乘款段马，韝青骹，绁韩卢，铳箭手百余人，旗帜棍棒称是，出南门较猎于牛首山前后极驰骤纵送之乐。④

张岱的女性友人们身着大红锦狐箭衣，头戴昭君套，骑马驰骋，随行的铳箭手和旗帜棍棒队列整齐，场面壮观。这些女性不仅在文化艺术中展现才情，更在传统男性主导的活动中一展风采，这些记载不仅反映了晚明时期女性在文化艺术中的活跃参与，也展现了她们突破传统束缚、追求自由与个性的生活

---

① （明）张岱：《赠黄皆令女校书》，《张岱诗文集》诗集卷三，上海古籍出版社 2014 年版，第 66 页。
②③ （明）张岱：《龙山雪》，《陶庵梦忆注评》卷七，上海古籍出版社 2014 年版，第 202 页。
④ （明）张岱：《牛首山打猎》，《陶庵梦忆注评》卷四，上海古籍出版社 2014 年版，第 100 页。

态度。

在中国封建社会漫长的历史进程中,女性的生活始终受到严格的管控与约束,其社会地位与活动范围往往被局限于家庭之内。而女性"文士化"的生活趋势是在阳明思想影响下的经济文化发展之必然。王阳明及其后人在心学中强调"致良知"与个体的内在自觉,这种思想解放了人们的精神枷锁,使得女性在思想与文化领域获得了更多的自由与表达空间。女性"文士化"的生活趋势,不仅反映了晚明时期生活美学思想的解放,更成为推动这一社会思潮进一步发展的强大助力。女性以其独特的视角和细腻的情感,为当时的流行文化艺术注入了温柔而浪漫、放达而细腻的人文新气息,使得晚明文化艺术呈现出别样的风貌与魅力。

正如晚明钱谦益在《金陵社集诸诗人》中所描述的那样:"江山妍淑,士女清华,才俊翕集,风流弘长"①,男性士人与才女之间频繁的文化交流与互动,不仅揭橥"文士化"生活在晚明社会中已然得到广泛的认可与接受,更对晚明社会面向生活的审美思潮产生了深远的影响。女性的参与使得文化艺术不再仅仅是男性的专利,而成为一种更为多元、包容的文化现象,推动了晚明社会审美观念的变革与升华。

可以说,在晚明的思潮中,"六经注我"与重情审美思潮相互交织,共同推动了思想的解放与文化的革新。这一时期的思想变革,不仅为后世留下了丰富的文化遗产,更为中国近代精神的萌芽提供了肥沃的土壤。

(二)身心具化尚养生

王阳明解决了朱熹理学身心两分的问题,"首倡"②身心之学,并释之:

> 《大学》之所谓身,即耳目口鼻四肢是也。欲修身,便是要目非礼勿视,耳非礼勿听,口非礼勿言,四肢非礼勿动。要修这个身,身上如何用得工夫? 心者身之主宰,目虽视而所以视者心也,耳虽听而所以听者心也,口与四肢虽言动而所以言动者心也,故欲修身在于体当自家心体,当令廓然大公,无有些子不正处。主宰一正,则发窍于目,自无非礼之视;发窍于耳,自无非礼之听;发窍于口与四肢,自无非礼之

---

① (明)钱谦益:《金陵社集诸诗人》,《列朝诗集小传》丁集上,上海古籍出版社 1983 年版,第 462 页。

② "学者溺于词章记诵,不复知有身心之学。先生首倡言之。"参见(明)钱德洪:《年谱一》,《王阳明全集》卷三十三,上海古籍出版社 2011 年版,第 1352 页。

言动：此便是修身在正其心。①

王阳明在此所言之"身"，并非完全是生理结构之躯骸，而含有生命依托之存在的形而上意；此处所言之"心"，也并不是心脏器官，而是指抽象的身之主宰。然在姚江之学的沿承中，身心之论得以不断具象化、具体化，尤其是在后学罗汝芳处，呈现出一种与养生家近论的实体具象化身心观念：

> 天命谓性，分明是以天下之命为人性，谓人之性即天之命，而言一莫测者也。谛观今人意态，天将风霾，则懊恼闷甚；天将开霁，则快爽殊常，至形气亦然，遇晓，则天下之耳目与日而俱张；际暝，则天下之耳目与日而俱闭。虽欲二之，孰得而二之也哉？②

经由后学融汇的体认身心之说，"要求人们进入到生活的肉身，去切实体验生命的鲜活"③，引领了整个社会文化对养生的重视，打破"以佛修心、以道养生、以儒治世"④的传统，为晚明的生活世界镀镶上生命灵性的休闲色彩。

在这样的时代契机下，晚明养生文化兴盛，休闲养生著作不胜枚举，不少包括书画家、戏曲家在内的文人士子，也成为同医家、道家方士齐名的养生家，其养生方法不仅多元，而且更为日常。各类养生书籍大量刊刻且内容丰富，据学者陈秀芬统计，晚明年间（1550—1644），养生著作数量远超明朝前中期，较诸前代宋元更呈暴增现象⑤，大量体现晚明养生思想的文人专著应运而起，如高濂的《遵生八笺》、陈继儒的《养生肤语》与《小窗幽记》、文震亨的《长物志》、万全的《养生四要》、计成的《园冶》、李渔的《闲情偶寄》等。其中高濂的《遵生八笺》汇集明以前历代经史子集的养生内容，可谓今存晚明最为完备的文人养生全书。学者毛文芳对此书在联结养生与休闲、审美方面的地位给予高度评价：

> 《遵生八笺》要为人的躯体生命营造出一个和谐、理想、完美的现

---

① （明）王守仁：《传习录译注》，王晓昕译注，中华书局 2018 年版，第 494 页。
② （明）罗汝芳：《罗汝芳集》，方祖猷编校，凤凰出版社 2007 年版，第 57 页。
③ 朱璟：《身心之间——〈遵生八笺〉的休闲审美研究》，浙江大学博士学位论文，2017 年，第 109 页。
④ （宋）王应麟：《玉海》，《淳熙原道辨》卷三十二，清文渊阁四库全书本，第 8 页。
⑤ 陈秀芬：《养生与修身：晚明文人的身体书写与摄生技术》，台北稻乡出版社 2009 年版，第 2 页。

世世界，体系庞大，细节纷披，可谓当时同类著作之翘楚……若以高濂整部《遵生八笺》视作晚明闲赏文化的缩影，实不为过。①

于高濂看来，以休闲之状态过审美之生活方为养生之正解，他在《燕闲清赏笺》自序中如此阐述休闲与审美、养生的关系：

> 心无驰猎之劳，身无牵臂之役，避俗逃名，顺时安处，世称曰闲。而闲者，匪徒尸居肉食，无所事事之谓。俾闲而博弈楗蒲，又岂君子之所贵哉？孰知闲可以养性，可以悦心，可以怡生安寿，斯得其闲矣。②

高濂主张从身心之说的前提出发，"心无驰猎之劳，身无牵臂之役"，即在安护心灵与保养躯体的基础上，得以顺其自然而自由地从事有意义（自身感兴趣）之事，在这份身安心乐的自得中"养性""悦心"或"怡生安寿"，终能于物质与精神的一体之身结构上，感受生命中最真实的休闲。高濂对休闲的理解极富阳明"本体—工夫—境界"之色彩。其实高濂在《遵生八笺》之《清修妙论笺》中也曾直接引用阳明在《示徐曰仁应试》中语：

> 古云：众方嚣然。我独渊默，中心融融，自有真乐。是盖出乎尘垢之外，而与造物者游也。③

王阳明在这篇致门人徐爱的书信中，分享了包含闲坐在内的诸多养生方法，无论是从"心无二用，一念在得"④的养神养生工夫，还是"绝饮食，薄滋味，则气自清；寡思虑，屏嗜欲，则精自明；定心气，少眠睡，则神自澄"⑤的作息饮馔养生，都可窥得阳明思想对高濂之养生理论的启发与直接影响。

高濂在著作中将养生的范畴扩延至服食器物、居所园林、书画古赏、四季逸游、花纪香方等，系统地将生活各层面纳入其"遵生"架构之下，以之作为理

---

① 毛文芳：《晚明闲赏美学》，台湾学生书局 2000 年版，第 301 页。
② （明）高濂：《燕闲清赏笺》上卷，李嘉言点校，浙江人民美术出版社 2012 年版，第 384 页。
③ （明）高濂：《遵生八笺·清修妙论笺》，王大淳整理，巴蜀出版社 1992 年版，第 74 页。
④⑤ （明）王守仁：《示徐曰仁应试》，《王阳明全集》卷二十四，上海古籍出版社 2011 年版，第 1003 页。

想生活的核心观念。① 这种对养生之法审美化、休闲化乃至世俗化的改良演绎，其本身一方面是晚明社会生活之审美性、休闲性与世俗性的自觉体现，也在另一方面以社会范导的姿态具象化整个社会所共同向往之事，颠覆传统儒家社会功利的生活观，进一步强化晚明社会生活美学与休闲思潮的逸出。

就总体而言，王阳明对后世的影响力并不止于"立功、立言、立德"，他不仅把陆九渊的"心即理"申发为心在物上、理在心上的主体之学，还将"心即理"申发为此心在物则为理的行动之学。在将"致良知"视为一生精神的同时，王阳明强调身心各得其所、知行恰如其分，在思想传播过程中以休闲意识和审美实践回应民众的需求，汇成博大而日常的审美新质。于是乎社会各个阶层都有阳明思想的忠实信徒，形成一个阳明思想笼罩的氛围空间，使之自然地流溢着审美与休闲的色彩，深刻影响了晚明整体性的社会生活。

三、一往深情：张岱与晚明江南休闲文化

作为明末清初的阳明后学代表，张岱深受心学家传的熏陶影响，同时这种影响伴随他市井文人的身份与其生活的特定时代氛围相融合，造就了张岱之于晚明的独特性，他更是在相当程度上延续了王阳明引领着晚明整个江南地区的士风乃至生活风尚。

张岱家族与阳明心学渊源颇深，其家族谱系与心学传统形成深厚的精神纽带。其高祖张天复常与王畿交游习良知学，以科举起家后，多受阳明后学徐阶擢拔。张岱在《家传》中有记载高祖与徐的心学同道友关系：

> 华亭徐文贞行学，得高祖牍，置第一。明年复按越，一夕扣户急，举火视之，则文贞也。谓高祖曰："若往助我。"拉之去。各县牍出，颇得人。阅山阴，高祖以嫌辞，文贞曰："以若首，第二以下，若自定之。"②

这个绍兴望族始终保持着与阳明心学思潮的深度互动。张天复与徐阶的知遇之交，不仅体现了嘉靖朝政坛与心学群体的特殊关联，更折射出阳明后学通过科举网络形成的学术共同体特征。张岱在《家传》中记载的"徐文贞夜访"

---

① 姜萌慧：《遵生八笺研究》，台北花木兰出版社 2010 年版，第 268 页。
② （明）张岱：《家传》，《张岱诗文集》卷四，夏咸淳辑校，上海古籍出版社 2014 年版，第 328 页。

事件,生动展现了这种政学交织的时代图景。

张岱曾祖张元忭为隆庆辛未状元,师从王畿,被列入《明儒学案》之《浙中王门学案五》的学脉传承,且被录于学案卷前《师说》,可见其在阳明心学传人谱系中之名位。张岱自叙幼时便从祖父(大父)张汝霖治学圣贤经典,习《孟子》时有札记：

> 家大父曰：心体中打叠得干净,圣贤学问工夫,自一了百当。张侗初曰：认得本心,一生更无余事。[1]

此法正是王阳明反复强调的"精察此心之天理,以致其本然之良知"[2]。作为王学身心履践的血脉积习相沿,张岱身为长房长孙,自然被寄予厚望力学笃行。张岱将自己修习四书的心得体悟作《四书遇》,并对书名中之"遇"字作有颇具阳明心学色彩的解释：

> 盖"遇"之云者,谓不于其家,不于其寓,直于途次之中邂逅遇之也。古人见道旁蛇斗而悟草书,见公孙大娘舞剑器而笔法大进；盖有以遇之也。古人精思静悟,钻研已久,而石火电光,忽然灼露,其机神摄合,政不知从何处着想也。举子十年攻苦,于风檐寸晷之中构成七艺,而主司以醉梦之余忽然相投,如磁引铁,如珀摄芥,相悦以解,直欲以全副精神注之。其所遇之奥窍,真有不可得而自解者矣。推而究之,色声香味触发中间,无不可遇之,一窍特留,以待深心明眼之人,邂逅相遇,遂成莫逆耳。[3]

张岱以邂逅般的出奇遇合去形容他的治学之法,是将书本上之理论置于生活实际中咀摸出滋味、再回去结合书本知识学习的反复过程,他不落俗套地审美化阐释四书,知行并进地"在事上磨炼做功夫"[4],可见张岱在做学问过程中对非功利性的追求与王阳明颇有共鸣。在《四书遇》的治学实践中,张岱创造性地发展了阳明心学的诠释路径。他将"遇"字解为"途次邂逅"的体悟方

---

① (明)张岱：《四书遇·孟子》,朱宏达点校,浙江古籍出版社1985年版,第540页。
② (明)王守仁：《传习录译注》,王晓昕译注,中华书局2018年版,第213页。
③ (明)张岱：《四书遇自序》,朱宏达点校,浙江古籍出版社1985年版,第1页。
④ (明)王守仁：《传习录译注》,王晓昕译注,中华书局2018年版,第376页。

式,实质是对"致良知"工夫论的审美化转译。这种强调直觉顿悟的认知模式,既承袭了王畿"先天正心"的现成良知说,又与晚明"尚奇"的审美思潮共振。其解经方法突破了传统注疏的桎梏,通过"色声香味触发"的感性通道,将经典诠释转化为生命体验的诗性表达,实现了"尊德性"与"道问学"的创造性融合。

当然,不只是在学问方面,张岱的整个人生都呈现出一种非功利性——以乐趣为导向。张岱并未在仕途举业上用功,他爽然地接受科举落第的结果,转而全身心投入于丰富多彩、洒脱风流的闲雅人生。

自身的兴趣与才华智慧,加之物质、文化丰盈的家世,一旦遇上闲乐自由的社会风气,便成就千百年不遇的通才。专研张岱的学者夏咸淳如此评价张岱:

> 他是绝世散文家、诗人、词人、曲家,又是园林家、音乐家、书法家、收藏家、美食家,通晓天文、历法、舆地、医药、文字、音韵、经学、史学。①

张岱的特长其实远不止于上文所提,他还是旅行家("喜做闲人"②,游记遍及名城名山)与游戏家("斗鸡、臂鹰、六博、蹴鞠、弹琴、劈阮诸技"③),是吃穿玩乐无不精通的富贵闲人,毋宁以一"生活美学家"身份概之。山阴县志载有张岱早年之生活美学:

> 好结纳海内胜流,园林诗酒之社必颉颃其间,家累世通显,服食豪侈,蓄梨园数部,日聚诸名士度曲征歌,诙谑杂进。④

作为晚明时代背景下的典型江南文人,张岱丰富的个人生活是对晚明士人心理和社会文化生活之极致展示。张岱以一种细腻的洞察力与共情力而对生命充满了深爱,他承接阳明"万物一体"的思想,憧憬自然万物之自由生长与和谐共处,他曾请求莲池禅师把受锁禁的兔、鹿、猢狲等野生动物放归山林,

---

① 夏咸淳:《张岱诗文集·前言》,上海古籍出版社 2014 年版,第 1 页。
② (明)张岱:《游山小启》,《张岱诗文集》卷二,上海古籍出版社 2014 年版,第 273 页。
③ (明)张岱:《陶庵梦忆序》,《陶庵梦忆注评》,上海古籍出版社 2014 年版,第 9 页。
④ 绍兴县修志委员会:《乡贤三张岱》,《嘉庆山阴县志》卷一十五,成文出版社 1937 年版,第 5a 页。

认为:

> 角若能言,其苦万状。以理揆之,孰若纵壑开樊,听其游泳,则物
> 性自遂。①

张岱这种与万物感同身受而推己及物的情感,正是对阳明心学之"万物一体"精神的拓展,以"一往深情"②的形式贯穿于他包含艺术创作在内的日常生活中。

可以说,张岱的生活美学本质上是对阳明"万物一体"说的具身化实践。"一往深情"的终极理想是"万物一体","万物一体"则通过"一往深情"将生命的意义与价值呈现为日常的生活体验与行为方式,"万物一体"以"一往深情"为生命的审美观照。学者张则桐亦认同道:

> "一往深情"的审美情怀必须以思想的解放和个性的自由为前
> 提,它是在理解生命内蕴的基础上对人生审美化的体验和把握。③

"一往深情"是张岱对自然万物非功利性的审美情怀,是基于生命之解放与自由的情感体验,是故张岱在日常交友、品评人格时也延续这一感性的原则:

> 其一往深情,小则成疵,大则成癖……人无癖不可与交,以其无
> 深情也;人无疵不可与交,以其无真气也。④

于以往的传统儒家价值观中,癖好往往会被看作人性中的裂痕,然在崇情尚真的时代背景下,张岱竟在裂痕中看到彼岸光之来处,于人的"疵"和"癖"中品读出深情之美。他所记录的亲属家人也多是豪爽磊落的"深情"之人,如祖

---

① (明)张岱:《西湖中路放生池》,《西湖梦寻注评》卷三,上海古籍出版社 2013 年版,第 127 页。

② (明)张岱:《曲中妓王月生》,《张岱诗文集》卷三,夏咸淳辑校,上海古籍出版社 2014 年版,第 60 页。

③ 张则桐:《"一往深情":张岱散文情感底蕴论》,《浙江社会科学》1999 年第 3 期,第 149 页。

④ (明)张岱:《五异人传》,《张岱诗文集》文集卷四,夏咸淳辑校,上海古籍出版社 2014 年版,第 349 页。

父张汝森癖好饮酒，"月夕花朝，无不酩酊大醉，人皆畏而避之"①；弟张伯凝癖好书史，"学问似左丘明，才识似晋师旷，慷慨侠烈似高渐离"②。他的朋友中更是充斥茶癖闵汶水、王月生，戏癖彭天锡、朱楚生，还有酒色癖、钱财癖、洁癖等性情中人，在生活以至真深情为生命追求，率真任性、嬉笑怒骂而不被世俗左右。这种以"癖"证道的价值取向，颠覆了程朱理学"存天理灭人欲"的道德范式，彰显出晚明个性解放的思想锋芒。

张岱还"一往深情"于冰雪，他不仅爱好赏冰雪，视冰雪为灵性的挚友，给外祖的白骡谥号"雪精"③，日常品饮要"饮以玉壶冰，漱以兰雪茶"④，聚酌则"饮香雪酒"⑤。在文艺作品中更喜用"冰""雪"于字里行间，譬如他自选诗文集命名为《一卷冰雪文》，并先后连作两序，解释缘何"至于余所选文，独取冰雪"⑥：

> 若吾之所谓冰雪则异是，凡人遇旦昼则风日，而夜气则冰雪也；遇烦燥则风日，而清静则冰雪也；遇市朝则风日，而山林则冰雪也……故知世间山川、云物、水火、草木、色声、香味，莫不有冰雪之气；其所以恣人挹取受用之不尽者，莫深于诗文……诗之有冰雪，皆是物也。⑦

张岱开篇便将冰雪与"夜气"相联系。"夜气"在宋明理学是一个重要的哲学概念，张岱曾在《孟子·夜气章》引阳明后学罗近溪语以释"夜气"：

> 罗近溪因学者诵《牛山章》叹曰：圣贤做人甚切，人特未之思耳。即"牿亡"二字，今人只作寻学看某旧为刑曹，亲桎梏之苦，自顶至踵，更无寸肤可以动活，辄为涕下。
> 学者曰：今人从躯壳起念者，皆"亡"之类也。

---

①② （明）张岱：《五异人传》，《张岱诗文集》文集卷四，夏咸淳辑校，上海古籍出版社2011年版，第350页、第357页。

③ （明）张岱：《雪精》，《陶庵梦忆注评》卷四，上海古籍出版社2014年版，第105页。

④ （明）张岱：《蟹会》，《陶庵梦忆注评》卷八，上海古籍出版社2014年版，第233页。

⑤ （明）张岱：《雷殿》，《陶庵梦忆注评》卷八，上海古籍出版社2014年版，第200页。

⑥ （明）张岱：《一卷冰雪文后序》，《张岱诗文集》文集卷一，上海古籍出版社2014年版，第224页。

⑦ （明）张岱：《一卷冰雪文序》，《张岱诗文集》文集卷一，上海古籍出版社2014年版，第185页。

先生曰：良心寓形体，形体既牵，良心安得动活？直至中夜，非惟手、足、耳目废置不用，虽心思亦皆休歇，然后身中神气，稍稍得以出宁。及平旦端倪，自然萌动，而良心乃复矣。回思日间形役之苦，何异以良心为罪人而桎梏之，无所从告也哉！①

良知之心在白天日间受外物遮蔽牵制，至夜晚良知之心才真正得到释放，所以罗汝芳认为"夜气"是内心中和安宁的状态，从"夜气"扩充开则助于复归保持良知之心。其实王阳明亦多有谈及"夜气"之论：

夜来天地浑沌，形色俱泯，人亦耳目无所睹闻，众窍俱翕，此即是良知收敛凝一时……良知在夜气发得方是本体，以其无物欲之杂也。学者要使事物纷扰之时，常如夜气一般，就是通乎昼夜之道而知。②

王阳明同样认为夜气使人收敛神气、涤除杂滤，可使良知本体澄明可见。而若人们在日常纷扰之中也能主动克除物欲杂念，持守此夜之明状，那么良知本体就能昼夜通达。张岱于此说深契其旨，他由"夜气"拈得"冰雪"，以指脱离世俗诸累纷嚣，能使人的良知本体呈露，生命之本来面目因而显现的状态，即王阳明所言"夫惟有道之士，真有以见其良知之昭明灵觉、圆融洞彻、廓然与太虚而同体"③的自然状态。

但明清易代风云突变，张岱的生活亦随之天翻地覆，甲申之变带来的历史断裂，使张岱的"一往深情"叙事蒙上沉痛的反思色彩。正如张岱在《自为墓志铭》中所描述：

少为纨绔子弟，极爱繁华，好精舍，好美婢，好娈童，好鲜衣，好美食，好骏马，好华灯，好烟火，好梨园，好鼓吹，好古董，好花鸟，兼以茶淫橘虐，书蠹诗魔，劳碌半生，皆成梦幻。年至五十，国破家亡，避迹山居。所存者，破床碎几，折鼎病琴，与残书数帙，缺砚一方而已。布

① （明）张岱：《四书遇·夜气》，朱宏达点校，浙江古籍出版社1985年版，第511-512页。
② （明）王守仁：《传习录译注》，王晓昕译注，中华书局2018年版，第438页。
③ （明）王守仁：《答南元善》，《王阳明全集》卷六，上海古籍出版社2011年版，第234页。

衣疏食，常至断炊。回首二一年前，真如隔世。[①]

从服食奢靡的纨绔子弟到困顿潦倒，亡国之后的张岱并未对西湖减少半分深情，相反，更加深了他对往昔西湖之诗酒笙歌的眷恋与不舍。他作《西湖梦寻》，不仅津津乐道记忆中西湖生活的风流浪漫，亦叙有作为遗民重回战后西湖的见闻。张岱下笔便流露深情款款，却犹如拾起拼凑破碎的绮梦，难掩亡国之恸。《西湖梦寻》乍看不过山水休闲手册般的史部地理书籍，然卒读《越王坟》《于坟》《伍公祠》《城隍庙》等篇，张岱思铭忠烈、维系国脉、记史千秋的深情方有血有肉地浮现。张岱对西湖的"一往深情"是最为复杂的，留恋陶醉、自嘲忏悔、黍离之悲与良苦用心，似乎以一种复杂的方式在寻梦西湖中互相纠缠、互相链接。

《西湖梦寻》中的空间记忆，既是个体生命史的碎片拼贴，更是晚明文化精神的寓言式存照。在"破床碎几"的物质困顿中，张岱通过"梦寻"的叙事策略，将私人怀旧转化为前朝文化的某种招魂仪式。这种书写方式既延续了王阳明注入在心学中"收拾人心"的救世情怀，又暗含对清初文化政策的柔性抵抗。

"一往深情"也是张岱其人及学术思想被宗崇的内因。明清易代后，鸿儒彦士们众说纷纭地反思亡国教训，如顾炎武、王夫之、颜元等相继归罪于阳明心学，唯张岱一针见血地揪出八股取士之始作俑者朱元璋。面对清初学界对心学的集体挞伐，张岱展现出独立的思想品格。他在《石匮书》中对阳明学的辩护，并非简单的门户之见，而是基于历史本体论的深刻认知。张岱在承认王学末流空谈心性之弊的同时，依然盛赞阳明之学，直言：

> 阳明先生创良知之说，为暗室一炬。[②]

相较于当时主流宿儒王夫之、顾炎武等对王学的误解，张岱之评价显然更为惬心贵当。张岱亦从生活层面肯定晚明公安派在王学影响下"一扫近代芜

---

① （明）张岱：《自为墓志铭》，《张岱诗文集》文集卷五，夏咸淳辑校，上海古籍出版社 2014 年版，第 273 页。

② （明）张岱：《阳明弟子列传》，《石匮书》卷一○三，《续修四库全书》第 320 册，上海古籍出版社 2002 年版，第 350 页。

秽之习"①，概因张岱从"一往深情"的角度体察历史人物，以一种深入感性的见解唤起主体新的感知与具身的情感，从而由这些新的感性构成主体对历史哲学本身的哲学式理解，固然更为中道而明辨。其"暗室一炬"的比喻，既肯定心学对思想启蒙的推动作用，又暗示晚明文化转型的内在困境。这种辩证的历史观，使张岱的学术批判既超越遗民群体的怀旧情绪，又规避了朴学家的功利化倾向，在清初思想史上构成独特的话语坐标。

所谓"正确的生存就像一件艺术品，它是想象力的产物"②。张岱作为一位具有极高艺术素养的晚明文人，在琴棋书画、茶艺戏曲、园林建筑、饮食方物、古董鉴赏等方面都全智全能，自然也将这种极富想象力的艺术感带入生活，创造出一种某种程度上模糊艺术界限的生活内容和生活方式，以"一往深情"从江南出发而畅游大江南北，交友无数，从艺术的角度去观赏生活，并努力使自己的生活符合自己"一往深情"的美学标准。

张岱的个案揭示出晚明心学发展的复杂面向。他将阳明心学的精神内核进一步具体地转化为生活世界的审美实践，在儒学世俗化进程中开辟出新的可能性。其"一往深情"的理论不仅是个体生命的美学注脚，更是理解明清之际文化转型的关键锁钥。在思想史与生活史的交叉地带，张岱以其独特的生命形态，完成了对心学传统的创造性转化，为儒学与现代性的对话提供了历史原型。

王阳明的思想在与江南文化的互动作用中，产生了广泛而深远的影响，既涵盖了庙堂之上政治领域的意识形态，也将一种生活美学智慧传播到了江湖之远的民间社会。张岱作为阳明后学，则用他的方式传承了这种生活美学的智慧，通过自己切身的经历与"一往深情"地演绎，将王阳明的生活美学智慧丰富至一种关于生命的意义与价值如何展示为日常的生活方式与行为方式的哲学，并将当初江南地区的风尚与王阳明的生活美学互动，在一个多世纪后又回馈影响同一片土地。

---

① （明）张岱：《文苑下袁宏道列传》，《石匮书》卷二〇三，《续修四库全书》，上海古籍出版社2002年版，第320册，第145页。
② （美）A.J.赫舍尔：《人是谁》，隗仁莲、安希孟译，贵州出版社1994年版，第90页。

第二节 王阳明生活美学思想的当代价值

与汉唐宋等前代先儒美学相比，王阳明生活美学一方面在走向心理合一、走向理性的成熟；另一方面也在走向生活、走向具体的休闲。于当代西方理论视域反观，这具体呈现为人文价值的坚定、对本体存在的自省、对个体意识的彰显与议论文风的广播流行。

与之相对应的传统美学理论风貌则更能澄明这种转变：在美学本体范畴上，由重理、气、象转向了心物、体用、道器、阴阳；在艺术气象上，由重穷神知化转向了重心境理趣；在审美创造的视角上，由更多地关注和外投于浑然山水，转向更多地关注和抒写日常生活气象。

一、"游于艺"与"成于乐"：日常生活的审美之思

（一）人格审美与艺术体验

回顾王阳明的生命历程，他终其一生都在以自我生命本体为对象，追求一种理想人格及其闲适境界的圆成，这是一个在生命路途中不断对自我的存在和境遇寻求突破的过程。学者钱穆先生对王阳明的生命历程与学说经验作如是观：

> 原来王学的萌芽，他良知学说的根柢，是有生命的，是有活力的，是那样地执着，那样地跳脱，从多方面的兴趣、复杂的经验中流变出来的。他有热烈的追求，有强固的抵抗；他从恳切的慕恋里，转换到冷静的洗伐，又从冷静的洗伐里，转换到恳切的慕恋。他狂放地奔逐，他彻悟地舍弃。他既沉溺，他又洒脱。他的良知，绝不是现成的东西，也不是平易简单的把戏，更不是空疏无着落的一句话。
>
> 要研究王学的人，不要忘了他成学的一番经历。他说立志，说诚意，说事上磨炼，知行合一，说易简说真切，他说的一切，要把他自己成学前的种种经历来为他下注解。忘了他的实际生活，来听他的说话，永不会了解他说话的真义。听了他说的话，忘了你自己的时间生

活,更不会了解他说话的真义。①

　　诚然,王阳明的学问是一个充满生命活力、情感深度和哲学智慧的思想体系,其理论的形成与王阳明个人的生活经历和实践紧密相关。王阳明的学术探索和实践体现了一种动态的平衡,他在放纵与自制、沉迷与超脱之间游刃有余。良知学说不是预设的教条,也不是简单的概念游戏,更不是空洞无物的言辞,而是王阳明通过个人经历与反思,对知识与道德的深刻洞察。王阳明的理想人格实现路径,不在典册之内,不在庙堂之上,而是在日日夜夜的心性修养与真真切切的生命实践工夫之中,即钱穆所谓"从多方面的兴趣、复杂的经验中流变出来的"一种理想人格的气象。

　　关于这种儒家的理想人格审美学说,杨国荣曾总结道:"理想人格的培养,总是与人性问题联系在一起。"②如果说人性的最后完成,即实践性人格与内在人性的完善合一就是理想人格的圆成,那王阳明在探索这个问题的过程中,尝试以"游于艺"和"成于乐"的角度去进行解答。

　　在王阳明时代所盛行的人格化育之法,是以朱子为代表的宋儒理论,提倡以乐、艺等外在规范去辅助体认天理人性,他们将"游于艺"和"成于乐"的艺与乐视为辅助作用的外在规范,而这里需要强调的是,这个理论方法并不是一个学术谱系,而是儒家内部的一种身心传承。王阳明反复思考的并不是朱熹如何解释训诂条理,而是自己如何用生命,将本然的自我光明而坦荡地提升至理想的闲适境界。

　　所以,关于闲适境界,在王阳明处,并不同于当时流行的理解。他认为通过领悟自然规律,并将其纳入人的主观世界中,客观对象对于人的意义与价值由此呈现,并反过去对客观现象进行解释,就是一个"志于道,据于德,依于仁,游于艺"的实践人格完善的过程。即"志于道,据于德,依于仁,游于艺"是以圣人之道为志向,修德体仁,再博学群艺以把握规律,在游艺中发展完善实践性人格,而实现闲适境界,并在闲适境界中孕育理想人格的生活美学。

　　"志于道,据于德,依于仁,游于艺"的实践人格完善过程,于生活美学视域下展开言之,其所指向的"生活美学"意旨"美学"有"生活"的过程,是要在"志于道,据于德,依于仁"的基础上,在生活的"游艺"实践中融会、沉浸、忘我,进

---

①　钱穆:《王守仁》,台湾商务印书馆 1984 年四版,第 41-42 页。
②　杨国荣:《心学之思:王阳明哲学的阐释》,中国人民大学出版社 2020 年版,第 238 页。

而激发生命的本然显现、到达和成就。这是生活的审美化，也是美学的生活化，在如此动态实践过程中，生活的价值与意义才能显现。这种理想的生活美学具有体验之学的鲜明特征，即人之体认自践履中来，又在体验中确证此思，强调知行合一。

如若说王阳明"游于艺"的生活美学着重强调把握物质规律的外在自由，那么"兴于诗，立于礼，成于乐"，则突出其内在纯粹感性的自由。"成于乐"是"兴于诗"与"立于礼"的心灵最终完成态，是由内在的感性自由消融理性沉淀的痕迹，认知行为完全合一的无所滞碍而从容、自得的人生愉悦状态。若从现代研究视域切入，这也关涉与休闲理论的中国话语特色范式：本体—工夫—境界的天然契合性。

无论是从形式体例还是内涵上看，休闲之本体即休闲的应然状态，休闲之工夫落脚于必要时的链接，而闲适境界则是在工夫中澄明对休闲本体的回归，同时也指向休闲的理想完成时态。而相应的，"兴于诗，立于礼，成于乐"，诗之兴是立于礼的应然前导，礼之修养工夫恰如中介，只有在乐中才得以澄明诗与礼的完善，圆熟于乐之人生境界。"成于乐"之路径是可以用基于休闲的"本体—工夫—境界"范式进行下一步研究的。

"游于艺"和"成于乐"是王阳明对于由"凡人"入"圣贤"工夫的一种生活美学向度之解答；具体落实于人生实践中，"志于道，据于德，依于仁，游于艺"将自然的规律向人的实践展开，生活美学在主体全面发展的自由中得以具体化；"兴于诗，立于礼，成于乐"，则是化外在理性为自觉、融社会伦理规范为个体情感的内在需求，以纯然相融的感性体验，着眼于人生的终极意义，而构筑理想的闲适境界。这个过程正如后世学者冯契所言：

> 以得自现实之道还治现实，理论便转化为方法，我们便能够依据事实的秩序和意义的结构来把握现实的可能性。①

结合当下中国特色生活美学学科体系建设视域言之，在对传统儒学的心性涵养和礼乐教化进行审美化、生活化阐释时，一方面，是通过艺术学习来提升大众的审美实践能力、对美的判断力与生命的感性力，培养追求诗意栖居的

---

① 冯契：《人的自由和真善美》，《冯契文集》（增订版）（第三卷），华东师范大学出版社 2016 年版，第 68 页。

生活理想；另一方面，通过审美精神和审美理论中潜在的伦理暗示，消解社会对于人的异化，在人人得以追求个人理想的过程中，一个兼具道德性与精神性的生活理想共同体也随之呈现。

因此，对"游于艺"与"成于乐"有一个从形上到形中、再到形下的把握现实过程，无论是个人独自的艺术生活审美体验，还是与众同游的社会生活审美体验，皆是通往理想人格与闲适境界的传统生活美学智慧。

（二）道器审美与中式风格

谈及心物、体用，也不可忽略道器。今日所谈之"中国风"或是"新中式"已然成为复兴之潮。

在探讨如今中式审美风格的构建与表达时，我们首先需要认识到，审美风格并非仅仅依赖于特定的符号表征。以新中式装修为例，若在所谓"新中式"图形中缺失经典的中国元素，如竹子、回形纹、中国结或对称结构等，其所谓的"中式美学"便难以令人信服。然而，简单地堆砌这些典型元素，又会导致中式审美本质的丧失。这种现象在当下国内城市的发展建设进程中并不鲜见，例如一些地标性建筑虽堆满了中式符号，却因缺乏美感而被归入"十大丑陋建筑"榜单。这种现象背后反映出的是部分城市在追求中国特色形象时的急功近利，忽视了符号堆砌背后应有的美学。

中式道器审美的内涵远不止于形式层面的符号组合，它还涉及民族情结、文化基因、生活方式等多重维度。尤其值得关注的是中式审美在现代化进程中的转化问题。中式审美植根于传统文化，但必须适应现代社会的需求，表达当下时代人们的生活态度和情感需求。只有在这一维度下，我们才能从当代视角重新定义"中式审美"的真正内涵。

中式设计审美的现代性困境，是一种"心物关系"的异化呈现。当中国结、回形纹都沦为商业符号，这种将《园冶》"虽由人作，宛自天开"简化为视觉拼贴的症候，恰如王阳明所针砭的"外求物理而失其本心"——在符号狂欢的表象下，是心体与物象的深度割裂。真正的中式美学革命，需回归阳明心学"心即理"的本体承诺，在"即物证心"的工夫实践中重构"松弛感"的生存论意涵。

王阳明龙场悟道前的"格竹之困"，恰是当代符号异化审美的历史预演。当设计师如明代传统朱子学者般"即凡天下之物，莫不因其已知之理而益穷之"（《大学章句》），将青花瓷纹样与斗拱形制作为"物理"穷究时，实则陷入了"析心与理为二"的认知陷阱。这种"中轴必置影壁，厅堂必陈博古"的设计教条，恰似王阳明批判的"支离外索"——在形式主义的狂欢中，丧失了"鸢飞鱼跃"的生命气象。

如果说从"格物"到"格竹"蕴含着设计美学的现代启示，那么当今"松弛感"的本体重构，则需要一种心学工夫论的美学转译。如今许多中式设计有着繁冗的仪式感，比如家居空间中轴必须有影壁墙，或者桌椅必须雕刻吉祥元素，给人一种不够放松的感受，也已不适合现代人相对简洁的生活习惯及当下时代人们普遍的生活态度，也不符合人们特定的情感需求。设计应该更符合现代人的生活体验，尽可能地让各类人群在他们日常生活的角落感受到内心的舒适与放松。更多的人更愿意针对生活的意义、生命的幸福和轻松美感的心态，来建立我们的生活本体。可以说，王阳明"敬畏"与"洒落"合一的实践美学智慧，为"松弛感"提供了本体论支撑。这个理念投射于空间设计即呈现为：既摒弃传统中式的仪式重负，又拒绝极简主义的价值虚无，在"敬畏天地"与"洒落自在"间达成动态平衡。

以心学工夫论层面观照当今中国的设计现象，则可以构建"万物一体"的空间转译，或是心性工夫的空间实践。王阳明"岩中花树"公案揭示的"此花不在尔心外"，在当代中国还应理解为"场所精神"的营造法则——当设计师以"活泼泼地"的良知发用观照空间，钢筋混凝土亦能生长出"坐看云起"的诗意。此中传统美学现代化转化的核心方案在于从"以物观物"到"以心驭物"，这意味着完成三重心性革命。

首先是符号祛魅。破除来自学习的认知执念，如阳明格竹般直面符号背后的国人心性之真实。以"心眼观物"取代"肉眼摹形"，正是对"心外无物"设计式注解。其次，是工夫下沉。将"致良知"转化为日常设计语言，理解庭院枯山水的"未发之中"留白，皆是"必有事焉"的工夫显现，赋予"即器即道"的造物哲学，则会累积为最重要的境界升华。当代中国的设计理念需要在"百姓日用即道"的维度重构审美标准：当"松弛感"不再指向北欧极简的冰冷克制，而是如王阳明"铿然舍瑟春风里"的从容自得，出发于老百姓的日常行为所需，中式美学便实现了从"形式模仿"到"境界呈现"的范式转换。

我们的日常生活需要的是走向心性美学的文艺复兴，而这关乎中式审美的真正复兴，不在符号之"博物馆"的建立，核心在"心即理"的本体重构。当设计师如王阳明观"南镇之花"般直面存在本身，当空间成为"吾性自足"的明镜台，那些曾被鄙为"丑陋"的地标建筑，或将蜕变为"岩中花树"的当代显影。这种即设计即修行的生活美学思想，终将引领我们穿越符号的迷雾，抵达"此心光明，亦复何言"的审美澄明之境。

二、"闲中气象甚适":当代中国生活之思

对于王阳明而言,"游于艺"的忙中之闲,呈现的是于忙碌公务中以私人闲暇实现在仕与隐之间的平衡。"成于乐"的闲中之忙,凸显的是在政务、家务之外属于自我的空闲时空中,修身的同时仍心怀天下,这体现了一种独乐与众乐兼容的儒家之乐,以此缓解了闲适的生命追求与厚重的政治使命之间的紧张关系。

但在当今中国的社会语境中,"忙"不仅是一种普遍的生活状态,更是社会认同与个人价值的象征。在 21 世纪人际交流的中文问候语中,如"您吃了吗"这般饮食情况之询问,已逐渐被忙碌状态的探询所取代,以"您最近在忙什么呢"作为了解对方社会地位和生活状态的窗口。此种转变,映射出的是社会价值观的演变,"忙"在时代发展过程中被赋予了更多积极的含义,即"忙"等同于生产力、社会贡献与个人的荣耀。

美国学者杰弗瑞·戈比认为,当今大多数中国人的工作—生活都处于一种失衡状态,个体在工作—生活关系中作出忙碌的选择是受到了结构性和文化性制约,即一个社会在历史文化、社会、政治、经济和组织发展上的倾向。[1]倘若上循历史文化之本,却会发现,代表中国古典文化源泉的孔孟老庄从未论及"忙"这个词。学者贡华南援引历史制度以解释,认为中国人的忙闲之辩是自唐代才开始的:

> 随着两汉以来士族制度的瓦解,整个社会的人在理论上回到同一起点。隋唐"科举"制度使读书人忙起来。唐朝的租庸调制,"耕者有其田",调动了农民的积极性,农民逐渐"忙起来"。唐人对其有深刻描述,如:"渐老渐谙闲气味,终身不拟做忙人。"(白居易《闲意》)[2]

诚然,在唐代以前,如魏晋风流之"闲",其目的主要对抗的是社会动荡的生存问题,无暇顾及"忙闲"这种生活质量问题。而在唐人白居易的诗句中,已经可见对"闲"的生活追求与理论肯定,但还未出现明显批判"忙闲"的价值对

---

[1] Geoffrey Godbey, Song Rui. *Finding Leisure in China*. Pennsylvania: Venture Publishing, 2015, 55-67.

[2] 贡华南:《从醉到闲饮——中国酒精神演进的一条脉络》,《贵州大学学报(社会科学版)》2020年第 3 期,第 44 页。

立。相比之下，唐代以后的宋明儒者，才开始将和平为主流的时代中生产力发展造就的"忙"与"闲"之对立视为人生一大课题。与当代的社会价值观大为不同的是，以王阳明为代表的宋明理学家们常以"忙人"一词作为贬义标签，批判否定"忙"的意义。明人常以"闲人"自诩自夸，借此凸显儒家的道德修养与理学的精神追求——这也相对我们当代的社会而更具对照性与启迪意义。

明代中叶的江南地区正经历着商品经济蓬勃发展所带来的变革，生活于此的王阳明就曾从（天理）主宰之秩序的角度，来讨论"忙"与"闲"这个问题：

> 崇一问："寻常意思多忙。有事固忙，无事亦忙。何也？"
> 先生曰："天地气机，元无一息之停。然有个主宰。故不先不后，不急不缓。虽千变万化，而主宰常定。人得此而生。若主宰定时，与天运一般不息。虽酬酢万变，常是从容自在。所谓'天君泰然，百体从令'。若无主宰，便只是这气奔放。如何不忙？"[①]

欧阳德（1496—1554）从师于王阳明时已是举人，他询问王阳明为何自己总是感觉很忙，即在实际有事需处理的时候固然会感受到忙，可在明明没事的时候，忙的感受依然存在。王阳明从"身之主宰便是心"的角度来进行解释：天地之间的主宰为天理，主宰安定方万物秩序从容，而人生亦有主宰，在这个纷繁万变的世界里，能恒稳不变的，对外谓之天理规律，对内谓之我心。在内心安定时，即使日理万机也能先后有序、不急不缓，如天地自然运行般自在而游刃有余。反之，若缺乏对天理主宰的认识，则身心秩序无存，在紊乱的状态中有事无事皆陷入忙乱。从这种意义上说，在王阳明看来，"忙"是"秩序的消解，就是失序"[②]。王阳明曾用吃饭做例子：

> 今人于吃饭时，虽无一事在前，其心常役役不宁，只缘此心忙惯了，所以收摄不住。[③]

王阳明批判当时的人在吃饭时有无法专注的问题，即使没有其他什么事落下，也还是心神不宁，这只是因为"心"忙惯了，想的事情太多了。"忙"作

---

①③　（明）王守仁：《传习录译注》，王晓昕译注，中华书局 2018 年版，第 146 页、第 474 页。

②　贡华南：《论闲与忙——进入当代精神的一个路径》，《社会科学》2009 年第 11 期，第 108 页。

为一种在世的生存状态,其状态化构成于主体的切身感受,而这种直观的感受便来自身体感觉的疲累与精神感知的紧张不宁,这直接指向的是所谓的身心之失序。

当代人时常抱怨所处时代的生活之繁忙、身心之不宁,而向往"从前慢"的古人。但其实如引文所述,即使是明代的古人,也常有忙到吃饭无法专心的程度,其中的事功丰硕者如王阳明,更是公务烦冗、日理万机。只是王阳明可以通过"天君泰然,百体从令"而对"忙"重新把握,将这种身心失序产生的疲、累、不宁等负面感受,通过修养工夫转化为内心的安定和精神的生机,进而享受"忙中之闲"的心灵境界。

相比于古时诸多享有"无事之闲"的富贵文人,王阳明之"闲"与他们的清赏闲雅有本质上的差异。

王阳明之"闲",是戎马劳顿人生中短暂的"忙里得闲"。纵观他的一生,除却高步云衢之间的少时之闲、早期官场不得志的无奈之闲、断断休休的因病得闲以及晚年居越六年之闲,他的大部分生活都与明代闲士们的"无事之闲"无缘。

在客观事实层面,王阳明是受嵌于一种忙人文化体制之中的。王阳明在追求自我圣人理想的过程中,大半生活都为家国安宁奔波,却时常被尔虞我诈的官场所困,辗转间不仅不能避俗,反而连真正留给自己的闲暇空余时间都相当有限。但对于王阳明来说,他所理解的"闲"并非生活里工作时间之外的剩余价值,而已是一种可以去细心把握的心灵良知状态。只要在与自然万物共同律动中去充实、去体验日常生活的方方面面,则能身忙而心闲,自由地到达人生境界高度的"闲适"。

受王阳明思想影响的中晚明士人,多有讽"忙"而尚"闲"之习。他们普遍地追求个体在精神层面上的自主,与休闲的自由融洽境界。譬如汤显祖就曾总结道:

> 何谓忙人,争名者于朝,争利者于市,此皆天下之忙人也。即有忙地焉以苦之。
> 何谓闲人,知者乐山,仁者乐水,此皆天下闲人也。即有闲地焉而甘之。[①]

---

① (明)汤显祖:《汤显祖诗文集》卷三十四,徐朔方笺校,上海古籍出版社1980年版,第1125页。

"忙人"争名争利，实质是牺牲个体的自由性而换取某种物质性目的。[1]于现代视野观之，实属生活的异化，沉溺于外物而荒废身心，故汤显祖言"苦之"；"闲人"是对"忙人"的超越，闲之所得并不止于宴游山水，更意味着不为外物诱惑，真正地让自己的内心静下来，安宁而不流于空虚，以达身体与心灵的彻底放松，故汤显祖谓"甘之"。

王阳明生活美学思想视角下的"闲人"，并非指无所作为的懒惰懈怠之人，而是指那些超越世俗纷扰、致力于道德修养与精神境界提升的人。这种对"闲"的赞赏与对"忙"的批判，反映出王阳明倡导"知行合一"（内在修养与外在实践相结合）的生活哲学。

为了深入剖析"忙"与"闲"的概念，王阳明有诗云："痴儿公事真难了，须信吾生自有涯。"[2]他认为，痴迷执着于外物的繁忙往往会导致事事难成、身心失序。王阳明采用自下而上的研究方法，将"忙"与"闲"的概念置于日常生活的具体实践中进行考察，认为"闲中却觉有进步处"[3]，回归生活之"闲"，显然是提升、改变人们生存境遇的最佳方式。

王阳明及其后学对"忙"与"闲"的大量探讨，为中国传统哲学与美学注入新的活力，提供诸多生活的视角和主题，也有助于我们更全面地反思现代社会中忙碌与闲暇的真实含义和价值。当代学者潘立勇在此基础上进一步细化，提出这种"闲"的回归与发生不仅有"绝对的社会尺度"的作用，更取决于"相对的人生态度"，即：

> 所谓绝对的社会尺度是指社会发展的绝对水平，如果社会的生产力和发展水平尚未能提供给人们足够的闲暇时间和经济基础，人们的休闲就缺乏必要的外在条件。但休闲与审美的生存智慧在于人们可以通过人生态度的恰当把握超越这种绝对尺度，并在当下的境地中获得相对的自由精神空间，由此进入休闲的审美境，这就是人生体验的相对态度。[4]

---

① （美）赫伯特·马尔库塞：《现代文明与人的困境：马尔库塞文集》，李小兵译，上海三联书店1989年版，第221页。

② （明）王守仁：《岩头闲坐漫成》，《王阳明全集》卷二十，上海古籍出版社2011年版，第853页。

③ （明）王守仁：《答杨子直》，《王阳明全集》卷三，上海古籍出版社2011年版，第156页。

④ 潘立勇：《休闲与审美：自在生命的自由体验》，《浙江大学学报（人文社会科学版）》2005年第35卷第6期，第10页。

　　"相对的人生态度"是在当代对人之内在心灵的觉醒与唤发，也是对王阳明"觉得闲中气象甚适"①的现代哲学语言化阐释。

　　在现代社会中，人们时常感受到工作与生活的失衡。在现代性加速的漩涡中，"忙"已从物理时间概念异化为存在论意义上的"沉沦"（Verfallen）。海德格尔所揭示的"常人"（das man）生存状态，在中国语境下具象化为"996 工作制"与"内卷化"的集体焦虑。王阳明"静后始知群动妄，闲来还觉道心惊"②的醒世箴言，恰似穿透存在迷障的良知之光，将"忙闲之辨"提升至"工夫即本体"的心性维度：当现代人深陷罗萨（Hartmut Rosa）所谓"社会加速"与"共鸣匮乏"的双重困境时，王阳明的生活美学智慧提供了一种超越物质追求、回归内心安宁的可能路径。即使"忙"为现代人之基本生活基调，追求快节奏已然是一时无法改变的客观社会存在，但现代人依然可以时时警觉自我精神意志莫被"忙"所迷惑，不去盲目地将生产或消费视为获得意义的唯一途径。

　　换言之，当一个只习惯于忙碌的人，一旦拥有大量可自由支配的时间（暇余），往往会因为突然拥有过多的可能性选择而"自由眩晕"③，若脑海中依旧填充着世俗名利，只会让人"身闲却心不闲"。正如王阳明有诗言"静后始知群动妄，闲来还觉道心惊"，只有在忙时守得心绪不乱，在闲时容得心思不空，即当主体超越现实社会中的物质与功利，而身心调息同时处于一种充实、自由的状态中，闲适境界才会得以真正发生，生活世界的意义才得以真正展开。

　　阳明心学是消解了"忙"与"闲"的物理性对峙的，进路便是将其转化为"心体"发用流行的不同模态。"闲适境界"既非佛家"空寂"的离世逍遥，亦非道家"坐忘"的悬置现实，而是如"明镜照物"般"应物而不累于物"的主体性持存。这种"即动即静"的辩证智慧，在《霁夜》诗境中具象为"月落万山空"的审美直观——当主体超越"世俗名利"的执着相，时间的线性流动便转化为"天泉证道"式的圆形体验，工作与休闲的机械划分在此消融于"知行合一"的生存整体性。

　　传统儒家工夫论往往是一种"以闲制忙"的消极防御，而王阳明建构的是"即忙即修，忙闲不二"的积极工夫，即展开为"忙中之闲"的持志工夫，与"闲中

---

① （明）王守仁：《与周叔谨》，《王阳明全集》卷三，上海古籍出版社 2011 年版，第 148 页。

② （明）王守仁：《霁夜》，《王阳明全集》卷十九，上海古籍出版社 2011 年版，第 791 页。

③ Kaufmann W. *Existentialism from Dostoevsky to Sarte*. New York：Meridian Books，1956：106.

之忙"的涵养工夫。

"忙中之闲"的持志工夫，可以理解为将现代管理学的时间效能提升至心性维度。当主体在公务繁剧时保持"如猫捕鼠"的惺惺意识（《传习录》），便是将"事上磨炼"转化为"致良知"的实践场域。而"闲中之忙"的涵养工夫，则是王阳明"闲来还觉道心惊"的自我省察，恰为克服"无聊"（ennui）的现代病开出良方。在"致良知"的观照下，休闲活动既非布尔迪厄（Pierre Bourdieu）批判的"区隔"策略，亦非德波（Guy Debord）警惕的"景观"消费，而是"必有事焉"的工夫延伸——无论是登山临水的自然审美，还是琴棋书画的艺术实践，皆可转化为"必有事焉而勿正"的心性涵养。

王阳明认为，未来的可能性是由一个个的当下自我体验所建构出的，认清生命中真正的"本体"与"工夫"，循自然而调节心灵自由的人生态度，超越身心失序的异化，在休闲的生活实践中，方才识得生命原初的美意。

随着时代的推移，这些概念已从美学讨论的边缘走向社会生活的中心，成为现代人普遍体验和困扰的问题。

在学术理论上，我们可以将"忙"与"闲"视为一种文化现象和社会结构的反映，如王阳明反复强调的，它们不仅仅是时间分配的问题，更是价值观念和社会认同的问题。通过跨学科的研究，结合社会学、心理学、哲学等多个领域的理论，我们可以更深入地探讨"忙"与"闲"在当代社会中的角色和影响，以及它们如何塑造现代人的生活方式和精神世界。

此外，对"忙"与"闲"的理论探讨还应关注个体的生活体验和心理感受。在快节奏的现代社会中，如何平衡工作与生活，如何在忙碌中寻找到内心的宁静和满足感，成为每个人都需要面对的课题。王阳明的生活美学思想提供了一种独特的生活艺术和精神寄托。王阳明对"忙中之闲"和"闲中之忙"的思辨与理念实践，为我们提供了一种生活的智慧和艺术。它不是简单地逃避现实，而是在现实中寻找心灵的慰藉，通过审美的生活实践，达到身心的和谐。这种思想对于现代人的生活理念和方式具有重要的现实指导意义。休闲不仅是身体的休息，更是心灵的滋养。在休闲中，我们可以通过阅读、旅行、艺术创作等活动，丰富自己的精神世界，提升生活的品质。这种审美的生活实践，有助于习惯快节奏生活中的人重新找到自己的平衡，在每一个当下实现生活的真正意义。王阳明的生活美学思想为忙碌的当代中国人提供了一种超越物质追求、回归内心安宁的可能路径。

当现代人在"内卷"与"躺平"的钟摆间彷徨时，阳明心学"忙闲不二"的生

活智慧,恰似暗夜中的良知明灯。这种将儒家"极高明而道中庸"的实践品格
与存在主义"本真生存"相融合的生活美学方案,或将成为治愈现代性创伤的
东方良药。吸收王阳明关于"忙"与"闲"的理论探讨,置于中国美学的研究框
架中,不仅能够丰富我们对传统哲学的理解,也有助于我们更好地应对现代社
会的挑战,寻找到更加和谐、有意义的生活方式。也期待更多结合当代人类学
与社会学的实证研究和案例分析,去更具体地了解个体如何在日常生活中实
践"忙"与"闲"的理念,以及这些实践对于个体的幸福感和生活质量的影响。
通过这些学术努力,我们可以为现代社会提供一种深刻的文化反思和价值重
构,引导人们追求更加丰富和深刻的精神生活。

三、"敬畏"与"洒落":跨文化的阐释

既然已经提出"忙"与"闲"的哲学性问题,那么关于休闲,它对于主体意味
着什么,它如何才能真正成为主体情感的自由愉悦释放而避免流为一种放纵
乃至堕落——对于日常生活中的休闲,我们能够要求些什么,而又如何能够于
日常生活中把握休闲,以达到闲适境界……这些问题所对应的,是作为个体的
人在生活世界中的价值取向与观照。阳明心学所谓"个体的生活世界实质上
便是个体本身之心灵状态或其精神世界的对象化展开形态"[1],则将以上问题
的展开,通向一个关于整体性的人之本质的"本体"与"工夫"问题。

正如前文第三章第二节所言,在人追求本质的过程中,"敬畏"与"洒落"两
分,似乎是一个难以避免的两难境遇。这也意味着,一方面人是个体的存在
物,"洒落"是其天性的自然流露;另一方面,个体的人又有其社会性的本质存
在,"敬畏"自我个体之外的诸多他者及其必然产生的道德规范又是充分必要
的。事实上,这一"敬畏"与"洒落"两分困境,恰恰决定了休闲在这一问题上的
一体两面。在中、西方语源学的考证中,皆可看到诸多相似的隐喻,如美国学
者葛拉齐亚考证英语中的休闲"leisure"来自古法语"leisir",其源自词义为"许
可、被允许"的拉丁语"licere"。可见,在西方哲人看来,休闲自始就内蕴有许
可、守法和美德方面的含义。但同时,其相同词根"lic-"的同源词"license"却
又在"许可"的含义外另有一层"放肆、(滥用)自由"的内涵,[2]这似乎也是在暗

---

① 董平:《王阳明的生活世界》,中国人民大学出版社 2009 年版,第 234 页。

② Sebastian de Grazia. *Of Time*, *Work and Leisure*. New York: Twentieth Century Fund, 1962:405.

示休闲需要同时把握社会性的许可（"敬畏"）与个人自由的张扬（"洒落"）。

中国古代语言中的"闲"，一写作"閒"，另一从"門中有木"而写作"閑"。"閑"具有"门中树有栅栏而无人往来"之韵，进而衍生出防御、限制的含义，亦有演绎为伦理法度的内涵。"敬畏"这个概念，正是在这个涵义上被引入中国的生活美学与休闲哲学，它着重体现为进入休闲境界所需要的人生态度和修为工夫。"敬畏"的内涵在于生命层面上通过内在的把持而达到理性的自觉，不但于心性上遵从自己内心给自己制定的法则（即"己与理一"），更在于工夫上"彻上彻下"打破外在条件的桎梏，以达到和融的理想休闲状态；将其进一步引申到生活美学，则体现为道德自律对审美自由的内在规定。

然而，过度的"敬畏"，有可能使心灵不能摆脱束缚感而以自由活泼的心境发挥主体的潜能。① 单方面强调"敬畏"的道德合理性而贬低感性欲望，单崇思想而抑制身体，久之则可能导致身心的二元对立，即人心与道心的分裂、天理与人欲的紧张。

在王阳明看来，朱熹就因过度地规矩于"敬畏"，未能真正建立起一个较为完善的认识论体系②，难以使求学之人从外物之理中获得指导自己生活实践的原则。朱熹在究明理法的穷理（即知的工夫）与修养心性的存养（即行的工夫）之间的关系上，主张"知先行后"，具有知行分离的倾向。这与他一方面以理气、理心为一体，另一方面又强调理先气后、理先心后，无疑出于同一立场。实际上，分离是知的要求，即以知的工夫为主，知行未能内在合一、一元同步，进而各有偏重，乃至具有对立的倾向，因而难免显出被后人指责的如下弊端：哲学思想体系复杂而格物功夫支离烦琐。

事实上，正是这一弊端导致青年王阳明从尊朱始、以别朱终，经由"格竹"之验失败，始悟朱子格物之学之误，就此与其分道扬镳，另辟心学之路。王阳明怀着敬畏之心遵循朱子理学去格竹之理而终究导致失败，彼时的他虽尚未直接明析"物理吾心终若判而为二"③的朱子学"敬畏"之弊，但格竹失败的王阳明在困惑与怀疑中再次转而倾向"遍求百家""出入佛老"④，无论在求学路径还是人生风范上，都呈现出对朱子的"敬畏"范式始循终越，即"圣人之学，不

---

① 陈来：《有无之境——王阳明哲学的精神》，北京大学出版社 2013 年版，第 276 页。
② 薛富兴：《阳明格竹：中国古代认识论史上的一桩公案》，《社会科学》2015 年第 2 期，第119 页。
③ （明）钱德洪：《王阳明年谱》，收于《王阳明全集》卷三十三，上海古籍出版社 2011 年版，第1350 页。
④ （明）黄宗羲：《文成王阳明先生守仁》，《明儒学案》卷十，中华书局 2008 年版，第 180 页。

是这等捆缚苦楚的"①。尽管此时的王阳明尚未形成清晰的批判程朱理学的自觉意识，但其活泼充溢的生命情怀和直觉照鉴的体认方式，必然不再满足朱熹"敬畏"说的单向规范。

就"洒落"的内涵和境界而言，尽管庄子崇尚的"逍遥游"已是"洒落"之境，但"洒落"的中国传统美学内涵更为集中地体现在魏晋南北朝时期士人普遍追求的放旷自适而无拘束的状态。在那个时代，有关"洒落"的推崇性描述俯拾即是，如"人物繁富，山川洒落"（马咸《遂宁好》）、"庭树槭以洒落兮"（潘岳《秋兴赋》）、"飘扬洒落"（卫夫人《笔阵图》）、"陵令无人事，毫墨时洒落"（鲍照《蜀四贤咏》）、"子显风神洒落"（李延寿《南史萧子显传》）等，宗白华谓之"极自由、极解放""精神上的大解放、人格上的大自由"②。正如前文第三章第二节所述，宋明理学作为经由魏晋玄道勃兴、唐代三教合流后对儒家道统的重新确立形态，尽管在社会伦理和人生修为工夫方面大体是以程朱的居敬路子和敬畏规范为主，但在内在的人格境界追求上，却普遍地向往"洒落"，推崇洒脱飘逸、无所拘谨的雅致不俗。王阳明就其先天自性，亦更契合"洒落"的风范。

自小体弱而"常经月卧病不出"③的王阳明一度将求"道"探"佛"视为一种休闲养性活动，如九华山访道、筑室阳明洞修炼养生术等即是明证。事实上，在格竹求圣失败后，他甚至曾有过出世的想法，只是心中对亲人的思念使他踌躇不忍，最终孝道伦常和社会责任感使其放弃了这一念头，终而"复思用世"④，顿悟道：

　　　　此念生于孩提。此念可去，是断灭种性矣。⑦

由此，王阳明悟出了佛道两家过度"洒落"的一大弊病在于其"断灭种性"，即抛弃家庭和社会的道德责任。为此，他认为人的孝心是上天赋予人的天性，人一旦断绝孝心，就几乎等于断绝了最本真的人性。尽管在中年时期，王阳明偶尔也会因嫉贤妒能的社会时弊，几番产生出世求仙、山居求禅的念头，但在后来他曾这样反省道：

———————

　　①　（明）王守仁：《传习录下》，《王阳明全集》卷三，上海古籍出版社 2011 年版，第 118 页。
　　②　宗白华：《天光云影》，北京大学出版社 2005 年版，第 49-51 页。
　　③　（明）王守仁：《答人问神仙》，《王阳明全集》卷二十一，上海古籍出版社 2011 年版，第 887 页。
　　④⑦　（明）钱德洪：《王阳明年谱》，收于《王阳明全集》卷三十三，上海古籍出版社 2011 年版，第 1351 页。

世之高亢通脱之士，捐富贵，轻利害，弃爵禄，决然长往而不顾者，亦皆有之。彼其或从好于外道诡异之说，投情于诗酒山水技艺之乐，又或奋发于意气，感激于愤悱，牵溺于嗜好，有待于物以相胜，是以去彼取此而后能。及其所之既倦，意衡心郁，情随事移，则忧愁悲苦随之而作。果能捐富贵，轻利害，弃爵禄，快然终身，无入而不自得已乎？①

那些看似洒脱地"投情于诗酒山水技艺之乐"或"牵溺于嗜好"，只是"有待于物以相胜"的自我麻痹，是通过舍弃外物来换取短暂的内心平静，并不是与王阳明良知思想主旨相契合的"游于艺"或"成于乐"。王阳明在琴棋书画诗歌的"游于艺"中是一直有"敬畏"之心在把握着的，因为单向而过度的"洒落"并不能使本心宁静自在，一旦"情随事迁"，则极有可能走向其初衷的反面，"忧愁悲苦随之而作"，这并非生命存在意义上真正的"洒落"。不难看出，王阳明正是这样经过深刻的反思，最终才返归心之本然，追求"敬畏"与"洒落"统一的生活美学智慧。

王阳明对"敬畏"与"洒落"进行理论总结，实际上是远晚于"致良知"之说的，在一定程度上，无妨肯定"敬畏"与洒落"是阳明一生经历与经验的集大成总结。

值得特别指出的是，在"洒落"与"敬畏"两者的辩证关系上，王阳明并不认为"洒落"会被"敬畏"所消解。王阳明在知天命之年对其曾作过这样的解答：

夫君子之所谓敬畏者，非有所恐惧忧患之谓也，乃戒慎不睹恐惧不闻之谓耳。②

可见，在王阳明看来，"敬畏"不应是惶恐谨慎的必恭敬止，或过分多虑地束缚主体自由进而影响"洒落"的切实体验。为此，他曾对"敬"作了进一步的学理深化，他汲取佛家之"净"与道家之"静"，使"敬畏"实现了外在规范与内在心性的统一、社会化道德和人格化主体的融通，调和了这个中国传统哲学与伦理学的核心范畴的紧张性。于是，道德规则不是僵硬的框架，而是恰如其分的

---

① （明）王守仁：《答南元善》，《王阳明全集》卷六，上海古籍出版社 2011 年版，第 234 页。
② （明）王守仁：《答舒国用》，《王阳明全集》卷五，上海古籍出版社 2011 年版，第 211 页。

尺度：

> 无善无恶是心之体,有善有恶是意之动,知善知恶是良知,为善
> 去恶是格物。[①]

这意味着,当一个人既已明晰和分辨出善恶是非,就应该在事上磨炼,格
物致知,为善去恶,让心从偏颇失控的不正常的状态,回归到不偏不倚的敬畏
之境。换言之,如果说"洒落"是生活审美的自由,那么"敬畏"是对达到自由的
规律的把握。"敬畏"的目的是达到"洒落",所以作为进入闲适境界的一种工
夫,对个体来说,"破心中贼"[②],即破除心中的贪念、邪恶、嫉妒,摆脱声色利货
的占有欲和以自我为中心的意识,时时放下,时时自得,这即是主体思想行为
和天理良知的统一。在道德规范中感受自由闲适,此时自然心安而坦荡,由此
践行真正的"洒落",使良知变得饱满圆融、至善至诚。显然,这既是个人修行
"敬畏"的更高层次的需求,又是生活审美的内在要义。王阳明所主张的"以敬
畏求洒落",是以"礼"达"乐"、以"敬"求"自然"的境界修炼过程。正应学者胡
伟希所说：

> 中国休闲哲学的一个重要特点,是重视人生境界的实现。[③]

在这种人生境界的实现下,主体与当下的行为、环境融为一体,呈现一种
自然和乐的状态。这种对生命的解放并不是无视和虚化现实中的忧与苦,而
是一种借助平衡心境、通过向内求而得的工夫从而实现对人生困境的自由超
越,因而越是苦难却越能坚定地拥抱生活、真实地面向自我生命,与外物同化,
与事理同一,以达到天人合一的自由体验,这堪称传统儒学独特的生活美学智
慧之经典展示。

洒落是"无",敬畏是"有";"无"即超越,"有"即创造。以洒落之"无"疗治
忙中无闲之病症(急躁、焦虑、惶恐),以敬畏之"有"疗治闲中无忙之病症(空
虚、无聊、放纵),由此二维建立敬畏与洒落统一的圆融的辩证生活美学观。以
此为契机践行王阳明的生活美学智慧,这大概是阳明心学在人生境界上可以

---

① (明)王守仁：《传习录下》《王阳明全集》卷三,上海古籍出版社 2011 年版,第 133 页。
② (明)王守仁：《王阳明全集》卷四,上海古籍出版社 2011 年版,第 188 页。
③ 胡伟希：《中国休闲哲学的当代价值及其未来发展》,《学习论坛》2004 年第 9 期,第 37 页。

给我们当代生存的启示。相较于亚里士多德"闲暇培育德性"的古典范式，王阳明"有为而游"的工夫论强调审美实践的修行维度；相对于海德格尔"诗意栖居"的哲学构想，心学智慧更注重现实境遇中的体用合一，真正的自由不在逃离限制，而在将限制本身转化为审美创造的契机。这种比较视域不仅彰显中国生活美学的独特价值谱系，更在"天人合一"与"主客二分"的哲学分野中，为现代休闲理论提供了新的范式转型可能。

可以说，王阳明会通儒道释三家，在生活美学的道德价值上归本儒学立场，在生活美学的审美旨趣上深契佛道理想人格，融合成了中国古代生活美学思想史上的"独一个"。王阳明通过"敬畏"与"洒落"的辩证统一，不但深化了阳明心学的知识体系与实践工夫，而且复建了一种儒家的生活美学，表现了一种完全不同于宋儒的本体工夫论取向，形成了阳明心学辩证而圆融的生活境界。这正是阳明心学对中国生活美学的独特贡献。梳理、探究和领悟王阳明的这一思想遗产，对于我们更好地理解当下美好生活的真实内涵无疑将大有裨益。

第三节　小　结

本章致力于回答王阳明生命中所体现的生活美学思想在与时代的共振互动中向何处去以及影响深度的问题，与第二章王阳明生命体验与思想中的生活美学意蕴从何而来的研究相为呼应。

就总体而言，王阳明对后世的影响力并不止于"立功、立言、立德"，在明代中后期，王阳明的思想已然成为一股强大的时代性思潮，深入影响后世日常生活的方方面面。

王阳明及其思想后继者从世俗日常切入，以"心理合一"之说引导士人阶层将视野焦点集中于自身的身体、心灵与日常生活，解决了当时士人们的人生困惑。但在发展传播过程中，士人们对"理"日渐祛魅，将"心"的地位无限拔高，使得"理"在人们的生活中逐渐被忽视。其直接影响就是晚明士人普遍倾向于疏离封建统治的生活规训，在生活理念上以情感解放指向自我解脱与自我适意，在生活中出现公私矛盾时，以保存自我的"自适"为生活中的首要原则，于自我心灵的（休闲）场域中实现自治，这最终又导致了"心"与"理"在事实上的二分。

王阳明思想中所体现的生活美学意蕴，不仅是晚明士人修身成圣的理想指南,更向庶民的日常中走去,潜移默化地熏陶晚明社会成员的知行与身心。

王阳明强调"知行合一",但逐渐挣脱程朱理学的民众,在晚明商品经济的飞速带动下,反而在社会生活中将王门左派张扬个性、肯定人欲的思潮与纵欲逐利的生活紧密联系。在"知"上,士人们有选择性地筛选圣贤经典中闲雅轻松的一面,松动了旧有的纲常伦理规制,催化社会生活审美标准向"情""真""狂""闲"的方向开放革新。相对应地,在"行"上,吟味感官情欲的"文士化"生活在晚明社会中已获普遍认可,甚至连在宋明理学中受压迫最深的女性群体中,都有部分女性通过诗歌、书画等形式表达自己的思想,突破了传统闺阃生活的限制,拥有了开展"文士化"生活美学的机会,这足以反映晚明生活美学思想的解放与休闲之新变。

明代中期的儒家学说着力于日常品行等修养提升,佛家学说偏重内在心性调修,唯道家一学说涵盖诸多养生修行的方法,而多病的王阳明颇为欣赏道家关注肉身的养生方法,并在实践中与儒家、禅宗的理念进行融合。王阳明解决了朱熹理学身心两分的问题,提出了身心合一的养生观念。在阳明姚江之学的沿承中,身心之论得以不断具象化、具体化,在这样独崇清闲养生之福的时代契机下,晚明养生文化兴盛,休闲养生著作不胜枚举。对养生之法审美化、休闲化乃至世俗化的改良演绎,其本身一方面是晚明社会生活之审美性、休闲性与世俗性的自觉体现,也在另一方面以社会范导的姿态具象化整个社会所共同向往之事,颠覆传统儒家社会功利的生活观,进一步强化晚明社会生活美学与休闲思潮的逸出。

王阳明思想在与江南文化的互动作用中产生了广泛而深远的影响,既涵盖了庙堂之上政治领域的意识形态,也将一种生活美学智慧传播到了江湖之远的民间社会。

作为江南地区的阳明后学,张岱是其中最为著名的生活美学家。在"知"上,张岱拓展了阳明心学之"万物一体",以"一往深情"为"万物一体"的生命审美观照,将"一往深情"贯穿于自己包含艺术创作在内的日常生活中。在"行"上,张岱以生活中对冰雪之痴赏,表达对"致良知"与"知行合一"之推崇。面对明清易代后对阳明心学的口诛笔伐,张岱致力于维护阳明心学,用他的方式传承了王阳明的生活美学智慧,并通过自己切身的经历与"一往深情"地演绎,将王阳明的生活美学智慧丰富至一种关于生命的意义与价值如何展示为日常的生活方式与行为方式的哲学,并将当初江南地区的风尚与王阳明的生活美学互动,在阳明逝世近一个世纪后,又回馈影响同一片土地。

　　王阳明不仅把"心即理"申发为心在物上、理在心上的主体之学，还将"心即理"申发为此心在物则为理的行动之学。在将"致良知"视为一生精神的同时，王阳明强调身心各得其所、知行恰如其分，在思想传播过程中以休闲意识和审美实践回应民众的需求，汇成博大而日常的审美新质。于是乎社会各个阶层都有阳明思想的忠实信徒，形成一个阳明思想笼罩的氛围空间，使之自然地流溢着审美与休闲的色彩，深刻影响了中晚明整体性的社会生活。

　　从现代的生活美学与休闲学研究视域切入王阳明的生活世界，最先映入的是王阳明在生活美学向度以"游于艺"和"成于乐"作为由"凡人"入"圣贤"工夫的一种解答；具体落实于人生实践中，"志于道，据于德，依于仁，游于艺"将自然的规律向人的实践展开，生活美学在主体全面发展的自由中得以具体化；"兴于诗，立于礼，成于乐"则是化外在理性为自觉、融社会伦理规范为个体情感的内在需求，以纯然相融的感性体验，着眼于人生的终极意义，构筑理想的闲适境界。在日常生活中，无论是个人独自的艺术生活审美体验，还是与众同游的社会生活审美体验，皆是通往闲适境界的生活美学智慧。

　　有趣的是，中国生活美学理论与西方"日常生活美学"理论的张力也在这一部分得以呈现。若以西方"日常生活美学"理论观照，譬如王阳明的书法、绘画等游艺，于前文（第一章第二节第四部分）所述的托马斯·莱迪"平凡中的非凡"的理论来看，书法、绘画作为王阳明的艺术生活，属于"超日常经验"（extraordinary experience）意义上的日常生活美学范畴。而若依齐藤百合子的"日常生活美学"理论观点进行分析，王阳明的书画游艺审美体验对于东方（尤其是中国）的文人群体来说，则是"平凡中的平凡"意义上的日常生活美学范畴。一方面，因书画本属中国文人的生活日常，是必不可少的组成内容；另一方面，从书画史角度分析，王阳明的书画实属未及非凡出众。西方理论在"平凡"与"非凡"之间划分的理论紧张于此凸显，也从侧面反映中国的生活美学理论强调"生活美学介于日常生活与非日常生活之间"①的连续性与包容性之高明处。中国的生活美学，在事实上是从日常生活到非日常生活的连续谱，是一个完整的对于生活的认识。

　　王阳明对忙闲的思考则是另一个重要的分析视角。王阳明以"忙"为执着于外物而导致的身心失序，认为在这种情形下的"闲"是对"忙"的超越："闲"并

---

　　① 刘悦笛：《中国"生活美学"翻身为全球美学——回应美国美学家托马斯莱迪》，《文艺争鸣》2021年第1期，第76-81页。

不只意味着宴游山水，更重要的是不为外物诱惑地让自己的内心闲下来，在"闲"时容得心思不空，以达身心的彻底放松。同时，在"忙"时守得心绪不乱，将身心失序可能产生的疲累通过修养工夫转化为内心的繁荣与生机，闲适境界才会得以真正发生。

　　对于具体在生活中把握闲适境界的问题，以往宋明理学的代表人物由于修为方式的不同，形成了"敬畏"与"洒落"两种并峙乃至对立的人生风范，分别侧重于工夫制约与本体自由；王阳明则以成熟的本体—工夫论解决了"敬畏"与"洒落"的矛盾，提出"洒落为吾心之体，敬畏为洒落之功"①，超越前人常取的"遁世"或"谐世"的生活方式，"动容周旋而中礼，从心所欲而不逾"③，会通儒道释三家，提炼出了独特而圆融的生活美学智慧：真正的自由不在逃离限制，而在将限制本身转化为审美创造的契机。

---

　　①③　（明）王守仁：《答舒国用》，《王阳明全集》卷五，上海古籍出版社 2011 年版，第 212 页。

第七章 余论:山水平生是课程,
一淹尘土遂心生

王阳明从孩童时起就一直抱有对山水草木之热爱,少时亦多登临名山大川赋诗言志。随着少年王阳明展开对生命的探索,他曾一度蹀躞于九华山的"释家禅路",再而萦回于茅山的"道家仙路",返来复去,进退维谷,最终拨解玄禅之迷雾,登临泰山犹言复归孔孟儒学,并以上下求索的壮志融会儒道禅,博采众家而成就自己的独一个。王阳明在生活中的种种体验与修行,于他体悟化育良知的过程中,彰显出了在忙碌基调之上的闲之普遍价值。在三十五岁时,他曾作山水画并自题(见图7.1):

> 安得于素林甘泉间,构一草舍以老他乡。无怀葛天之民,求之不远。盖学问之道,随处即是,惟宜读书以先之。丙寅(西元一五○六年)正月七日为籽馀年先生。守仁学。①

王阳明之画,全图笔法简淡疏朗,点苔审时有度,气若游仙,颇有云林韵致。画中远岫苍茫间隐现两座潜山,隔水遥峙,江水不着一笔墨,而唯见烟霭袅袅,苍苍茫茫。近景处,一孤松,双照柳,两空屋,三两错落成趣。画卷顶端,落有瘦劲爽利的行书题款,恰似点睛之笔,将天地间的自然之气凝于尺素,总体构图即呈现静逸空灵的超然意境。

美籍华裔美学家刘若愚(James J. Y. Liu)曾从古汉语的语法特性角度,来阐释这种中国传统写意山水画对感性的超越:

---

① (明)王守仁:《自作山水画并题》,创作于明武宗正德元年(1506),现藏于台北故宫博物院。

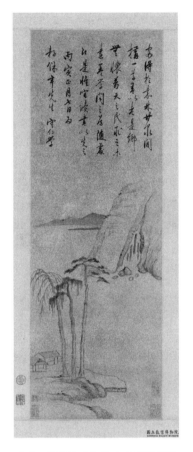

7.1 王守仁《自作山水画并题》

　　因汉语缺少时态，使得中国古代文人往往不是根据特定时间中的某一点，而是依照一种超越时空的永恒观念来表现山水景物。①

　　古汉语的时态缺位，使文人笔下的山水往往挣脱具体时空的羁绊，呈现永恒的精神图式。这种解读正与王阳明的山水画境相契。王阳明并不是着眼于"特定时间中的某一点"，而是追求"一种超越时空的永恒观念"，构筑起超越性的永恒维度。这意味着王阳明不仅于具体的山水画中世界去感知美，而且更

---

　　① James J. Y. Liu：*Major Lyricists of the Northern Sung*，A. D. 960-1126. Princeton，N. J.：Princeton University Press，1974：107.

是从超越的山水心中世界去悟证美。画家不仅描摹目之所及的山水形貌，更在内心澄明的观照中证悟天地大美。这种艺术实践与阳明"心即理"的哲学主张同源共流：通过涤荡心性尘埃，使人格精神与自然山水浑融一体，在万物同源的境界中超越主客二分的美感体验。王阳明所重视的是复归本心，即由对心性情绪的荡涤而融入山水自然，于万物一体中将世界从感性和对象里解脱、拯救出来。

值得注意的是，这幅空灵之作诞生于阳明被谪戍龙场的困厄时期。彼时作画的王阳明，正经历贬谪龙场的重大挫折，也正是在这现实境遇中的"自由"与"约束"相抵牾之时，王阳明以内化山水的生活审美基因，合与本体—工夫论而消解其中矛盾，使心灵臻至圆融的闲适境界。画面中看似不经意的留白与疏简，实为心灵臻至圆融的视觉显现——当主体不再执着于外物形迹，便能在世事纷扰中持守超然心境。这种将自然内化为精神图式的美学实践，既是对传统文人画的哲学性突破，也为生活美学与休闲哲学的理论建构提供了实践范本。

王阳明以自在圆融的心态，以呈现心之本体的方式，消解了主体对外物的依赖，即在忙碌中依然保持心灵的超然之乐，这个将山水内化于心的美学实践，不仅丰富了生活美学和休闲学的理论实践宽度，更展现了王阳明在困境中以艺术为媒介实现心灵自由的非凡智慧。王阳明有山水诗言：

> 平生山水最多缘，独此相逢容有数。[1]

山水是王阳明生活美学的一个重要方面，他在知行合一里充分体验山水的乐趣，并把这种山水乐趣运用到日常生活之中，使主体流溢一种自由而又诗意的心性体验，从而获得一种蕴含着美学而又充盈着意义的人生。

值得注意的是，王阳明的人生中有一种令人耳目一新的生活意蕴以及一种被时人所迫切需求的美学性。这不仅来源于（内化的）山水，也受影响于明朝建立百年以来社会多元化的进程，即王阳明成长所处的具体环境。一方面是明代中期市民、商人阶层迅速崛起，士人阶层分化的生活环境遽变促使士人的生活取向重利重享受，另一方面是养生化与纵乐化、回归自然与理性实用等互为对立的生活思想以一种撕裂的张力，与传统程朱理学的生活理想越发偏

---

[1]　（明）王守仁：《江上望九华不见》，《王阳明全集》卷二十，上海古籍出版社 2011 年版，第 846 页。

离。王阳明生活的江南就由此形成了以真情真趣与狂士风流为主的休闲文化风气，潜移默化地给王阳明的生活与学术留下了审美化的倾向。同时，阳明家学对他浸润甚深，世代传承的陶情山水之好、琴棋书画的造诣与状元父亲的指引，使阳明在成长过程中始终拥有追求理想生活的保障及安稳的后备力量。

"游于艺"作为明代士人的一种精神游戏，为士人疲惫的心灵提供了乘物游心的自由时空，而博涉众艺的王阳明可谓诗文琴棋书画皆得其精妙，其一生学问工夫的精进也随着游艺过程的深入而实现，在仕与隐的平衡间成就"中心融融，自有真乐"①的境界。王阳明的生活世界是良知打开的世界，正因旨于复得完完全全的良知，阳明心学是将生活世界与知识理论合为一体的"兴于诗，立于礼，成于乐"之学，王阳明的生活美学思想并不是通过概念化的理论模型系统去影响现实的生活，而是以一种活泼泼的生命力，融摄于阳明本人及其友朋师生的生命实践中，并通过这种充满闲乐之情的生命实践曜野蔽泽，赫煜自身之精神与魅力。从独游于艺到万物一体的咸与共乐，王阳明对众乐的追寻将山水之趣与民庶同乐融而为一。王阳明对生命存在中那些原始而生动的感性快乐抱有超乎一般理学家的兴致与热情，他非常珍视朋友之情、师生之情等日常生活中的"人情"，不仅关注政治社会的宏大叙事，而且粗中有细地关怀每一个小我的感性生命情怀。细腻真情的休闲感性与其宏伟的政治道德事功抱负之间和谐而圆融地互补，丰富了王阳明所达闲适境界的维度。

所谓"只把山游作课程"②，王阳明常与门徒游弋山水，在寻山、探水、访胜中体悟知行，于等风、等月、等鸟飞去、等花谢过时涤荡心性，这种独特的教学方式突破书院讲学的空间局限，通过动态的山水场域实现"知行合一"的具身化传授。王阳明与门人的山水之游，实质上是把山水作为工夫论载体，是流动的致良知课堂，正如王阳明有诗言：

> 夜弄溪上月，晓陟林间丘。
> ……
> 讲习有真乐，谈笑无俗流。
> 缅怀风沂兴，千载相为谋。③

---

① （明）王守仁：《示徐曰仁应试》，《王阳明全集》卷二十四，上海古籍出版社 2011 年版，第 1003 页。
② （明）王守仁：《龙蟠山中用韵》，《王阳明全集》卷二十，上海古籍出版社 2011 年版，第 803 页。
③ （明）王守仁：《诸生夜坐》，《王阳明全集》卷十九，上海古籍出版社 2011 年版，第 773 页。

诗中"溪上月"与"林间丘"不仅是审美客体，更是心体证悟的媒介。这种将《论语》"风乎舞雩"传统进行心学化改造的尝试，创造性地把程朱理学的观物穷理转化为即物证心的工夫路径。山水之间的"成于乐"，不仅乐于耳目观听之感官体验，更乐于万物一体和于良知之心性涵养。在政务、家务时间之外，王阳明仍心怀天下，提倡"盖天地万物与人原是一体"①，为山水审美生活提供了形而上学支撑，并释之以：

> 其发窍之最精处，是人心一点灵明。露雷日月星辰，禽兽草木山川土石，与人原只一体；此般论述人与自然万物无差，即人的良知就是草木瓦石的良知，若草木瓦石无人的良知，不可以为草木瓦石矣。岂惟草木瓦石为然，天地无人的良知亦不可为天地矣。②

这与程朱理学"存天理、灭人欲"中的"天理"与"欲、物"隔离的观点迥异不同，使人得以脱离那如悬顶之剑般动辄引咎的"天理"枷锁，重拾心灵之自由，通过赋予自然以主体性（草木瓦石具良知），也缓解了闲适的生命追求与厚重的政治使命之间的紧张关系。

阳明山水之游的深层动机，包含着对士人精神困境的诊疗意图。通过将"治国平天下"的政治抱负转化为"参赞化育"的审美实践，他成功缓解了儒家"内圣外王"的矛盾张力。王阳明在将"游于艺"与"成于乐"转换为生活智慧、方法的同时，也就把本为生活之闲暇、片刻、局部的体验，转换为一种日常生活之常态化、持久性的心境了。并且琴棋诗书、交友讲学、游山玩水的体验方式，也将"点也虽狂得我情"③的超功利审美与"不知何处是吾家"④的俗世日常生活领域打通，还原一个"天地间活泼泼地"⑤生活世界。这就是阳明自谓的"青山从此做闲人"⑥，也就是本文所一直强调的"生活美学"。

但对于王阳明来说，"闲"并非生活里工作时间之外的剩余，而是可以去把握的心灵良知状态，与自然万物共同律动，将"闲"播撒渗透到日常生活的方方面面，则能身忙而心闲，自由到达人生境界高度的"闲适"。

---

①② （明）王守仁：《传习录注译》，王晓昕译注，中华书局2018年版，第444页。
③ （明）王守仁：《月夜二首》，《王阳明全集》卷二十，上海古籍出版社2011年版，第86页。
④ （明）王守仁：《岩头闲坐漫成》，《王阳明全集》卷二十，上海古籍出版社2011年版，第853页。
⑤ （明）王守仁：《传习录下》，《王阳明全集》卷三，上海古籍出版社2011年版，第139页。
⑥ （明）王守仁：《归兴二首》，《王阳明全集》卷二十，上海古籍出版社2011年版，第863页。

王阳明的生活美学智慧是他对自身所处的历史境遇的一种主动回应，王阳明洞悉明代中后期的世风特质，作出知行合一的生命选择，积极地参与理想生活方式的探索与营建，引领时代的思潮与风尚，成就璀璨生活文化，进而牵动了晚明乃至清代的社会生活以及审美倾向，陶染了后世的数辈人。阳明所启迪的是后世数百年士人之生命取向，是以一种人格美学与行动美学合一的生活美学之光辉形象去照耀的。阳明于友道、师道的创新指引了儒家人伦之乐的理想性方向，士人与黔黎一同接纳探索日常生活中的更多可能性。游弋外在山水与涵泳内在山水的意义，并不在于肆无忌惮纵情享受的绝对自由，而在于庖丁解牛般游刃有余地在工作和生活中获得自在休闲的心境：

> 人须在事上磨，方立得住；方能静亦定、动亦定。①

人因其固然的社会属性而难免需要解决纷繁事务，真正的闲适境界是相比于外在身体的清闲，而更侧重内在精神品格的超越，在平凡生活中踏实做事而享受其中、不失本心的休闲。阳明在告诫他最钟爱的学生兼妹婿徐爱的时候特为申明：

> 君子未有不如此而能致力于学问者，兹特以科场一事而言之耳。②

自得之心灵境界，处山水固能涵养，临科场岂得澄怀？即使身处举业科场这般充斥压力、了无自然美趣的场合，王阳明依然能化解以"中心融融，自有真乐，盖出乎尘垢之外而与造物者游"③的山水境界。王阳明表现了一种完全不同于宋儒的本体工夫论取向，他以自在圆融的心态，不再将休闲局限于隐逸的山水自然或游仙逸佛避世远俗，而是在洒落中把握敬畏，汇庄禅之机妙于醇儒，在对先秦以来的儒家生活美学方式的超越中创造，正谓：

> 闲观物态皆生意，静悟天机入窅冥。

---

① （明）王守仁：《传习录译注》，王晓昕译注，中华书局2018年版，第61页。
②③ （明）王守仁：《示徐曰仁应试》，《王阳明全集》卷二十四，上海古籍出版社2011年版，第1003、1004页。

道在险夷随地乐，心忘鱼鸟自流形。①

王阳明甚至将"险"纳入审美范畴，突破了传统"乐山乐水"的雅正审美范式。正如他在《泛海》诗中"险夷原不滞胸中，何异浮云过太空"的抒怀，将政治困境转化为心性修炼的道场，开创了儒家美学中"危境成美"的新维度。

此时再观前文第一章第一节所引王阳明《通天岩》之诗文，则本体论之重构与工夫论之转向意义昭明。王阳明通过"心即理"的本体论重构，解构了传统天人二分的认知框架。这种审美化生存智慧并非简单的心灵调适术，而是以"心外无物"的认知范式重构主客关系——当主体以"致良知"工夫澄明心体时，世界便不再是异己的存在，而是"意之所在便是物"的意向性建构。这种双向互构的审美生成机制，在《通天岩》"青山随地佳"的意境中得以具象化：自然山水既是观照对象，更是主体精神的外化显现。而谈及工夫论的转向，阳明心学区别于传统儒佛道修养论的一大突破，在于其"即工夫即本体"的实践美学特质。《通天岩》诗中"但得此身闲"非指物理空间的隐逸，而是通过"事上磨炼"实现的主体性觉醒——在日用常行中培育"动静合一""敬畏与洒落合一"的审美心胸，将世俗境遇转化为淬炼心性的道场。这种动态平衡的工夫进路，既克服了程朱理学"格物致知"的认知论局限，也超越了佛老"离世觅菩提"的避世倾向，开创出"不离尘寰作蓬岛"的新型生存美学。

综合而言之，王阳明日常生活中所体现的闲适境界是一体万化的境界，也是王阳明之人生的一种审美呈现。

闲适境界源于王阳明对"良知之学"的体认。王阳明把良知与山水相联系，从"游于艺"与"成于乐"这两种分别面向自身与社会的日常生活审美出发，构建了忙中之闲、闲中之忙的两种闲适境界，闲而知乐、乐而忘忧，最终圆熟于敬畏洒落合一的生活美学智慧。

以现代之视野观照，王阳明尚"闲"而贬"忙"，毕生优游于山水之间，在个体自我的内在本质中追寻生活之意义，通过敬畏与洒落合一的生活美学智慧，在缓解身心的紧张关系中了解自己、确立自己、克服自己、呈现自己，为现代人身心和谐的美好生活实践提供了重要的参考。对于解答如何真正体验闲适的人生境界，抑或是如何探寻当下之中国人安身立命、重构精神家园的思想之源，都可以于王阳明处得到诸多启示。

---

① （明）王守仁：《睡起写怀》，《王阳明全集》卷十九，上海古籍出版社 2011 年版，第 793 页。

参考文献

一、古籍及注疏

1.(汉)扬雄:《法言》,中华书局 1985 年版。

2.(汉)许慎,(清)段玉裁注:《说文解字注》,上海古籍出版社 1981 年版。

3.(汉)郑玄注,(唐)孔颖达:《礼记正义》,吕友仁整理,上海古籍出版社 2008 年版。

4.(魏)何晏注,(宋)邢昺疏:《论语注疏》,李学勤主编,《十三经注疏标点本》,北京大学出版社 1999 年版。

5.(唐)白居易:《白居易集笺校》卷四十五,上海古籍出版社 2020 年版。

6.(宋)程颢:《二程集》,中华书局 1981 年版。

7.(宋)胡宏:《胡宏集》,中华书局 1987 年版。

8.(宋)陆九渊:《陆九渊集》卷三十四,中华书局 1980 年版。

9.(宋)严羽:《沧浪诗话校释》,郭绍虞校释,人民文学出版社 1961 年版。

10.(宋)周敦颐:《周敦颐集》,中华书局 2009 年版。

11.(宋)朱熹:《晦庵先生朱文公文集》,上海书店出版社 1989 年版。

12.(宋)朱熹:《近思录》,《钦定四库全书》子部一,中华书局 1985 年版。

13.(宋)朱熹:《四书章句集注》,中华书局 1983 年版。

14.(宋)朱熹:《朱子全书》(修订本),朱杰人等主编,上海古籍出版社 2010 年版。

15.(宋)朱熹:《朱子语类》,中华书局 1994 年版。

16.(明)费瀛:《大书长语》,北方文艺出版社 2021 年版。

17.(明)冯梦龙、邹守益:《王阳明图传》,张昭炜编注,上海古籍出版社 2021 年版。

18.(明)冯梦龙:《冯梦龙全集》,魏同贤主编,上海古籍出版社 1993 年版。

19.（明）冯梦桢：《快雪堂集》，收于《四库全书存目丛书》集部第一六四册，齐鲁书社 1997 年版。

20.（明）高濂：《燕闲清赏笺》上卷，李嘉言点校，浙江人民美术出版社 2012 年版。

21.（明）高濂：《遵生八笺清修妙论笺》，王大淳整理，巴蜀书社 1992 年版。

22.（明）何良俊：《四友斋丛说》卷三十四，中华书局 2007 年版。

23.（明）胡广：《胡文穆公文集》，《四库全书存目丛书》第 28 册，齐鲁书社 1997 年版。

24.（明）黄省曾：《五岳山人集》卷三四，《四库全书存目丛书》影印本集部第 94 册。

25.（明）黄绾：《黄绾集》卷十一，张宏敏编校，上海古籍出版社 2014 年版。

26.（明）黄宗羲：《明儒学案》，沈芝盈点校，中华书局 2008 年版。

27.（明）孔贞运：《皇明诏制》，《续修四库全书》第四五七册，上海古籍出版社 2002 年版。

28.（明）李梦阳：《空同子集》卷五十九，明万历三十年（1602）邓云霄刻本，浙江大学图书馆藏。

29.（明）李诩：《戒庵老人漫笔》，魏连科点校，中华书局 1982 年版。

30.（明）李贽：《焚书·续焚书》，中华书局 2009 年版。

31.（明）罗汝芳：《罗汝芳集》，方祖猷编校，凤凰出版社 2007 年版。

32.（明）钱谦益：《列朝诗集小传》丙集，上海古籍出版社 1983 年版。

33.（明）沈周：《沈周集》，汤志波点校，浙江人民美术出版社 2019 年版。

34.（明）汤显祖：《汤显祖诗文集》卷三十四，徐朔方笺校，上海古籍出版社 1980 年版。

35.（明）唐寅：《唐伯虎全集》，周道振、张月尊辑校，中国美术学院出版社 2002 年版。

36.（明）屠隆：《由拳集》卷二十三，明万历八年冯梦桢刻本。

37.（明）王畿：《王畿集》，吴震编校，凤凰出版社 2007 年版。

38.（明）王士性：《广志绎》，中华书局 1981 年版。

39.（明）王守仁：《王阳明全集》，吴光、钱明编校，上海古籍出版社 2011 年版。

40.（明）王守仁：《王阳明全集（补编）》，束景南、查明昊辑编，上海古籍出版社 2018 年版。

41.（明）王守仁：《王阳明全集补编（增补本）》，束景南、查明昊辑编，上海古籍出版社2021年版。

42.（明）王守仁：《传习录译注》，王晓昕译注，中华书局2018年版。

43.（明）文徵明：《跋李少卿帖》，《甫田集》，西泠印社出版社2012年版。

44.（明）文徵明：《文徵明集》，周道振辑校，上海古籍出版社1987年版。

45.（明）徐渭：《徐渭集》，中华书局1983年版。

46.（明）袁宏道：《袁宏道集笺校》，上海古籍出版社1981年版。

47.（明）张岱：《陶庵梦忆注评》，上海古籍出版社2014年版。

48.（明）张岱：《西湖梦寻注评》，上海古籍出版社2013年版。

49.（明）张岱：《张岱诗文集》，夏咸淳辑校，上海古籍出版社2014年版。

50.（明）张岱：《四书遇》，朱宏达点校，浙江古籍出版社1985年版。

51.（明）张岱：《石匮书·石匮书后集》，上海古籍出版社2008年版。

52.（明）张岱：《张岱诗文集》，上海古籍出版社2014年版。

53.（明）张瀚：《松窗梦语》，盛冬铃点校，中华书局2007年版。

54.（明）朱元璋：《洪武御制全书》，张德信、毛佩琦主编，黄山书社1995年版。

55.（清）顾文彬：《过云楼书画记》，上海古籍出版社2011年版。

56.（清）焦循：《焦循诗文集》，刘建臻点校，广陵书社2009年版。

57.（清）毛奇龄：《西河集》，清文渊阁四库全书本1975年版。

58.（清）丁福保：《历代诗话续编》，中华书局1983年版。

59.（清）钱谦益：《列朝诗集小传》，上海古籍出版社1983年版。

60.（清）王先谦：《荀子集解》，中华书局2013年点校本。

61.（清）徐祺：《琴曲集成》，中华书局2012年版。

62.（清）永瑢、纪昀：《四库全书总目提要》，海南出版社1999年版。

63.（清）张廷玉：《明史》，中华书局1984年版。

64.（清）周亮工：《尺牍新钞》，岳麓书社2016年版。

65.（李氏朝鲜）崔溥：《漂海录》，葛振家点注，社会科学文献出版社1992年版。

66.（民国）余重耀：《阳明先生弟子纂》，中华书局铅印本1961年版。

二、今人论著（含港澳台）

1.蔡仁厚：《王阳明哲学》，九州出版社2013年版。

2.曾婷婷：《晚明文人日常生活美学观念研究》，暨南大学出版社 2017 年版。

3.陈宝良：《狂欢时代：生活在明朝》，人民出版社 2020 年版。

4.陈宝良：《明代社会转型与文化变迁》，重庆大学出版社 2014 年版。

5.陈宝良：《明代士大夫的精神世界》，北京师范大学出版社 2017 年版。

6.陈宝良：《明代秀才的生活世界》，北京师范大学出版社 2020 年版。

7.陈来：《宋明理学》，北京大学出版社 2020 年版。

8.陈来：《有无之境：王阳明哲学的精神》，北京大学出版社 2013 年版。

9.陈立胜：《王阳明"万物一体"论：从"身—体"的立场看》，北京燕山出版社 2018 版。

10.陈文君：《中国书法史论》，人民日报出版社 1987 年版。

11.陈秀芬：《养生与修身——晚明文人的身体书写与摄生技术》，台湾稻乡出版社 2009 年版。

12.董平：《王阳明的生活世界》，中国人民大学出版社 2009 年版。

13.冯契：《冯契文集》（增订版），华东师范大学出版社 2016 年版。

14.冯契：《冯契学述》，陈卫平等整理，浙江人民出版社 1999 年版。

15.郭培贵：《明史选举志考论》，中华书局 2006 年版。

16.何善蒙：《传习录十讲》，孔学堂出版社 2016 年版。

17.何云波：《中国历代围棋棋论选》，山西人民出版社 2017 年版。

18.贺志朴：《李渔的生活美学思想》，人民出版社 2019 年版。

19.胡晓真：《明清叙事文学中的城市与生活》，译林出版社 2019 年版。

20.黄惇：《中国书法史：元明卷》，江苏教育出版社 2009 年版。

21.姜萌慧：《遵生八笺研究》，花木兰出版社 2010 年版。

22.赖勤芳：《休闲美学》，北京大学出版社 2016 年版。

23.李庆：《王阳明传：十五、十六世纪中国政治史、思想史的聚焦点》，上海古籍出版社 2021 年版。

24.李衍柱：《文艺复兴时代的王阳明》，人民出版社 2021 年版。

25.李玉芝：《明代中晚期的休闲审美思想》，中国社会科学出版社 2021 年版。

26.李泽厚：《美的历程》，文物出版社 1981 年版。

27.李泽厚：《美学三书》，安徽文艺出版社 1999 年版。

28.梁漱溟：《东西文化及其哲学》，商务印书馆 1999 年版。

29. 刘小枫:《拯救与逍遥》,上海三联书店 2001 年版。

30. 刘悦笛:《中国人的生活美学》,广西师范大学出版社 2021 年版。

31. 吕妙芬:《阳明学士人社群:历史、思想与实践》,北京师范大学出版社 2017 年版。

32. 毛文芳:《晚明闲赏美学》,台湾学生书局 2000 年版。

33. 潘立勇:《一体万化:阳明心学的美学智慧》,北京大学出版社 2010 年版。

34. 钱明:《阳明学的形成与发展》,上海古籍出版社 2002 年版。

35. 钱穆:《王守仁》,台湾商务印书馆 1984 年版。

36. 钱穆:《阳明学述要》,九州出版社 2010 年版。

37. 绍兴县修志委员会:《乡贤三张岱》,《嘉庆山阴县志》卷一十五。

38. 束景南:《王阳明年谱长编》,上海古籍出版社 2017 年版。

39. 束景南:《阳明大传:心的救赎之路》,复旦大学出版社 2020 年版。

40. 束景南:《阳明佚文辑考编年》,上海古籍出版社 2012 年版。

41. 王汎森:《晚明清初思想十论》,复旦大学出版社 2004 年版。

42. 王鸿泰:《美感空间的经营——明、清间的城市园林与文人文化》,月旦出版社 1999 年版。

43. 吴智和:《明人休闲生活文化》,台湾明史研究小组出版社 2009 年版。

44. 杨国荣:《王学通论:从王阳明到熊十力》,华东师范大学出版社 2021 年版。

45. 杨国荣:《心学之思:王阳明哲学的阐释》,中国人民大学出版社 2020 年版。

46. 叶朗:《美学原理》,北京大学出版社 2009 年版。

47. 赵洪涛:《明末清初江南士人日常生活美学》,四川大学出版社 2018 年版。

48. 赵强:《"物"的崛起:前现代晚期中国审美风尚的变迁》,商务印书馆 2016 年版。

49. 赵汀阳:《年度学术 2005:第一哲学》,中国人民大学出版社 2005 年版。

50. 赵玉强:《优游之道——宋代士大夫休闲文化及其意蕴》,上海古籍出版社 2017 年版。

51. 周道政:《文徵明传》,上海古籍出版社 2021 年版。

52.周志文：《阳明学十讲》，中华书局 2022 年版。

53.朱承：《治心与治世：王阳明哲学的政治向度》，上海人民出版社 2008 年版。

54.朱立元：《美学大辞典》，上海辞书出版社 2014 年版。

55.左东岭：《王学与中晚明士人心态》，人民文学出版社 2000 年版。

56.宗白华：《天光云影》，北京大学出版社 2005 年版。

三、学位论文

1.李强：《明代阳明学士人友朋观研究》，黑龙江大学硕士学位论文，2020 年。

2.卢杰：《张岱散文中的日常生活美学思想》，扬州大学硕士学位论文，2006 年。

3.卢熠瞳：《明人雅集中休闲艺术研究》，河南大学硕士学位论文，2019 年。

4.陆庆祥：《苏轼休闲审美思想研究》，浙江大学博士学位论文，2010 年。

5.黄辉：《明代书法美学思想研究》，扬州大学博士学位论文，2020 年。

6.何云波：《围棋与中国文艺精神》，四川大学博士学位论文，2003 年。

7.肖显达：《敬畏与洒落：儒家休闲境界的本体工夫之辩》，浙江大学硕士学位论文，2017 年。

8.朱璟：《身心之间：〈遵生八笺〉的休闲审美研究》，浙江大学博士学位论文，2017 年。

四、期刊论文

1.常康：《李贽"自然人性论"审美意蕴的哲学解读——兼论泰州学派倡导"生活美学"的当代意义》，《前沿》2010 年第 3 期，第 17-21 页。

2.陈宝良：《女务外学：晚明妇女的名士化倾向》，《福建论坛（人文社会科学版）》2008 年第 10 期，第 54-59 页。

3.陈雪虎：《生活美学：当代意义与本土张力》，《文艺争鸣》2010 年第 7 期，第 31-36 页。

4.邓国元：《王阳明"格竹"考辨》，《阳明学刊》2015 年第 1 期，第 97-106 页。

5.方志远：《盖棺未必论定：王阳明评价中的庙堂和舆论》，《清华大学学报

(哲学社会科学版)》2021 年第 2 期,第 17-26 页。

  6.高建平:《日常生活审美化与美学的复兴》,《天津师范大学学报(社会科学版)》2010 年第 6 期,第 34-44 页。

  7.贡华南:《从醉到闲饮——中国酒精神演进的一条脉络》,《贵州大学学报(社会科学版)》2020 年第 3 期,第 33-47 页。

  8.贡华南:《论闲与忙——进入当代精神的一个路径》,《社会科学》2009 年第 11 期,第 105-112 页。

  9.胡伟希:《中国休闲哲学的当代价值及其未来发展》,《学习论坛》2004 年第 9 期,第 36-40 页。

  10.何善蒙:《心学的精神价值:活泼泼的生活世界》,《浙江社会科学》2017 年第 3 期,第 89-98 页。

  11.赖勤芳:《休闲美学的内在理路及其论域》,《甘肃社会科学》2011 年第 4 期,第 19-21 页。

  12.刘成纪:《中国古典美学中的身体及其映像》,《文艺研究》2007 年第 4 期,第 23-31 页。

  13.刘悦笛:《"生活美学":是什么与不是什么?》,《艺术评论》2011 年第 4 期,第 22-24 页。

  14.刘悦笛:《"生活美学"建构的中西源泉》,《学术月刊》2009 年第 5 期,第 119-125 页。

  15.刘悦笛:《当代中国"生活美学"的发展历程——论当代中国美学的"生活论转向"》,《辽宁大学学报》2018 年第 5 期,第 144-151 页。

  16.刘悦笛:《儒道生活美学——中国古典美学的原色与底色》,《文艺争鸣》2010 年第 7 期,第 6-12 页。

  17.刘悦笛:《中国"生活美学"翻身为全球美学——回应美国美学家托马斯·莱迪》,《文艺争鸣》2021 年第 1 期,第 76-81 页。

  18.马草:《李渔生活美学思想研究》,《美育学刊》2015 年第 5 期,第 99-104 页。

  19.潘立勇、刘强强:《从现代人生论美学到当代生活美学——生活美学的历史脉络与现代渊源》,《陕西师范大学学报(哲学社会科学版)》2020 年第 4 期,第 16-25 页。

  20.潘立勇:《审美与休闲——自在生命的自由体验》,《浙江大学学报(人文社科版)》2005 年第 6 期,第 5-11 页。

21. 潘立勇：《休闲审美哲学的儒家话语及其体系》，《社会科学辑刊》2016年第4期，第169-175页。

22. 潘立勇：《阳明心学的美学智慧》，《天津社会科学》2004年第6期，第105-110页。

23. 潘立勇：《朱熹人格美育的化育精神》，《朱子学刊》2000年第1辑，第259-272页。

24. 庞学铨：《休闲学的学科解读》，《浙江学刊》2016年第2期，第68-73页。

25. 王德胜、李雷：《"日常生活审美化"在中国》，《文艺理论研究》2012年第1期，第253-267页。

26. 王鸿泰：《闲情雅致——明清间文人的生活经营与品赏文化》，《故宫学术季刊》2004年第22卷第1期，第69-97页。

27. 王鸿泰：《明清士人的闲隐理念与生活情境的经营》，《故宫学术季刊》2007年第24卷第3期，第41-90页。

28. 王鸿泰：《迷路的诗——明代士人的习诗情缘与人生选择》，《"中央研究院"近代史研究所集刊》2005年第50期，第1-54页。

29. 王鸿泰：《明清感官世界的开发与欲望的商品化》，《明代研究》2012年第18期，第105-143页。

30. 吴仁安：《明清时期中央朝廷与地方关系中的江南著姓望族》，《江南大学学报（人文社会科学版）》2013年第12期，第36-49页。

31. 吴智和：《明人山水休闲生活》，《汉学研究》2002年第20卷第2期，第101-130页。

32. 薛富兴：《生活美学——一种立足于大众文化立场的现实主义思考》，《文艺研究》2003年第3期，第22-30页。

33. 薛富兴：《阳明格竹：中国古代认识论史上的一桩公案》，《社会科学》2015年第2期，第116-126页。

34. 仪平策：《生活美学：21世纪的新美学形态》，《文史哲》2003年第2期，第123-128页。

35. 袁宪泼：《王阳明"游艺"工夫实践与文艺观念突破》，《民族艺术》2020年第5期，第45-49页。

36. 张德建：《明代山人群体的生成演变及其文化意义》，《中国文化研究》2003年第2期，第80-90页。

37.张法:《休闲与美学三题议》,《甘肃社会科学》2011 年第 4 期,第 11-15 页。

38.张则桐:《"一往深情":张岱散文情感底蕴论》,《浙江社会科学》1999 年第 3 期,第 149-153 页。

39.左东岭:《龙场悟道与王阳明诗歌体貌的转变》,《文学评论》2013 年第 2 期,第 18-24 页。

40.(意)托尼诺·格里菲洛:《气氛与身体共鸣》,陈昊译,《外国美学》2018 年第 2 期,第 16-40 页。

五、海外研究与译著

1.(德)胡塞尔:《欧洲科学的危机与超越论的现象学》,商务印书馆 2011 年版。

2.(德)威廉·狄尔泰:《历史中的意义》,艾彦译,译林出版社 2014 年版。

3.(德)斯宾格勒:《西方的没落》,吴琼译,上海三联书店 2006 年版。

4.(德)文德尔班:《哲学史教程》,罗达仁译,商务印书馆 1987 版。

5.(法)柏格森:《创造进化论》,肖聿译,华夏出版社 2000 年版。

6.(法)柏格森:《时间与自由意志》,吴士栋译,商务印书馆 1958 年版。

7.(法)柏格森:《形而上学导言》,商务印书馆 1969 年版。

8.(法)杜夫海纳:《美学与哲学》,中国社会科学出版社 1985 年版。

9.(法)雅克·朗西埃:《美感论:艺术审美体制的世纪场景》,赵子龙译,商务印书馆 2016 年版。

10.(加)查尔斯·泰勒:《自我的根源:现代认同的形成》,韩震译,译林出版社 2001 年版。

11.(加)秦家懿:《王阳明》,台湾东大图书股份有限公司 1987 年版。

12.(意)贝奈戴托·克罗齐:《历史学的理论和实际》,傅任敢译,商务印书馆 1982 年版。

13.(英)彼得伯克:《知识社会史》,麦田出版社 2003 年版。

14.(英)艾·阿·瑞恰慈:《文学批评原理》,杨自吾译,百花洲文艺出版社 1992 年版。

15.(英)梅内尔:《审美的本性》,刘敏译,商务印书馆 2001 年版。

16.(英)斯宾塞:《群学肄言》,严复译,北京时代华文书局 2014 年版。

17.(美)A.J.赫舍尔:《人是谁》,隗仁莲、安希孟译,贵州出版社 1994

年版。

18.（美）卜正民：《纵乐的困惑：明代的商业与文化》，方骏、王秀丽、罗天佑译，生活·读书·新知三联书店2004年版。

19.（美）陈荣捷：《传习录详注集评》，重庆出版社2017年版。

20.（美）陈荣捷：《王阳明与禅》，台湾学生书局1984年版。

21.（美）方闻：《心印：中国书画风格与结构分析研究》，李维琨译，上海书画出版社2016年版。

22.（美）黄仁宇：《万历十五年》，生活·读书·新知三联书店2008年版。

23.（美）刘若愚：《中国诗学》，长江文艺出版社1991年版。

24.（美）赫伯特·马尔库塞：《现代文明与人的困境：马尔库塞文集》，李小兵译，上海三联书店1989年版。

25.（美）浦安迪：《明代小说四大奇书》，沈亨寿译，中国和平出版社1993年版。

26.（美）托马斯·古德尔，杰弗瑞·戈比：《人类思想史中的休闲》，成素梅译，云南人民出版社2000年版。

27.（美）托马斯·莱迪：《平凡中的非凡：日常生活美学》，周维山译，河南大学出版社2019年版。

28.（美）余英时：《宋明理学与政治文化》，吉林出版集团2008年版。

29.（美）包弼德：《斯文：唐宋思想的转型》，刘宁译，江苏人民出版社2017年版。

30.（美）本尼迪克特·安德森：《想象的共同体》，吴叡人译，上海人民出版社2016年版。

31.（美）丹尼尔·贝尔：《资本主义文化矛盾》，赵一凡等译，生活·读书·新知三联书店1992年版。

32.（美）狄培理：《中国的自由传统》，李弘祺译，贵州人民出版社2009年版。

33.（美）杜赞奇：《从民族国家拯救历史民族主义话语与中国现代史研究》，王宪明等译，江苏人民出版社2009年版。

34.（美）马泰·卡林内斯库：《现代性的五副面孔：现代主义、先锋派、颓废、媚俗艺术、后现代主义》，顾爱彬、李瑞华译，商务印书馆2002年版。

35.（美）理查德·舒斯特曼：《生活即审美：审美经验和生活艺术》，彭锋等译，北京大学出版社2007年版。

36.(美)列文森:《儒教中国及其现代命运》,郑大华、任青译,广西师范大学出版社 2009 年版。

37.(日)岛田虔次:《中国近代思维的挫折》,甘万萍译,江苏人民出版社 2005 年版。

38.(日)岛田虔次:《朱子学与阳明学》,蒋国保译,陕西师范大学出版社 1986 年版。

39.(日)冈田武彦:《王阳明大传:知行合一的心学智慧》,杨田译,重庆出版社 2015 年版。

40.(日)冈田武彦:《王阳明与明末儒学》,吴光等译,上海古籍出版社 2000 年版。

41.(日)沟口雄三:《中国的公与私·公私》,郑静译,生活·读书·新知三联书店 2011 年版。

42.(日)沟口雄三:《作为方法的中国》,孙军悦译,生活·读书·新知三联书店 2011 年版。

43.(日)小野泽精一等:《气的思想》,李庆译,上海人民出版社 1990 年版。

六、外文著作原典

1. Andrew Light and Jonathan M. Smith eds. *The Aesthetics of Everyday Life*. New York: Columbia University Press, 2005.

2. Chang Woei Ong. *Li Mengyang, the North-South Divide, and Literati Learning in Ming China*. Cambridge MA: Harvard University Asia Center, 2016.

3. Geoffrey Godbey, Song Rui. *Finding Leisure in China*. Pennsylvania: Venture Publishing, 2015.

4. Kaufmann Walter. *Existentialism from Dostoevsky to Sarte*. New York: Meridian Books, 1956.

5. James J. Y. Liu. *Major lyricists of the Northern Sung, A. D. 960-1126*. Princeton, N J: Princeton University Press, 1974.

6. Mark Elvin. *The Pattern of the Chinese Past*. Stanford: Stanford University Press, 1973.

7. Peter K. Bol. "Culture, Society, and Neo-Confucianism, Twelfth to Sixteenth Century." in *The Song-Yuan-Ming Transition in Chinese*

History，edited by Paul Smith and Richard von Glahn. Cambridge，MA：Harvard University Asia Center，2003.

8. Peter K. Bol. *Neo-Confucianism in History*. Cambridge，MA：Harvard University Asia Center，2008.

9. Wing-Tsit Chan. *A Source Book in Chinese Philosophy*. Princeton，New Jersey：Princeton University Press，1963.

10. Sebastian de Grazia. *Of Time，Work and Leisure*. New York：Twentieth Century Fund，1962.

11. William Theodore De Bary，Wing-Tsit Chan. *Sources of Chinese Tradition*. New York：Columbia University Press，1964.

12. Yuriko Saito. *Everyday Aesthetics*. New York：Oxford University Press，2000.

13.（日）绪方贤一：《中国近世士大夫の日常倫理》，中国文庫株式会社2014年版。

14.（日）井上哲次郎：《日本陽明学派之哲学》，富山房1936年版。

15.（日）古文英：《幕末期の〈陽明学〉と明末儒学：修己と天人関係を中心に》，春風社2024年版。

16.（日）小島毅：《近代日本の陽明学》，講談社2024年版。

七、外文期刊文献

1. Matteucci，Giovanni，"Everyday Aesthetics and Aestheticization：Reflectivity in Perception"，*Studi di estetica*，Ⅳ serie，7，2017：207-227.

2. Nielsen，Henrik Kaare，"Totalizing Aesthetics? Aesthetic Theory and Aestheticization of Everyday Life"，*The Nordic Journal of Aesthetics*，2005，17（32）：60-75.

3. Peterson，Willard J. "Confucian Learning in Late Ming Thought. " *In The Cambridge History of China*，vol. 8，pt. 2，The Ming Dynasty 1368-1644，ed. Denis Twitchett and F. W. Mote. Cambridge：Cambridge University Press，1998：708-788.

4. Potgieter，Frederick J. " An Educational Perspective and a Poststructural Position on Everyday Aesthetics and the Creation of Meaning"，*The Journal of Aesthetic Education*，2017，51（3）：72-90.

5.（日）水野博太.明治期陽明学研究の勃興：井上哲次郎『日本陽明学派之哲学』に至る過程.思想史研究.（24）：2017.12，p.68-85.

6.（日）和泉ひとみ.湛若水『白沙先生詩教解』の注釈について：白沙学派のバイブルとしての機能.関西大学中国文学会紀要/関西大学中国文学会編.2021（42）：99-116.

7.（日）和泉ひとみ.正徳末年から嘉靖年間における「性気詩派」の継承について（後篇）白沙学派にとっての詩文の意義及び湛若水による宣揚などを中心に.関西大学中国文学会紀要/関西大学中国文学会編.2023（44）：31-40.

后　记

山水行吟低洼处,自有光明心

拙作初成,百感交集。七度春秋流转于墨痕纸隙之间,回望问道来路,万千感恩如春潮涌动。非常感谢这一路相伴走来的老师、同学、家人、朋友们,以及新单位的同事与学生们。知遇之恩,永志不忘。

特别要致以深切谢意的是,在浙江大学启真湖畔的三位引路恩师——潘立勇教授、何善蒙教授与张应杭教授。承蒙立勇先生授我以治学圭臬,善蒙先生启我以哲思幽微,应杭先生教我以人文襟怀。这份传道授业之恩,犹如明灯照彻学术长路,学生自当勤勉自砺,不辜负此墨华香。

在博士论文落笔封存的那个夜晚,我特意预存了一份留白,彼时暗许心愿,有待疫情消散后,以知行合一的践行方式,用脚步丈量山水,重走阳明先生的人生轨迹。我期待在山水跋涉中,完善第三章"但得此身闲:山水之间的知行历程",并提升余论"山水平生是课程,一淹尘土遂心生"的思考维度。虽早将书名定为《知行山水间》,但我对如何呈现阳明先生"山水间"的生命状态始终存有思虑。一方面,我希望营造一种山水美学充盈于王阳明整个生命的浸润感,所以将山水的素材进行了分割解构,将山水意象解构成流动的符号贯穿全文;另一方面,也纠结于对其与主体章节间进行何种程度的理性归纳,才可以实现论文逻辑与文学灵气的平衡,在学术理性与文学诗性间反复斟酌。

这部分的困顿,原是我与自己的角力:既想将王阳明先生的山水行迹化作松间清泉,又恐学究气的框架将其凝成窠臼。我曾以为,这个问题的难点在于,作为创作者的我们,或被困在城市里紧绷的钢筋水泥中,或被束于光怪陆离的电子屏幕里。这种远离自然山水的生活，迫使我们目之所及，乃至我们认为的自由选择，都是表象与单一的，是零碎与片段的。于是，我无数次畅想，有一天能搁下案头堆积的考据文献，背起行囊重走阳明先生旧游之山水。在会稽山阴的竹涛声里，在鄱阳湖的夜航船中，在武夷九曲溪的晨雾间，那些被学术框架切割得支离破碎的山水，忽而都鲜活地流动起来。

未承想，游学以完善书稿的计划终究不能如愿。自己之后的生活遭遇，好似搁浅的人，被一个接一个大浪拍到滩上，无暇喘息，在命运潮汐里反复倾覆。本以为在博士论文写作过程中，导师潘教授的离世，还有谗谮暗伤，便是至暗时刻，却不知深渊里还有更深的褶皱。记得在博士论文撰写前期，导师潘先生弥留之际仍嘱我"莫把王阳明写成圣贤塑像"。那时我尚不解其意，直到后来种种困顿如潮水漫过脖颈，乃至深夜伏案时，常对着电脑屏上王阳明的文字怔忡：这位五百年前在龙场驿丞任上悟道的哲人，是否也曾被相似的钝痛啃噬过脊骨？

恩师潘立勇教授病榻前的叮嘱尚在耳畔，人性的冷箭又划破书斋纱窗。直到某个深夜，重读《瘗旅文》，我也是在此时，方才开启书稿调整的另一个思路，忽然懂得那些未完成的空白，恰似雪泥鸿爪——真正的山水不在缣帛上，而在跋涉者的骨血里。人在低谷期乃至困境中，最合适研习王阳明的生活美学智慧。提炼王阳明的生活美学智慧的过程，无异于进行一场精神上的灾后重建，我们现代人可以在自己生活的议题中找到与他互文的切口。

于是，放任文字如野马，让黔中山月的清辉浸透纸背，教龙场驿的松涛在字缝间呜咽。

原来王阳明的"知行合一"从不是玄虚的理论，而是他跌进生命至暗时刻时紧紧抓住的那根青藤——当他在龙场瘴疠之地结庐而居，教僮仆诵诗，与苗民论道，何尝不是在废墟上重建精神的庙宇？所谓"知行合一"，不是圣贤堂皇的训诫，而是凡人在深渊里点燃的火把。当我们被生活掀翻在地，仍能如阳明观竹七日般笃行凝视苦痛；当命运周转无常，亦可效仿他龙场悟道，在至暗处看见本心的光明。这，何尝不是人生中最壮阔的山水？

我开始懂得，所谓"山水课程"原是生命最本真的课堂。就像阳明先生夜宿野寺时写下的："讲习有真乐，谈笑无俗流。"那些被现代人遗落在格子间与电子屏外的月光溪声，那些在焦虑中失落的草木清芬，都在提醒着我们：生命的丰盈从不在远方，而在与当下困顿的问答里——

如何一次又一次应对失意情绪的生发？

如何在有限的时空间另辟自我救赎的蹊径?

如何处理自我主体性与当下境遇之间的矛盾与对立?

王阳明在《传习录》中隐含的这些问答,无一例外地都在验证、探索生命在这个世界的更多可能性。

这两年,我在与学生们的交流中,偶有谈及人生信念,谈及活着的勇气。其实,我们这几代人都被困在双重铁幕中——电子屏的蓝光遮蔽了窗前月色,成功学的尺规无时无刻不在丈量着我们的灵魂。当科技崇拜的迷阵、工具理性的囚笼、社会达尔文主义(社达主义)的绞索、成功学的镜城,这些现代性衍生物,在经济下行寒冬中轰然倒塌,碎成齑粉,漫天扬尘里闪烁的尽是虚无主义的幽蓝鬼火。这环环相扣的生存困境,宛如现代宿命之结:科技崇拜催生了工具理性,工具理性冰冷的算法强化了社达主义,社达主义适者生存的教条塑造了成功学之殿,而成功学在衰退的浪潮中坍塌,留给整个时代的便只剩遍地飘摇的信仰灰烬。当科技崇拜不能解决意义问题,工具理性无法提供精神慰藉,社达主义无法再支撑上升通道,成功学的承诺无法兑现,于是我们不得不面对一个残酷的现实——我们活在一个虚无主义盛行的时代。

这或许正解答了当下青年的精神转向:为何浸润科学教育的年轻心灵,开始热衷于玄学? 年轻人转向玄学占卜,恰似溺水者抓住虚幻的苇草。毕竟,现代科学能解析基因密码却参不透生命诗章,能计算天体轨迹却绘不出心灵星图。当实证主义消解了神圣叙事,量化思维冲刷着价值根基,被掏空的精神原野上,怎能不蔓生出玄学的荒草? 现代科学无法告诉我们什么是美好、什么是伟大、什么是璀璨、什么是永恒。现代科学只能帮助我们进行事实判断,却无法指引我们进行价值判断,这也是为什么会有这么多人越来越看不见人生的意义。一旦遭遇困境,他们便容易走向虚无和绝望。这恰是当代人普遍陷入意义迷途的症结——我们擅长解构世界的机理,却遗失了照亮归途的星斗。

忽而念及那阳明洞前的野梅,总在雪虐风饕时绽出第一朵嫣红。而我们支离破碎又不断重生的生命图景,又何尝不是如此? 那些被生活重锤击碎又重塑的昼夜,那些于暗渊边缘抓住的萤火,最终都可化作血脉里奔涌的破冰春汛。就像此刻我摩挲书卷的掌心,既托着潘师未竟的学术星火,也承着无数孤灯伏案的星光,更盛满了千万个破碎又重生的黎明。方才顿悟,当年阳明先生"天地万物与人原是一体"的真谛——原来山水从不曾远离,只是我们把自己困在了钢筋水泥的信息茧房里。然而,我们也始终拥有迈出这一步的力量。就像对于雪中野梅来说,再凛冽的寒冬,也封不住破土而出的春天。

　　王阳明的生活美学智慧,并不能让我们每天三百六十度无死角地感受圆满快乐,而是让我们学习面对生活的刁难与不确定性、面对人性的多样与阴暗面时,不管多少次悲泣或者倒下,都能一次又一次地完成精神上的灾后重建。接受不断失去,也保持不断成长,于每一年岁,仍能具有孩童般不可遏制的生命力。

　　光阴不是银行账户里冷冰冰的数字,而是掌纹间跃动的光斑,是每个晨昏与自我的深情对谈,我们每个人都可以重获自己对于光阴的丈量权。

　　生命的课业也从来不在别处。当我们学会在低洼处照见月光,在裂痕中种下蔷薇,那些被称作"困境"的沟壑,终将成为滋养灵魂的河床。且看王阳明先生于五百年前种下的心学之树,至今仍在时间的褶皱里开着花——而我们每个人都是这棵巨木上新发的枝丫。

　　而今再读自己那些咬文嚼字的纠结,倒像看见幼蝶挣扎着破茧。书中最动人的章节,竟是命运替我写就——当我在医院长廊守候新生与死亡,在保安室的监控中目睹人性的暗黑,在乡野用皲裂的手掌摩挲稻穗,阳明心学的文字突然从故纸堆里立起来,化作温热的血脉。

　　好在终究完成了这本书。

　　在无数个未眠的凌晨,我总想起王阳明龙场驿的月。五百年前那个流放夜,他是否也这般凝视过石罅里渗出的月光? 那些被泪水打碎的时辰,在键盘上凝固的山水,竟与古人被贬谪途中的顿悟悄然共振。原来天地不灭的灵明,总在至暗处点燃。将这博士论文改写成书之时,春风正漫过杭城的拱宸桥。五百年前王阳明在讲学时曾说"你未看此花时,此花与汝心同归于寂"。此刻我的窗台蜡梅凌霜而开,暗香浮动处,抚摸着墨香犹存的扉页,恍然惊觉那些未竟的山水行旅,早已在字里行间开出了声响。

　　曾试想,这本书若能化作星火,照亮某个夜行人的山径,便不负那些在深渊里曾托举过我的微光。那是书房里未及合拢的《王阳明全集》,是同事轻轻放在案头的咖啡,是学生在讨论课时眼里的清亮……这些细碎的光斑织成网,接住我无数个下坠的瞬息。终于明白王阳明先生说的"仁者与天地万物为一体",原是让我们在破碎之处看见联结。

　　回头望,研究王阳明的生活美学,既是为了还"被神化"的王阳明一个"人间气",更是为了一份美好的期望:我们来到人世间,所奔赴的,从来不是某个刻板的"成功"未来,而是能在亲身走过的每寸光阴里,都活出舒展的姿态——能把每个困顿的瞬息,都当作山水来游历。

洋洋洒洒数千言，暂收未尽述之荒唐语。

拙作仅乃引玉之见，愿天下有志之士共襄之。

邱　涵

二〇二五年春

杭州　运河畔